周步新 著
XiangShou Zhen YuWen

享受真语文

福建教育出版社

图书在版编目（CIP）数据

享受真语文/周步新著．—福州：福建教育出版社，
2009.11
 ISBN 978-7-5334-5282-7

Ⅰ．①享⋯ Ⅱ．①周⋯ Ⅲ．①语文课—教学研究—中学 Ⅳ．①G633.302

中国版本图书馆 CIP 数据核字（2009）第 206934 号

享受真语文

周步新　著

出版发行	福建教育出版社
	（福州梦山路 27 号　邮编：350001　电话：0591-83706771　83733693
	传真：83726980　网址：www.fep.com.cn）
印　　刷	福州东南彩色印刷有限公司
	（福州市金山工业区　邮编：350002）
开　　本	787 毫米×1092 毫米　1/16
印　　张	18
字　　数	256 千
版　　次	2009 年 12 月第 1 版　2009 年 12 月第 1 次印刷
书　　号	ISBN 978-7-5334-5282-7
定　　价	29.80 元

如发现本书印装质量问题，影响阅读，
请向本社市场营销部（电话：0591-83726019）调换。

序一:"真"教育,行走在路上

肖 川

前些天的一个黄昏,校园里的小径上,晚风鸣蝉,我和友人饭后信步,间或聊着这两天在看的书。走过连翘丛旁,友人突然"咦"了一声,说道:"怎么连翘花都没开就全成了深深浅浅的绿色叶子?"我笑道:"前些日子这金色连翘花开得肆意,开得满枝满树满世界灿烂,却没开进你的心里。""谁让花开没声音呢。"友人辩解。"花开的声音,有人能听到。"我信口答着,眼前却浮现出一个名字——周步新。

周步新是近些年来成长起来的一名追求"真"语文的卓越教师,我很荣幸能结识这样一位能听见花开的特别教师。说她能听见花开,是因为她用生命去听;说她特别,是因为对她而言,教育的本真便是"一棵树摇动另一棵树,一朵云推动另一朵云,一个灵魂唤醒另一个灵魂"的过程。

周步新是一个很"真"的人,是一个懂得用生命去生活的人。庭前花开花落,天空云卷云舒,熟悉她的人都了解,书是她最大的慰藉之所与力量之源。她没有什么别的特别癖好和欲求,对衣食住行也是舒服就好,可对书却从来是不马虎的。认认真真地读书,书中读经典,书中启未来,人们经常可以看到她捧着书的清瘦身影。现在想来,也许书正是她"张力"的来源,让她可以在纷扰浮躁的现实世界里静听花开花落,淡看云卷云舒;让她可以不疾不徐地沉淀积累,最终绽放如花。

我常常说,好性格的老师才能教育出好性格的学生,正如用心生活的教师才能教育出懂得用心生活的学生。一个优秀的教师一定是一个个性上比较和谐与完美的人。他们积极而真诚地关心、理解和尊重学生、家长和同事，并能公正地对待他们。周步新便是这样的教师，她待人真诚、宽容、温婉、热情、爱笑，有着一副好性格。"生命原是要不断地受伤和不断地复原，世界仍然是一个在温柔地等待着我成熟的果园"，她默默积累着自己的成长，也静静等待着学生的成长。所以才会有孩子们送给她"手工制作的小书"，才会有学生愿意给她写长长的信笺吐露心声，才会有孩子惊叹道"周老师的手向哪儿一点，哪儿就开花了"……

在我的著述和言说中，一直呼唤着"良好教育"，而这良好教育——也可以说"真"教育的两面旗帜，便是生命教育和公民教育。在这一方面，我虽然没有与周步新系统正式地探讨过理论学说的问题，但我欣慰地发觉，周步新的教育教学实践正朴素地契合了这两点。生命教育的要旨便是要培植学生的生命情怀。生命情怀是个体对自我生命的确认、接纳和喜爱，是对生命意义的肯定、欣喜和沉浸，以及对他人生命乃至整个生命世界的同情、关怀与珍惜。在追求"真语文"的过程中，周步新力图营造生命化的语文课堂，通过对话与共享"引导学生学会阅读"，引导学生在"阅读中多元解读、合作学习"，在"习作中倾听师生生命互动的原声"，在"披文入情的语境中导读"，激活孩子的童趣，"释放情感"，在"习作中倾听师生生命互动的原声"，在"作文交往中关注儿童的生命世界"。教育应该为幸福人生奠基，为自由社会培养人，为民主社会培养好公民。周步新不吝笔墨地在文中呼喊"我们需要精神自由的孩子"，涉水初探小学语文教学中的个性培养，并且强调要鼓励孩子的创新精神。

基础教育应该要对学生一生的幸福负责，要带给学生希望、力量，带给学生内心的光明、人格的挺拔与伟岸，带给学生对于自我、对于生活、对于未来和对于整个人类的自信，以便使每一个学生都能够成为自由社会的建设者和幸福人生的创造者。周步新的"真语文"教育便是要在每一个学生心上投下一个"真"字，也帮助每一个学生成为一个真正的人，拥有真正幸福的人生。

在一群孩子中，也许一个孩子只是一个小小的分子，可对一个孩子而言，他便是整个的绝对值"1"。周步新的"真"语文还体现在她的目光从不忽略任何一个孩子。正如苏霍姆林斯基所说："其实在每一个孩子心灵最隐蔽处的一角，都有一根独特的琴弦，拨动它就会发出特有的音响，要想使孩子的心同我讲的话发生共鸣，那么我必须同孩子的心弦对准音调。"周步新曾说过，"再也没有比苏霍姆林斯基带给我更多的震撼了"，苏霍姆林斯基是其最欣赏的教育家之一，理念的欣赏引导了现实工作的践行。每一个特别的孩子都是一份独一无二的宝藏，在工作中，周步新充分认识到个性是孩子们宝贵的教育资源，她尊重每一个孩子的需要，给其自由表达的机会，"热"问题"冷"处理，不用一把尺子量"差生"，充分发挥学生的主体作用……正是在这样的理论指导和实践中，衍生出丰富的课堂教学艺术，值得我们去玩味借鉴。

周步新用二十万字凝聚了二十余年的珍贵教育经验，凝练了二十余万个小时青春、心血、汗水的光华。这本书中有她的思考、她的观点、她的探索、她的絮语，还有背后的努力和我们的感动。我很希望并且我也相信能看到这样的情景：周末的公园里，枝叶繁茂的大树下，端坐着一个，两个，三个……如同二十年前的周步新一样，捧着这本书静静阅读、揣度的年轻身影。

"真"教育从来就是一条不易的道路，我们在这条路上怀揣着理想，坚定地行走着，为了去摇动另一棵树，为了去推动另一朵云，为了去唤醒另一个灵魂。

行走在路上的不仅仅是周步新，是我，还有他，有你，有每一个坚守教育信念，饱含教育热情的心灵。

序二：时间是成长最好的见证

张化万

最早认识周步新是在1998年，那时她还是一个秀气腼腆、刻苦文静的姑娘，一个已经崭露头角的优秀青年骨干教师。那时候，她走入我们上城区教师进修学校，幸运地拜著名特级教师王燕骅为师，经历了一个学期的人生磨砺。她的真诚和朴实，聪慧与刻苦在我们语文教研员中、在骨干教师培训班的学员中，都留下深深的印象。

今天拿到周步新厚厚的书稿，别有一番感慨。她把自己生命中最靓丽最美好的20年青春年华，交给了学生，交给了事业。她一直在一线从事语文教学的实践、思考与追求，不事张扬；钟情阅读，乐于学习；注重科研与教学结合，关注学生语文素养的提升及人格的全面和谐发展。多少回酷暑严寒灯下读书的登攀发掘，多少种现代教育思想的碰撞冲击，才让她慢慢走入科研的殿堂，目光变得锐利与清澈；无数次课堂教学的摸爬滚打，无数次的拼搏与坚持，才走过课堂教学的激流险滩，赢得孩子们的合作默契，换来生命的灵动与教育教学的智慧。实践，读书，反思，跟进，她变得淡定与厚重。从优秀走向卓越，她付出了一万多个小时艰苦卓绝的奋斗；再加上王燕骅、金感芳、励汾水等良师悉心的指导，以及许许多多领导和伙伴的关爱，她才得以在宁波这块改革开放的沃土迅速成长，成为小学语文教学的一颗璀璨的新星——浙江省年轻的特级教师，宁波市首批名师。

成功当然需要机会。执着，才能迅速抓住不期而遇的机会，登上前行的列车；命运，只会在有志者为孩子献出心灵的纯洁面前，绽开绚丽的玫瑰。高空作业需要的是心定气闲，关注前方，才不会被高处寒流冻伤；攀登陡坡要脚下功夫扎实，一步一个脚印，蹲下身子降低重心，才不会半道因自以为是滚落下来。周步新由自身的成长、学习及教学经历，切实感受到自主阅读、自主习作——自主学习语文是快乐的，与学生一起学语文、用语文、享受语文学习的快乐是语文教师生命的精彩体现。此书真实地记录了周步新在语文教学上的实践探索的足迹，比较全面地介绍她在自主阅读与习作、问题教学、人格教育、诗教育人、校本研训等专题上的研究成果。而这一切源于她在教育学、心理学、语言学、语文教育学等理论上的不断积淀，源于理论联系实际的融通与运用，源于对学生观、语文观、教学观务实深刻的反思与跟进。

人会老，但智慧不会衰老；青春不再，然思想可永葆魅力。人过四十，最靓丽的青春会渐渐离去，缓缓步入中年，获得一份成熟。周步新说得好："真正的学习应该是人深层的精神需要。学习需要刻苦，但更是一种快乐，是刻苦酿造的快乐。任何知识，特别是个体的经验，都存在于一定的精神生态之中，要使它具有价值就需要有一个个性化的过程。有更多的学习，其作用是十分间接的、潜在的，这就需要我们以宁静、闲适的心绪来对待。"周步新清醒地认识到，"人总是有许多的欲望的，这些欲望可以成为人不断进取的动机，但是如果把名利、欲念看得过分了，这也会导致心理的失衡"。一个教师要迈向卓越，最重要的是激情。只有胸中永远涌动着澎湃的激情，才会不断奏响教育教学幸福的乐曲。

正如周步新所言："二十多年的教师生涯，让我对教育充满激情和敬畏；教师，应该是一个伴随学生学习生活的重要角色，应该微笑着面对每一个学生，带着学生走向知识，引导他们的学习道路、人生道路，以自身的人格力量使学生有所领悟、得以浸润，伴随着学生共同经历美好的人生，感受生命的成长。"

时间是最好的见证。过去的二十年见证了周步新的成长。今天在她的新作面世之际,由衷祝福在今后的十五年里,周步新将会用永远澎湃于胸的激情——对人生、对生活、对教育教学、对家庭的责任和激情,谱写师者最真诚最朴素而又最瑰丽的生命乐章——那就是生活的幸福,事业的成功,学生的童年快乐!

　　遵嘱,是为序。

目 录

第一辑　我的课堂

经典课例篇

在对话与共享中引导学生学会阅读
　　——《风娃娃》第二课时教学与反思…………………… 3
引导阅读中多元解读、合作学习
　　——《秋天的雨》第一课时教学预设、过程生成与教后反思…… 18
"精读、深思、悟写"一体化有效范式探寻
　　——《第八次》教学设计赏析与教后反思………………… 30

教学艺术篇

尊重需要　自由表达 …………………………………………… 37
放大每个学生的优点 …………………………………………… 40
"热"问题"冷"处理 …………………………………………… 44
让我们一起动脑筋 ……………………………………………… 46

教学设计篇

　拼音教学

　　一年级上册《ie üe er》教学设计 ……………………… 48

　识字教学

　　一年级上册《四季》教学设计 …………………………… 57

　阅读教学

　　一年级上册《雪地里的小画家》第一课时教学设计 ……… 64
　　二年级下册《画家和牧童》第一课时教学设计 …………… 69
　　三年级下册《月球之谜》教学设计 ………………………… 74
　　三年级下册《夸父追日》教学设计 ………………………… 77
　　四年级上册《那片绿绿的爬山虎》第一课时教学设计 …… 83

目 录/ 1

四年级下册《生命　生命》教学设计……………………………………88
　口语交际及习作教学
　　五年级上册《成长》教学设计………………………………………93
教学实录篇
　　五年级下册《走进信息世界》第一课时教学实录……………………96
　　六年级上册《与诗同行》教学实录…………………………………102

第二辑　我的观点

　享受阅读……………………………………………………………115
　披文入情的语境中导读……………………………………………125
　五招放飞"自主式"作文教学………………………………………129
　激活童趣　释放情感………………………………………………138
　习作中倾听师生生命互动的原声…………………………………145
　教学中学生创新学习能力的培养…………………………………149
　敲开小学语文研究性学习之门……………………………………154
　巧练听写　实中求新………………………………………………158
　在交往作文中关注儿童的生命世界………………………………160
　想说敢说中创新……………………………………………………167
　再谈充分发挥学生主体作用………………………………………173

第三辑　上下求索

　效率从这里来
　　——关于语文教学方法的探索…………………………………179
　阅读　对话　共享
　　——小学语文"共享阅读"教学模式的探索……………………186
　课堂上怎样做最好的自己
　　——小学语文教师个性化教学发展轨迹的叙事探究…………193
　小学语文问题教学基本模式的探索………………………………203

台湾康轩版小学国语课本与大陆人教版小学语文课本之比较……… 206

第四辑　思绪飞扬

做个"无知"的老师……………………………………… 219
微笑着问一声好………………………………………… 222
故事游戏中的成长路…………………………………… 224
工作着是美丽的………………………………………… 226
顿悟……………………………………………………… 229
纳帕海上的孩子………………………………………… 231
支教的点点滴滴
　　——在支教总结会上的讲话……………………… 233
一本孩子手工自制的小书……………………………… 237
爱在细节………………………………………………… 239
由石榴想起……………………………………………… 241
人生剪影………………………………………………… 244

第五辑　真情讲述

听得花开的声音/金感芳………………………………… 255
印象周步新/王燕骅……………………………………… 258
仰之弥高　钻之弥坚/陈跃旭…………………………… 263
给周老师的一封信/赵虹………………………………… 266
周老师的手往哪儿一指,哪儿就开花了/伍清仪………… 268

附录:

问卷　我的自我审视…………………………………… 269

后记……………………………………………………… 274

第一辑 我的课堂

经典课例篇

在对话与共享中引导学生学会阅读
——《风娃娃》第二课时教学与反思

课堂回放：

（上课，师生问好，教师夸小朋友真有礼貌）

师：同学们，咱们昨天把《风娃娃》这篇课文读正确、读通顺了，还学习了课文第一至第三自然段和有关的生字词语。老师先和大家一起来回忆一下上节课学过的词语，过第一关——（生自然接读）"我会认"。

师：让我们开火车，认认这些生字吧。

（老师陆续抽出生字卡片词语，全班同学积极认读，都读正确了）

师：看来第一关难不倒大家，让我们来过第二关吧。

生（接读第二关要求）："我会读"。

师（课件出示词语）：先自己轻轻读一读这些词语吧。

师：读着读着，大家有什么发现吗？哪位同学先来说一说吧。

生1：第一排都是两个字组成的词语。

生2：这些词语都是课文中的。

生3：第二排、第三排分别由三个字、四个字组成。

生3：第三排词语最后都有一个"地"字。

生4：第三排的词语前两个字和后两个字都一样。

（师随机鼓励学生的发现）

［浙江省杭州上城区教师进修学校特级教师王燕骅点评：孩子们的发现是多元的：有从字数多少的角度，也有从词语来源的角度，还有从词的结构形式的角度……老师似乎没有对孩子的发言做一个小结，更没有对在一般老师看来正中下怀的回答"第三排的词语前两个字和后两个字都一样"——即AABB的词式大加表扬。是老师的疏忽吗？不，其实老师的高明之处正在此。因为"读着读着，大家有什么发现吗？"这一环节的目标指向是培养孩子善于观察、比较，善于自我发现的习惯，所以孩子发现了什么不是最重要的，重要的是乐于参与发现的学习活动，能有不同于别人的自我发现——这种积极主动学习的心态，自主的比较和表述才是最为重要的。也许周老师正是基于这样的理念，所以对孩子的发言才是"一味鼓励"吧！］

师：下面请三个小朋友做小老师，带领大家把这些词语读得正确。

（三个学生分排领读词语）

同学们自然地鼓掌或用语言赞扬领读同学的朗读。

师：字词学得不错。昨天我们还读了课文。现在老师和大家一起念课文，这样吧，第一到第三自然段中，老师读第一段，1、2两排同学读第二段，3、4两排读第三段，请大家边读边想意思。

（师生合作读课文，都读得非常投入。师随机点评：念得很认真，昨天学得不错）

师（展示投影）：看看图，用自己的话说说图片上的内容，风娃娃来到哪些地方，看到什么，说了、做了什么，可以说得简单一些，用自己的话来说。

［王燕骅点评：老师的简要提示，给了孩子说话的扶手。］

生：风娃娃先来到田园里，他推着风车跑，风车带动水车，水车将水灌到田野里。

师：你把意思说清楚了。

生：风娃娃来到田野，他深深地吸口气，向风车吹去。水流到田野里，麦苗喝足了水，很高兴。

师：你还能加入自己的想象来说，说得真有趣。刚才两位同学都说了第一幅图，没有说到第二幅的内容，现在谁说第二幅图？

生：风娃娃来到江河上，他鼓起嘴，使劲地向船帆吹气，船飞快地行驶。

师：说得不错。看来昨天大家课文也学得不错，知道风娃娃来到田里，（生自然接说）帮人们吹风车，来到河边吹船帆。是啊，风娃娃做了这么多的事情，人们对他（出示词卡，全班同学一齐接说）——表示感谢（师同时将这个词卡贴在黑板上）。

师：这时候啊，（自然投影点出课文句子）风娃娃想：帮助人们做好事，真容易，只要有力气就行。谁来读好这一句话？

生1读句子。

师：读得真清楚啊，谁也能读好？

生2读，其他同学自然评价：读得很响亮。

师：还有谁也能读好？

生3读得很轻快。

[王燕骅点评：让学生参与朗读评价，一方面能引导他们用心听，培养听的习惯和能力，另一方面也是对后继朗读的一种指导。]

师：你们听，她读得轻轻松松，真容易啊。风娃娃就是这样想的——

生接说：帮助人们做好事，真容易，只要有力气就行。

生齐读。

师：大家读得多自信啊！看来大家都理解了课文，读出了自己的感受。这时候风娃娃就是这样想的，他也是这么做的。请大家翻开书本，大家读读课文的第五至第七自然段（投影出示课文语段），可以轻轻地读，也可以大声地读，读出自己的感受来。

全班学生拿起书本各自认真朗读起来。教师在学生读完后表扬大家读得投入。

师：这三段中这几句话特别难读（投影出示）：

(1) 风筝在空中摇摇摆摆，有的还翻起了跟头。

(2) 风筝被吹得无影无踪，孩子们伤心极了。

(3) 他仍然东吹吹，西吹吹，吹跑了人们晒的衣服，折断了路边新栽的小树……人们都责怪他。

师：谁能正确、流利地读给大家听？

（一个学生读第一句，其他同学评价"摇摇摆摆"读得好，还有一个学生指出"跟头"读得不够好，要读轻声）

师：这么多同学都还想读第一段，那就请大家都举起手做小风筝，一边读课文一边把风筝摇摇摆摆、翻跟头的样子做出来。

（全班同学都举起了手，小手随着朗读声摇摇摆摆，翻跟头，十分生动）

师：看来大家都理解了课文。

师：第二句谁来读好？

（一个学生读，其他同学不由自主鼓起掌来，一个学生站起来说：她"无影无踪"读得还不够准确，"影"是后鼻音）

师：请大家再读这个词语。那么风筝"无影无踪了"是什么意思呢？

生：风筝不见了。

生：风筝找不到了。

师：大家真会理解。是的，正因为这么漂亮的心爱的风筝不见了，飞得无影无踪了，所以孩子们——生接说："伤心极了"。

师：大家一齐再读读这个词语，"伤心极了"就是——

生：很难过，非常伤心，十分伤心。

师（在黑板上贴词卡）："伤心极了"这个词语中有两个生字——生接答：伤、极——我们再一起写写"伤"和"极"两个字。大家看，写这两个字要注意什么？

生：这两个生字都是左右结构，左窄右宽。

生："极"的右边要注意，先写撇，再写横折折撇，最后一笔是捺。

师：你看得真仔细，说得真清楚，看老师写"极"这个生字。

师：请大家把这两个生字端端正正地写在书上的田字格中，你觉得容易的字写一两个就可以，难写的字可以多写几个。请注意写字的姿势。

（全班同学注意写字姿势认真练习写字，教师巡视，或鼓励或个别指导）

[王燕骅点评：这第三段的句子教学环节，很好地体现了阅读教学的整合性：将词语学习与句子理解，句子理解与朗读指导，词语学习与写字练习有机整合起来，简化了教学头绪，学生的参与度高，效果好。]

师：女同学再一起来读读这个句子吧。

师：看来大家都理解意思，读懂了句子，读得伤心极了。是啊，风筝被吹得无影无踪，孩子们伤心极了，可是风娃娃仍然东吹吹，西吹吹，吹跑了人们晒的衣服，折断了路边的小树……人们都责怪他。

师：谁来读读这个词语——

（几个学生依次起立读"责怪"）

师：想一想：风娃娃还会做哪些事情，有哪些人责怪风娃娃，他们会怎么责怪？

生：风娃娃折断了小树，栽树的人会责怪他：风娃娃，你为什么要把小树折断呢？

师：听见了吧，同学们，刚才是栽树的人在——生接答：责怪风娃娃。

生：风娃娃吹跑了人们晒的被子，人们会说，风娃娃，你怎么把被子吹跑呢，真调皮。

师：是啊，这就是晒被子的人在责怪风娃娃。还有呢？

生：小朋友会说，风娃娃你怎么把我们的风筝吹跑呢？

生：风娃娃你怎么把我们晒的衣服吹跑呢？

……

师：开始，风娃娃为大家做了许多好事，大家都向他表示感谢，风娃娃非常高兴；可是现在，大家都责怪风娃娃（点出句子，生接读）——风娃娃听了，很伤心，心想：我帮人们做事，为什么他们还责怪我呢？

师：小朋友们读到这里一定有问题吧——

[王燕骅点评：这一环节的设置非常好——在学习过程中结合情景让学生提出问题，把提问的平台留给学习的主体，既调动了学生研读的主动性和指向性，也帮助教师更好地了解孩子的真实想法，以便随机调整教学方案。]

　　生：人们为什么都责怪风娃娃？
　　师：帮人们做事不光要靠力气，还需要有什么？……是的，风娃娃也是这么想的（出示课文语段），谁来读读——风娃娃听了，很伤心，心想：我帮人们做事，为什么他们还责怪我呢？
　　（教师随机评价：你真伤心，你感到自己错了，你已经在想自己错在哪里了……）
　　师：风娃娃使劲儿做好事，没料到却遭到了责怪，请大家再次各自有感情地读读课文第五至第七自然段，读得好了你们就一定能帮风娃娃解决问题。
　　情境对话过程——
　　师（演示）：我是风娃娃，我很想帮助人们做事，可是现在许多人都责怪我，这是为什么呢？你们告诉我好吗，为什么要责怪我呢？
　　生：好！
　　师：请问你是谁？
　　生：我是放风筝的小朋友。
　　师：放风筝的小朋友，你好！
　　生：风娃娃，你好！
　　师：小朋友，刚才我帮你吹风筝，我这么用力地吹，想把你吹得更高，可是你为什么责怪我呢？
　　生：风娃娃，你用的力气太大了，把我的风筝都吹得无影无踪了，这风筝可是爸爸辛辛苦苦帮我做的啊。所以我伤心极了，才责怪你的。
　　师：可是我是想让你飞得更高啊……
　　生：风娃娃，吹风筝不必用这样大的力气啊！
　　师：哦，现在我明白你为什么要责怪我啦。对不起，请你原谅。我知道了,以后做事情不能光用力气。谢谢你告诉了这个道理。你还会责怪我吗?

生:你不是故意的,我不责怪你了。

师:谢谢你原谅了我。

[王燕骅点评:这一段角色对话作用多多:(1)帮助孩子理解了重点句,突破了学习难点;(2)自然地进行了动脑筋、懂礼貌等方面的教育,很好地落实了本堂课的情感教育目标;(3)训练了学生的语言表达,尤其是对"责怪"一词的运用;(4)还为下面的进行环节做了铺垫和示范。很值得借鉴。]

师:还有谁能帮帮风娃娃,谁能像老师一样来当风娃娃?大家注意了吗?刚才老师跟那位小朋友说话做到了什么?

生:有礼貌。

生:还要把话说清楚。

师:对!现在就请两个同学先来试试。其他同学注意仔细听,认真看,待会儿评一评,他们说得怎么样。是不是像刚才那位小朋友一样把意思讲清楚了,同时注意了说话有礼貌。

师:还有不同的说法吗?风娃娃,你再去向他们请教吧……

(孩子们有的做栽树人,有的做晒衣服的人……与风娃娃情境对话)

师:看来还有许多同学想说。那就请同桌同学一人当风娃娃,另一人做帮助风娃娃的人。做风娃娃的要说清你干嘛要使劲地吹小树,小树要说明白为什么责怪风娃娃,还要注意礼貌应答,能做到吗?

生(很有信心):能!

……

师:刚才大家都很热情并很有礼貌地帮助风娃娃,让风娃娃伤心的问题一定都找到了答案。另外,同学们还说到了风娃娃有好的一面,也有不好的一面,说得真好。这样吧,课外大家可以找找更多的资料,了解风娃娃还有哪些好的一面,还有哪些不好的一面,把课文的意思说得更明白。请大家想一想,对待风娃娃好的一面,我们可以怎么做?

生：利用他，让他继续帮助我们。

师：如果有不好的一面？

生：责怪风娃娃。

师：光责怪有用吗？

生：帮助他改掉不好的地方，让他为我们服务。

师：说得不错。这样吧，今天回家，我们就可以利用课余时间多读读这方面的书或文章，过一段时间，到下周一吧，咱们再在课堂上交流。

生：好！

师：现在让我们来做做课堂作业吧。请选择其中一题完成，更能干的同学可以选做带星号的题目——直接把句子填写完整，把意思说清楚：

（1）开始，风娃娃想：帮助人们做好事，（　　）容易，只要有力气就行。现在，风娃娃知道了：帮助人们做好事，（　　）容易，（　　）有力气还（　　）。

＊（2）帮助人们做事，_____。

[王燕骅点评：设计不同难度的作业，让孩子有一定的自由选择的余地，这一理念许多老师都知道，但在课堂教学中真正去落实的并不多。周老师围绕学习的重点，设计了难度有差异的习题，给学习困难的孩子有一定的扶手，让学有余力的孩子有更多的自由表达的空间，这种做法值得推广。只有实施了有差异的教育，才能实现差异的发展。]

师：选择第一题的请举手。请你来说一说。

（一个学生回答正确了）

师：选择第二题的同学请举手——

生：帮助人们做事，不光要用力气，还要用脑子想一想对不对。

生：帮助人们做事，光有好心用力气还不够，还要用心思考，用对方法。

师：看来同学真正学懂课文了，别忘了，我们回家还要——

生：找资料，下周一汇报。

师：好，这节课就上到这里，下课！

〔王燕骅总评：教师设计课堂教学的过程，其实就是对教材进行二次开发的过程。同一篇课文，可以设计出各种不同的方案；各种不同的方案，在课堂中又会演绎成许许多多不同的版本，很难绝对地说此优彼劣。但不管哪种方案，不管怎样演绎，有一条评价标准是不会改变的，即是不是保证了学生的主体学习地位。

周步新老师《风娃娃》一课的教学，无论从设计，还是从实施看，都比较好地保证了学生作为学习主体经历学习活动的地位：问题不仅仅来自教师，也来自学生；评价不仅仅由教师做出，更多的是来自学习伙伴。正因为周老师有以学生为本，一切为学生的"学"服务的理念，所以她才会自觉地不懈地去研究：怎样让尽可能多的学生在课堂上动起来，怎样让所有的学生通过学习活动能真正有所得，怎样才能使学生学得轻松、愉快而又切实有效。周老师所以要千方百计引导学生提问；所以要让孩子们亲自来当一回风娃娃，全体经历一次风娃娃与人们的对话；所以要尽量挤出时间，让孩子在课堂上动笔写生字，做练习……都是为了更好地保证学生成为学习主体，促进他们得到最优化的发展。

周老师《风娃娃》第二课时教学的精彩之处，已在实录中做了点评，在此不再赘述。我想，学周老师课的某一个环节，某一种做法，当然也是学习，但那是皮毛，学她的以学生为本，处处为有助于学着想，这才是本质。也只有这样，我们的阅读教学才能真正走向生本。〕

听课评课：

繁华落尽见真淳
——听特级教师周步新老师《风娃娃》

姜艳琰

在我有幸成为江北中心小学的一员时，我头一次见到了周步新老师，感到一种亲切与朴实。十月校庆，我头一次听她的语文课《风娃娃》，真是"课如其人"。那是一堂用真实、扎实构建的课堂。在听惯了太多精致玲珑如瓷器玉壶的公开课、展示课后，周老师的《风娃娃》就像一股清新的风带来了泥土的朴素与自然。课要"崇尚真实",唯有真实的课堂才是发展的课堂。下面就周老师的课堂教学结合自己的理解谈几点听后的启发。

一、真诚——课堂真实的基调

课堂的真实首先需要我们真诚地面对课堂,面对学生。我们的课堂首先是学生的课堂,是通过课堂让学生有所获得的课堂,是允许学生出错,允许学生不懂的课堂。在周老师的课中,学生是学习的主体,教师要引导学生自主地参与学习。请看这样一个教学片段:

教师投影出示课文句子:风娃娃想:帮助人们做好事,真容易,只要有力气就行。

教师请学生读这一句:你觉得风娃娃的心情是怎样的你就怎样读。

学生有不同的理解,自然也有了不同的朗读。教师请了几个学生,给予了不同的评价:

你是一个多认真的孩子呀。(对轻声读,认真读的学生)

你是一个多自信的风娃娃呀。(对大声读,语速快的学生)

你是一个觉得做事多容易的孩子。(对轻松地读出了"真容易"的学生)

这是对学生不同体验的尊重,是教师面对课堂的真实。

另如,周老师在课堂上鼓励学生参与评价,让学生来评一评同学的朗读,这是对同学的信任。布置练习时由学生自己选作其中的一题,这是对学生差异的尊重。

二、扎实——课堂真实的主旋律

专家说,小学语文要姓"小",小学低年段语文阅读课不需讲得太多,而应上得扎扎实实,简简单单。的确,扎实地教,扎实地学,才会有真实地发展。在周老师的课中,扎实至少体现在这几个方面:

1. 将复习带入课堂,做好新旧内容的转承。周老师花了近七分钟的时间与学生进行复习,从字词到课文内容。这既为学生做好了旧知巩固,又为学生学习新知做好了知识与情感的前后交接,使学生快速地进入文本。很少有老师在公开课上花那么长的时间进行复习。事实上知识是不断累积的结果，对于二年级上学期的学生更需不断地反复巩固，而学生的年龄特点也需我们在课堂的展开过程中有一个渐进与铺垫的过程。

2. 将方法带入课堂，学用结合。如指导写"伤"和"极"的时候，周老师先请学生观察这两个字有什么共同的特点，写的时候要注意什么，再进行范写。这就让学生明白了左右结构的字要写得"左窄右宽"。

3. 将练习带入课堂，凸显层次。我们往往注重了课堂的口头练习，缺少笔头的对话。周老师在课堂最后，设计了这样一道练习：

（1）开始，风娃娃想：帮助人们做好事，（　　）容易，只要有气力就行。现在，风娃娃知道了：帮助人们做好事，（　　）容易，（　　）有力气还（　　）。

（2）帮助人们做事，_____。

这一练习由课文内容到透过文本的理解，既涵盖了课文又超越了文本，既有引领又有深化，将学生对课文的理解内化为自己的认识，而不仅仅是单项性的练习。

三、灵动——课堂真实的和声

"一堂课不求有意义，但求有意思。"（于永正语）课堂的扎实也需有意思的智慧与灵动。因为灵动的课堂才会有智慧的火花，才会有生成的契机，才会有教学的和谐。周老师的课中，当学到"风筝在空中摇摇摆摆，有的还翻起了跟头"，老师让学生以手作风筝边做动作边读，学生顿时读得兴趣盎然。这是理解地读，智慧地教。在风娃娃不知道错在哪了时，老师创设了一个情景：教师作风娃娃来请学生帮忙，展开对话，在对话中明白风娃娃错的原因。这一情景的创设更是一石激起千层浪，二年级的学生多么渴望帮助别人啊，学情高涨的同时，高涨的还有学生的思维、表达。

写到此，想到一句话：课要如"风行水上"，自然真实。写给自己，也给同行。

（姜艳琰，浙江省宁波市语文学科骨干教师，宁波市小学语文优质课一等奖第一名获得者）

教学反思：

共享阅读的快乐

阅读教学是师生对话、共享生命的过程。在这样的教学中，教师与学生共同理解文本，与文本、与自己、与他人对话，共同享受朗读交流、感悟体验、积累运用、移情创造的快乐。因此，共享阅读不仅是语文教师对教学的一种理解，更是教书育人的一种追求，一种境界。在教学《风娃娃》这一课时，我也努力地去实践这样的理念。

这是义务教育课程标准实验人教版教科书语文二年级上册的一篇童话故事，课文生动有趣，层次清楚，第二、三自然段是讲风娃娃做了两件好事；第五到第七自然段讲风娃娃想为人们帮忙，结果却帮了倒忙。故事里的风娃娃既乖得可爱，又傻得可爱。他想为大家做好事，以为做好事很容易，只要有力气就行，结果把风筝吹跑，把人们晒的衣服吹跑了，还折断了新栽的小树。人们都责怪他，他还不知道为什么。在低年级小朋友身上，往往也普遍存在这样的典型。根据教材及所教班级学生的特点，我便展开了以对话、共享为主旨的课堂教学实践。

一、在熟读成诵中对话、共享

诵读是达成对话的一种途径。《语文课程标准》明确指出，要"注意加强对学生平日诵读的评价，鼓励学生多诵读，在诵读实践中增加积累，发展语感，加深体验与感悟"。其实以对话为主要特征的阅读教学中必然包含对言语声音的感知，而学生对言语声音形态的感知能力自然是其语感素质不可缺少的组成部分。人们在学习诵读中学习对话，在学会诵读中学会对话，在诵读中达到"物我回响交流"。例如，在教学课文四至八自然段时，我便确立了以读代讲，读中感悟的策略，鼓励学生在读中理解，在读中体会。

师：瞧这时候，风娃娃多高兴啊！（出示课文第四小节，生各自接读）
风娃娃想：帮助人们做好事，真容易，只要有力气就行。
师：谁能读给大家听？（教师适时评价：你多能干啊；你读得真轻松；

你是个自信的风娃娃；你是个有力气的风娃娃……）

师：风娃娃这么想着，他也是这么做的，请大家自己读课文第五、六、七小节（出示三节课文），可以轻轻地读，也可以大声地读，读出自己的感受来。

当学生在教师的引领下，以饱满的激情、恰当的语调，抑扬顿挫地朗读课文时，他们不断丰富自己的个人情感，一遍遍地感受语言文字的魅力，深切地体会文本中蕴含的生命价值，这便达到了以诵读促对话助共享的佳境。

二、在质疑探究中对话、共享

教育学理论及实践经验告诉我们，没有学生的主动性与积极性，任何教学都不能成功。学生通过自主阅读，自然会产生许多疑问，有的是课文中的疑难词句，有的是相关的知识点，有的是课文选择的特殊的表达形式，也有的是课文思想内容上的质疑。这时可引导学生再读课文，同时在自主感悟的基础上与同伴交流，教师也作为"平等中的首席"一起参与探讨、研究，使语文学习提升为一个动态的"生成性"过程——不断探究，不断质疑，不断发现，不断收获，师生共同享受成功的乐趣。

如在学完第四自然段后，学生读着读着就产生了疑问：

开始，风娃娃为大家做了许多好事，大家都向他表示感谢，风娃娃非常高兴，可是现在，大家都责怪风娃娃，人们为什么都责怪风娃娃？风娃娃错在哪里？帮人们做事不光要靠力气，还需要有什么？……

师：有了问题没关系，这说明我们都在认真读课文，只有认真读课文才会提出有水平的问题。小朋友，有了问题怎么办呢？

生：可以再读读书，边读边想，多读多想。

师：说得多好啊！真会学习！那就让我们再读读课文的五至八自然段，边读边想刚才提出的问题吧。

就这样，又通过自主读书、互相交流，学生自然就领会课文的意思，这样既促进学生理解感悟，又在具体的学习中增长认识：今后在读书中遇到困难时，我们也要再仔细读书，边读边动脑筋。

三、在合作交流中对话、共享

合作学习是一种极其有效的教学理论与策略，是以小组活动为主体而进行的一种教学活动，是一种同伴之间的合作互助活动；它基于"人多智广"这一思想，在教学上运用小组合作，使学生共同活动以最大程度地促进自己以及他人的学习。

如下面的教学片断：

师（进入情境，演示）：我是风娃娃，我很想帮助人们做事，可是现在许多人都责怪我，这是为什么呢？哦，小朋友，放风筝的小朋友，请你告诉我，你为什么要责怪我呢？

生：因为你的力气太大了。

师：可是小朋友，我这么用力地吹，是想把风筝吹得再高一点啊。

生：但是，你用的力气太大了，把我的风筝都吹得无影无踪了，这风筝是我用自己省下来的零用钱买来的，爸爸妈妈赚钱也很辛苦，所以我伤心极了。

师：哦，现在我明白你为什么要责怪我啦。对不起，请你原谅。我以后做事情不能光用力气。你还会责怪我吗？

生：你不是故意的，我不责怪你了。

师：谁也来当风娃娃，说说你为什么要那么用劲地吹衣服，你再去向其他责怪的人们请教。想一想，责怪风娃娃的会有哪些人。还要注意：风娃娃要把为什么做错事情的原因说清楚，并有礼貌地请教；帮助风娃娃的朋友要把风娃娃错在哪里说清楚，态度要热情。其余同学仔细听，认真看，待会评一评，他们说得怎么样。

师：想一想，风娃娃还会去请教哪些朋友，他们会怎样帮助风娃娃呢？还有不同的说法吗？同桌之间一人做风娃娃，另一人做风娃娃的朋友，开始吧……

这样的情境对话交流过程中，师生之间、生生之间、人本之间展开了多元互动对话，真实地展现了生命成长的过程。

四、在读写运用中对话、共享

朱作仁先生在《读写结合理论和实践》中说:"从心理学角度看,有阅读就要有表达。学习者如不以口头或书面的方式把自己阅读收获表达出来,就难以知道他是否完成了阅读任务,培养了阅读能力。"而在这样阅读、表达、写作的过程中,不正进行着充分的对话与共享吗?

例如在本课教学中,我布置了这样的课堂作业:

选择其中一题完成,更能干的同学选做带星号的题目,直接把句子填写完整,把意思说清楚。

1. 开始,风娃娃想:帮助人们做好事,(   )容易,只要有力气就行。现在,风娃娃知道了:帮助人们做好事,(   )容易,(   )有力气还(   )。

*2. 帮助人们做事,_____。

学生们经过反复读书、感悟交流,又进入了自我的语言转换、创作过程,其后的说话交流已经不单纯是对课文语言的忠实再现了,而是能够表达自己情感与理解的"二度创作",他们有的选择第一题,更多的选择了第二题。有的写:"帮助人们做事,光有想法不行,还要多动脑筋。"有的写:"帮助人们做事,不光要有一片好心,更要动脑筋想办法。"还有的这样写:"帮助人们做事,要会用心,真正把事情做好。"在这样的读写交流中,达到了"你中有我,我中有你"的最高境界,师生不断共享阅读、对话的乐趣,获得成功的喜悦。

引导阅读中多元解读、合作学习
——《秋天的雨》第一课时教学预设、过程生成与教后反思

课堂回放：

课前引发阅读兴趣：阅读并回忆有关秋天、雨的文章。

回忆并背诵以前学过的写秋天的文章。

说出平时积累的写秋天的词语，看谁说得多。

一、引入谈话

1. 师：孩子们，现在正是秋天，在你们小小的心灵中，秋天是怎么样的，你觉得秋天是个怎样的季节？

2. 师：（揭示课题）今天我们也要学习一篇有关秋天的课文，题目是《秋天的雨》，猜猜看，课文会写些什么，说说你们想知道什么。在你的心中，秋天是个怎样的季节？

生：秋天是一个秋高气爽的季节。

师：这是你的感觉。

生：秋天是一个果实累累的季节。

师：也不错。

生：秋天是美不胜收的景象。

师：说成秋天有美不胜收的景象更好。

师：看得出大家都很喜欢秋天，那么读了课题后，你们猜猜课文会写些什么？你想知道些什么？

生：（略）

［浙江省语文特级教师、宁波市小学语文教研员励汾水点评：在课文的引入阶段，让学生充分表达自己对"秋天的雨"的经验和感受，激发学生的学习期待。］

二、感知激情

1. 听配乐朗读课文，激发学生心中对秋天、秋雨的喜爱赞美之情。

2. 听了录音，说说知道了什么，可以选用句式：

秋天的雨，_____。

3. 把课文中你认为写出了秋天的特点的句子划下来，发现了什么（在每一段的开头、总起句……）。

4. 把几个总起句连起来读一读。

师：秋天的雨到底是怎么样的？咱们一起来听听，好吗？（师配乐朗读课文）

师：（读完课文后）刚才，同学们听得非常认真，有的侧耳倾听，有的闭上眼睛，有的甜甜地笑了，现在你能不能说说秋天的雨到底是怎么样的呢？你可以用上这个句式，（投影：秋天的雨，_____）也可以用自己的话说。

生：秋天的雨是非常可爱的。

生：秋天的雨给大地带来了五彩缤纷的颜色。

生：秋天的雨非常温柔。

生：秋天的雨藏着非常好闻的气味。

师：同学们，这些都是你们对秋天的感受。看来，同学们刚才认真地听课文，用自己的心灵去感受，去体会，去感悟，就有了自己的理解、收获。

［励汾水点评：指导学生用"秋天的雨，_____"来说说秋天的雨，给学生一个说话的框架，有利于学生概括地表达自己的想法。］

三、粗读质疑

1. 自己读课文，注意把字音读正确，把句子读流利，碰到难读的、比较长的句子多读几遍。

　　2. 同桌互相听读：同学读得好的，鼓励他或表示祝贺；同学有困难，帮助他；有不懂的地方可以问问同学；如果他也不明白，就做个记号，等会提出来。

　　师：大家一定也想自己读读课文。那就打开课本，自己认认真真读课文，把课文读通顺、读正确。（生自由读课文）

　　师：有哪些特别长、特别难读的句子，想问问大家，请他们帮助的？

　　（一女生读课文中最难的一句长句：秋天的雨，有一盒五彩缤纷的颜料。你看它把黄色给了银杏树，黄黄的叶子像一把把小扇子，扇哪扇哪，扇走了夏天的炎热）

　　师：虽然这句话有些长，瞧，你不是读得挺不错的吗？鼓励一下。（生鼓掌）这个句子挺难的，其他同学会读吗？自己试一试。

　　师：看来，很多同学都认真读了书，有了不小的进步，现在请你拿起笔来，在书上画一画，哪些句子写出了秋天的雨的特点。看谁画得仔细，读得认真。

　　生：（略）

　　师：同学们找得挺仔细，都找全了。（出示）

　　秋天的雨是一把钥匙。

　　秋天的雨有一盒五彩缤纷的颜料。

　　秋天的雨藏着非常好闻的气味。

　　秋天的雨，吹起金色的小喇叭，它告诉大家，冬天快要来了。

　　同学们，我们能不能把它读好呢？（生齐读出示的句子）

　　师：同学们读得真不错，读了两遍，就能把课文读得那么好，真了不起。那么一个一个读能不能读好呢？老师建议你们同桌相互听一听，你读一段，他读一段，读错了提个醒；读得好的，鼓励一下。（同桌对读）

　　[励汾水点评：对于优美、抒情而有节奏感的课文语言，教师给学生以充足的时间，在朗读中感知和理解，分解了阅读难度，为学生欣赏语

言、积累语言打好了基础。而同桌之间的互读和评议,使学生在与文本对话的同时,从学习伙伴那里得到了帮助和启示。]

3. 检查读课文的情况。

(1) 觉得哪些地方特别难读要向大家请教的,可以大胆提出来。

(2) 认为自己读得好的要帮助同学,读给大家听;觉得同桌读得好的,也可以推荐同桌读读(鼓励孩子学会欣赏别人的优点)。

4. 交流不懂之处,鼓励学生大胆质疑。

师:(指上面投影中的句子)在读的当中,你发现了吗,这些句子有什么特点?

生:课文每一节都是这些句子开头的。

师:你真会联系课文思考,真聪明。不过老师建议你这样说:这些句子都是每一小节的开头。还有别的发现吗?

生:这些句子都是说秋天特点的。

师:301班的同学真会学习,瞧,仔细地读,就有那么多的发现。读了课文,你又有什么问题吗?有关课文的,有关词语的,有关句子的都可以问。

生:秋天的雨为什么是轻轻地下?

生:为什么秋天的雨是一把钥匙?

师:同学们很会提问,我们说"学问学问,要学要问,边学边问才有学问",不断地提出问题,不断地解决问题,才能不断地进步。

四、合作学习

1. 引导学生说说可以用学过的哪些方法来解决(板书)。

(简单的问题可以利用同学资源帮助解答,也可以利用已有的方法自行解决,或者联系生活说说;更多关于内容的问题,可以放到课文学习中去进一步理解、感悟)

2. 根据学生的回答,老师适当联系学生已有的学习经验加以补充。(赠送秋天学习卡)

3. 指导四人小组合作学习。

学习卡制作成各种课文写到的树叶、水果、小动物、金钥匙等形状，上面印有这样的内容：

我们小组选择学习第（　　　）段。

我们最想解决的问题是：_____。

我们选择解决这个问题的方法：

（　　）多读课文，边读边联系上下文说意思。

（　　）读读课文，联系自己平时生活中看到的、听到的、学到的知识说意思。

（　　）读读课文，看看插图，展开想象，试着把课文的意思画出来。

（　　）有感情地朗读课文，小组合作排练朗诵，表演课文的意思。

我们小组还有其他更好的方法：_____。

教师提示：(1) 小组里意见要统一（可以四人小组很快地商讨一下，共同选择自己最喜欢的一段话，或者最想解决的一个问题，想一想准备选择刚才交流的哪一两种方法）；(2) 选择的方法要充分发挥每一个小组成员的特长，但无论选择哪一种方法，首先要读；(3) 展现的是小组合作学习的成果，每一个同学都要积极参与。

师：让我们想一想，可以用哪些好方法解决这些提出的问题和没有提出的问题呢？

生：联系上下文；读课文，看看图；边读边放电影。

师：这位同学一口气说了三种方法！学习中就要做这样的有心人。

生：读课文，画一画。

生：读课文。（声音较轻）

师：对呀，要理解课文，就要多读课文——

生：（继续）找出重点句中的重点词来学习。

师：老师发现你这次的发言很不错，不再胆怯了，真为你感到高兴。

生：还可以用演一演的方法。

师：真不错，但之前还是必须多读课文。

师：同学们真了不起，不光会读书，还会运用以往的学习经验为今后的学习服务，老师在这儿也想帮帮你们。这里有一些秋天的礼物（事先贴在黑板上）送给大家，四人小组派代表上来领取，上面有刚才同学们说出的一些方法，没有来得及说出来的你们自己可以补充进去，还有老师提供给你们的办法。看一看，你们想解决一个什么问题，四人小组很快地商量一下。确定目标后关键要多读，然后选择一些方法解决问题。四人小组成员每一个人都要参与，人人有任务，待会儿，以小组为单位集体展示你们的学习成果。

（四人小组合作学习，师巡视指导）

[励汾水点评：鼓励学生根据自己的学习经验和特点，选择不同的方法，运用"读"、"演"、"看"、"讨论"等不同的形式来解决阅读中的问题，使每一位学生找到了适合于自己的阅读方式，扩大了学生的学习空间。]

4. 交流共享。

教师再次提示：交流汇报的时候，因为展现的是小组合作学习的成果，每一个同学都要起作用，若是组长代表说的一定要表达大家的想法；要让其他小组的同学看到、听懂你们解决了问题。

师：老师发现，有几组已经准备得差不多了，待会儿汇报的时候，要展示你们小组的合作成果，每个人都要有任务，其他同学看的时候要注意，他们汇报得好的要给予鼓励，不足的帮他们指出来，不懂的还可以继续问他们。下面哪一组先来汇报？

（一小组上台，生鼓掌欢迎）

生（四人小组组长）：我们小组选择学习第二段。我们最想解决的问题是：秋天为什么有一盒五彩缤纷的颜料？我们选择的学习方法是边朗读边表演。

（四人小组合作表演）

师：大家评议一下，他们合作学习得怎么样？

生：他们读得很有感情。

生：每个同学都有学习任务，分工合作得比较好。

生：他们朗读比较有感情，合作得也较好，他们选择的方法是表演，但动作过于单调。（众笑）

师：这位同学很会评价，既肯定了他们的优点，还指出了改进的方法。（面向表演的同学）你们愿意接受吗？（表演的同学微笑着点点头）

师：还有哪一组用不同的方法展示学习成果的？

（另一四人小组上台）

生：我们小组也选择学习第二段。我们最想解决的问题是：为什么秋天的雨能给大地带来美丽的颜色？我们解决这个问题的方法是多读课文，边读边联系上下文说意思。

（四人学习小组有感情地朗读课文，全班同学鼓掌）

生：我们从第一句中看出秋天的雨把五彩缤纷的颜料抹在银杏树、果树、田野和菊花上，所以使大地有五彩缤纷的颜色。

师：他们的问题解决了吗？你们满意吗？再次用掌声向他们表示祝贺！现在谁来评价一下？

生：他们一组朗读分工很明确，不过朗读时，林××声音过响，胡××读得不够流畅。

师：这两位同学朗读与过去相比有没有进步？

生：有。

师：我们不能用老眼光看同学，要发现他们的进步，你说是吗？（那位评价的同学不好意思地点点头）

师：老师发现好多同学在用绘画的形式展示。（另一四人小组同学拿着画上台）

生：我们这组选择画画的形式来展示。我们最想解决的问题是秋天为什么有一盒五彩缤纷的颜料？

师：大家看，他们有没有把课文的意思表现出来呢？

生：表现出来了！

师："五彩缤纷的颜料"从哪里体现出来？

生：枫树、菊花。

生：银杏树上。

生：还有他们画的田野上。

师：这幅画的颜色组合起来就可以用哪个词概括？

生（齐）：五彩缤纷、五颜六色、五光十色……

师：是呀，他们用自己灵巧的双手，用自己美好的心灵去绘画去表现，真了不起！（拿起另一组同学的绘画作品）这一组同学也画得不错，同学们真会读书！这已经是第三种方法了，还有第四种吗？（又一学习小组上台）

生：我们选择学习第二段，采用的是边读边悟的方法。要听我们悟到什么，让我们用读来展示一下。（生分角色用自己感悟到的情感朗读第二段……）

[励汾水点评：教师的评价有针对性和引领性。既有对学生学习结果的肯定，又体现了学习方法的引领；既针对某一组的学生的汇报内容，又提出了共性的问题。有效的评价使学生阅读中的问题解决意识和能力得以循序渐进地发展。]

5. 小结，再次激情，连起来朗读第二段。

6. 师：你还想怎么说呢？咱们下课之后还可以再去观察、想象，相信你们会比课文说得更多更好。

师：看来，刚才大家都在研究第二段，下面我们一起来读一读这段课文吧。（学生有感情地齐读课文，老师不时激励：读得真好，接下去读……越读越有感情了……真好听……）

师：秋天的雨把五彩缤纷的颜色给了银杏树、枫树、菊花、田野，想象一下，还给了谁呢？（出示投影：秋天的雨，有一盒五彩缤纷的颜料，你看，它把_____给了_____，_____。）

生1：秋天的雨，有一盒五彩缤纷的颜料，你看，它把红色给了鸡冠花，鸡冠花羞红了脸。

生2：秋天的雨，有一盒五彩缤纷的颜料，你看，它把金色给了向日葵，向日葵比太阳还要灿烂。

……
五、课堂练习

1. 找到自己认为最难写的生字,提醒大家要注意什么,各自写三遍左右。(重点指导"爽"、"紧"、"萝")

2. 选择作业。

(1) 摘抄、背诵喜欢的句子,至少三句。

(2) 选择喜欢的一段内容,仿照课文的写法,写写秋天的雨还会怎么样。

师:这节课我们学得很开心。课后,大家可以模仿课文写写秋天的小诗,并配上秋天的诗、秋天的乐章,有兴趣吗?

生(愉快而充满信心地):有!

[励汾水总评]

《秋天的雨》是一篇充满诗情画意的散文,如何让学生理解、欣赏、积累其中的语言,应该是本课教学的重点。

在教学过程中,周老师充分地考虑到学生的学习需要,选择学生易于接受的方式来设计教学。在教学过程中,每一次读书都有不同的要求和形式,每一次读书都让学生有不同的收获:把难读的句子读通了;发现了句子的特点;发现了问题;运用不同的方法解决问题,然后有感情地朗读课文,表达自己的阅读见解……循序渐进的学习过程,使学生从对语言的理解发展到对语言的欣赏,为积累、运用语言打好了基础。

在教学过程中,周老师充分兼顾了不同学生的阅读起点和需要,巧妙地整合、提升了来自学生的学习资源,比如学生的学习经验、学习方法、学习结果。在她的循循善诱下,学生的学习主体作用得以彰显。他们因为需要解决问题而合作,在交流学习成果的同时共享同伴的学习智慧,享受与经典语言进行对话的乐趣,从而提高语言素养。

周老师的教学语言也是值得我们欣赏的。一是她的语言充满期待而又浅显易懂,学生容易接受。二是她的语言在激励的同时更有引领和提示,让学生明白自己该做什么,该怎么去做,做得怎么样了,别人有哪些地方值得我学习。因为这样的引领，使学生在与教师、与文本、与同伴的对话中，避免了随意性，始终有明确的目标和方向。

教学反思：

以读为本　以学定教　顺学而导

阅读教学要树立以人为本、促进发展的课程观，在教学过程中体现情感态度价值观、知识能力、过程方法这三个维度目标的整合，既教书，又育人，既形成能力，又习得方法，全面提高学生的语文素养，并大力改进教学过程和教学方法、策略，使阅读教学的过程，成为每个学生潜心读书，获得个人体验和独特感受的过程，成为教师引导学生在阅读实践中不断实现自我建构，学会阅读，促进表达的过程。

因此在本课教学中，我努力营造自主学习、平等对话的良好氛围，以读为本，读、思、议结合，以学定教，顺学而导，精心组织教学活动，并适当引进课程资源，丰富教学形式，拓宽教学渠道，不断开发和建设语文课程。主要体现在三个方面：

一、有机整合三维目标

工具性与人文性的统一是语文课程的基本特点，而《语文课程标准》强调三维目标的整合正是体现了语文课程及语文学习的基本特征。

在本课的教学中，教师确定了这样的教学目标：

1. 认识"钥、匙、趁"等8个生字；会写"爽、紧、萝"等比较难写的几个字；能读"清凉、留意、扇子"等16个词语。

2. 正确、流利、有感情地朗读课文，读出对秋雨的喜爱和赞美之情，背诵自己喜爱的部分。

3. 选择运用学过的或喜欢的方法合作学习共同喜欢的课文内容，并进行交流共享。

4. 激发喜欢秋天、秋雨的情感，能选择适合自己的或喜欢的方式来表现自己的喜爱、赞美之情。

以上目标的确定，正是在领会《语文课程标准》精神的基础上，在教学中整合多维课程目标，以体现语文课程及语文教育的特点。

二、努力落实读的教学

读既是语文教学的重要手段，也是语文学习要掌握的能力之一。《语文课程标准》指出："阅读教学是学生、教师、文本之间对话的过程，阅读是学生的个性化行为，不应以教师的分析来代替学生的阅读实践。要珍视并鼓励学生发表对课文独特的感受、体验和理解。"

在《秋天的雨》这节课教学中，我努力做到在课堂教学中扎扎实实地进行读的教学，着重做到：每一次读都有目的，在教学过程中体现读的层次，同时教师重视读的指导和恰当评价；让书在课堂上读顺、读好、读得有长进；在朗读感悟中重视词句的理解、积累和运用；教学中在引导学生整体感悟的基础上，还激发学生自主联系上下文揣摩、理解，在阅读中初步领悟文章基本的表达方法，促进由读到写的迁移。

教学中我还特别注意，不离开语言环境一句一句地指导学生读。如果从指导学生读正确的角度着眼，可以一句一句地指导。但感情不是在某一句突然迸发的，如果在指导学生有感情地朗读时，也一句一句地读，这样离开整体，离开上下文，离开具体的语段，要学生去体会一句话的感情，事实上是不可能的，因此，在本课中指导学生有感情地朗读时，至少以一个相对独立的语段为单位进行，这样学生也觉得读得有味，读得尽兴。

三、有效指导合作学习

合作学习不同于一般的小组学习，它是一个异质小组，将不同兴趣、学习态度、学习能力、性别的学生组成一组，组内每一个学生都有责任。这就为学生积极参与学习活动创造了外因，从而激发了学生主动学习的内因。

合作学习是一种经过实践检验的学习方式，应大力提倡，但往往有些课堂小组合作学习目的不明，要求不清，组织不力，因此缺乏合作的有效性，导致课堂教学效率不高。在本课的教学中，为了更有效地开展合作学习，教师前后组织了两次两个层次的合作学习：小组合作和大组汇报，小组合作学习时有明确的目标和要求，在大组交流汇报时，又进一步明确要求，这样使合作学习的有效性得到了保障。在教学中，还根据三年级学生的特点，引导学生联系以往的学习经验，主动参与评价，互相交流、探讨，实现学习成果的共享，切实提高了合作学习的效率。

"精读、深思、悟写"一体化有效范式探寻
——《第八次》教学设计赏析与教后反思

教学实践背景：

在当前的语文课堂教学中，存在着以下问题：第一，读与思之间存在裂层。在语文课上，教师虽想方设法地让学生读，指名读，分角色读，配乐读，齐读等等，读的形式目不暇接，层出不穷。但没有问题的引领，缺少朗读之后思维含量的提升，文本的价值也因此没有得到深层体现。第二，读与写之间存在裂层。很多的语文课堂往往在还未读透文本的情况下，就组织学生进行写的训练，结果自然造成学生无情可抒，无话可写。或者虽有只言片语，也与文本的衔接相去甚远。第三，思与写之间存在裂层。虽然语文课堂上精心设计了很多写的练习，但为写而写的情况依然存在，没有将写与整堂课的思维主线巧妙地贯穿起来，造成学生有情可抒，但无法适时适地直抒胸臆。也有在文本语言和内涵没有被学生有效内化的情况下，就让学生匆匆落笔，以致学生没有自己独特的阅读感受，思维缺乏独特性、深刻性，写的意义也就不大了。

《语文课程标准》指出，"应尊重学生在学习过程中的独特体验"，"关注学生的个体差异和不同的学习需求，爱护学生的好奇心、求知欲"，特别指出"阅读是学生个性化行为，不应以教师的分析来代替学生的阅读"。因此，如何通过有效的教学设计来真正体现"新课标"的理念，从而消除这些弊端就显得十分有必要了。本次《第八次》教学案例，正是在语文课

堂教学中构建"精读、深思、悟写"一体化的有效教学范式,较好地体现了课程标准理念下的有效教学探索。

教学过程实录:

(师板题,生齐读)

师:读了课题,你有什么想知道的?

生:谁做了第八次?

生:他第八次做什么事情?

生:他为什么要做第八次?

师:(板书:???)学习中有了问题,我们可以怎么做?

生:认真读书。

师:下面就请大家自读课文,想想自己提出的问题,要求把字音读正确,不好读的地方多读几遍。(生读课文)

师:回忆刚才提出的问题,能解决吗?

生:我解决了其中的一个问题,是布鲁斯做了第八次。(师擦去第一个问号)

生:我知道,是布鲁斯第八次召集被打散的军队,动员人民起来抵抗外国的侵略。

师:你既简洁明了地回答了第二个问题,而且运用了文中的语句,真了不起!(擦去第二个问号)

[宁波市鄞州区华泰小学曹睿老师赏析:叶圣陶先生说:"学语文要靠学生自己读书,自己领悟。"学生带着自己感兴趣的问题读书,是学生动真心、吐真情、真正活读书的表现,更是学生学习感受、体验和理解的释放。引导抓住这种释放披文读书,寻求问题的答案,学生就可捕捉到文章的整个"面"——主要意思。]

生:布鲁斯不甘失败,所以做了第八次。

师:(根据学生发言,顺势引导)什么给了他启发,七战七败后去打第八次?哪一段告诉你的?

生:第三段。

师：读读第三段，什么情景让王子受到启发？读后什么让你感动？用横线画出。

师：画好了，能读好吗？读读你画出的句子。

生：蜘蛛重新扯起细丝再次结网，又被风吹断了。就这样结了断，断了结，一连结了七次，都没结成。可蜘蛛并不灰心，照样从头干起，这一次它终于结成了一张网。

师：说说你的想法。为什么画这句？

生：这句告诉我，蜘蛛给了王子启发。

师：你很会读书，很快从文中找到了答案。谁还能读得更好，读出自己的理解的？

（一生有感情地读起来，强调了"重新、终于"）

师：你把大家带进了当时的场景，感谢你的朗读。谁还想读，读出最感动你的地方？我们一起来听！

（一生绘声绘色地读，读出了蜘蛛百折不挠的优秀品质）

师：读着读着，什么感动了我们？

生：蜘蛛不屈不挠的精神。

生：蜘蛛永不言败的品格。

生：蜘蛛屡败屡战的品质打动了我，其实这也使布鲁斯深受感动。

（师擦去第三个问号）

［曹睿赏析：荀子在《劝学》中指出，读书应"诵数以贯之，思索以通之"。读和思是两种最基本的感悟方式。只思不读无处感悟，只读不思无法感悟。只有既读又思，即古人所说的"口诵心惟"，才会有所感，有所悟。周老师引导学生将读中感悟与思中感悟有机结合，把阅读与思维训练融为一炉。努力让学生"真"读，在读中思，在思中读，启发学生在读中质疑问难，在读中探究问题，在读中解决问题。］

师：（交响乐伴奏，教师范读）布鲁斯躺在木板上望着屋顶，无意中看到一只蜘蛛正在结网。忽然，一阵大风吹来，丝断了，网破了。蜘蛛重新扯起细丝再次结网，又被风吹断了。就这样结了断，断了结，一连结了七次，都没结成。可蜘蛛并不灰心，照样从头干起，这一次它终于结成了一张网。

师：布鲁斯看到这样的情景，会怎样想？

生：蜘蛛能做到坚持不懈，我也要向蜘蛛学习。

师：他除了想到蜘蛛，还会想到什么？

生：想到自己的军队，想到了自己的人民。

师：这样的情况下，布鲁斯还躺得住吗？能用一句话概括当时的心情吗？（出示填空：布鲁斯感动极了，想：_____）

生：布鲁斯感动极了，想：我也不甘心，要干第八次！

生：布鲁斯感动极了，想：一只蜘蛛尚且如此，何况我这个堂堂七尺男儿呢！干！干第八次！

生：我一定要带领人民反击侵略者！一定要把敌人赶出苏格兰！

[曹睿赏析：叶圣陶先生曾说过："作者胸有境，入境始于亲。"让学生发挥想象，进入文本，能使学生达到人文合一。根据学生的认知特点，周老师巧妙地引导学生运用想象进行阅读思考，让他们在联想中思，在想象中品，进而把书本的语言变成鲜活的形象。这时的发言，必定是真切的；这时的思考，必定是深刻的。]

师：（顺势学习第四段，齐读句子）布鲁斯感动极了。他猛地跳起来，喊道："我也要干第八次！"

师：布鲁斯感动极了，有力地喊道——（生响亮地读，强调了"也要干第八次"）

师：布鲁斯坚定有力，充满信心地喊道——（生再读，表情激动、握紧拳头）

师：这才叫"有感情朗读"！

[曹睿赏析：周老师精妙的教学环节，让繁琐冗长的"讲讲、问问、答答"让位给实实在在的读，学生也在一遍又一遍的朗读中，不断升华着自己的感情，与文本相融。读书就要读到学生的心坎上，教师就要善做文本与孩子见识的"红娘"，把"外"的东西引向"内"来。只有教师的

"真引导"，学生才能"真读书"。]

师：在座的小布鲁斯们，请你们代写一份动员书，动员全苏格兰人民参加战争吧。要怎样写，你的臣民才会加入反抗侵略的队伍呢？

生：要感情充沛，才能鼓动大家参战！

生：要把侵略军的暴行公布于众，要把苏格兰人民的悲惨生活写出来。有了对比，更加能激发老百姓的斗志！

生：把蜘蛛永不言败的精神写出来，既然可以打动王子，也一定可以感染大家！

师：还等什么，快拿起手中的"武器"，给你的臣民写动员书吧！

[曹睿赏析：语文是一个完整的生命体。它不仅是作者理性的独白，也是作者感性的挥洒。课堂也是个完整的生命体。它不仅需要理性的启发和诱导，也需要感性的点燃和熏陶。此时的练笔填白，正是学生走向文本深处、走向作者心灵深处、体悟文本与情感的过程。此时的练笔，就像浪遏飞舟，唤起的是超越的激情和创造的喜悦，让学生有话可说，有感而发，有情可抒，达到了语文教学与人文教育的最佳结合。]

[曹睿总评]

纵观周老师整节课的教学流程，她以疑促读，以情激情，巧妙地利用"精读、深思、悟写"一体化的有效范式层层推进，始终坚持"扣读导悟，以读见悟"，即紧紧地扣着读书，引导学生通过感知、领悟、想象、写话等活动，理解文本，进入其境界，体会其情感，并引导学生发现表达的特点，鼓励学生在口头和书面表达中迁移、运用。学生们在教师的有效引领下反复诵读，真正做到了"眼见口即诵，耳识潜自闻。神焉默省记，如口味甘珍"呀！重点句段的深入探讨也加深了学生对文本主旨的理解，当学生与文本产生情感共鸣的时候，老师又恰到好处地创设写话的训练点，更好地帮助学生揣摩和运用了自己独特的体验，提高了语言的运用能力。

教学反思：

以情促学，自主质疑，自主读写
——苏教版第五册《第八次》教后谈

阅读教学离不开情感。阅读教学中的主导者教师、学习的主体学生、阅读的客体对象教材均与"情"密切相关。教材之作者是"缀文者情动而辞发"，阅读者学生是"观文者批文以入情"，而教师则要使学生"缘情而悟理"，构成阅读教学的三个主要素都离不开情感。

《第八次》是苏教版三上年级一篇含意深刻的外国历史故事，讲述了古代苏格兰王子布鲁斯英勇抗击侵略军，但屡战屡败，几乎丧失信心时，看到蜘蛛结网的情景，受到启发，振作精神，经过第八次战斗，终于赢得了胜利的故事。整个故事颇具情感，但其中的背景及情节与学生的生活及体验有距离。在教学中，我确定了以情感点燃学生心灵的火花，促进学生自主学习的教学策略。

一、因疑激情——鼓励自主质疑

小学生具有好动、好问、好说、好表现等特点，在教学中教师若有的放矢地鼓励学生主动质疑问难，能够激发学生主动阅读、积极思考、自主学习的愉悦情感，并进一步尝试主动获得知识、习得能力、享受成功的欣喜。《第八次》这篇课文，篇幅简短，内容也比较好懂，可以鼓励学生自主阅读理解。因此，在教学中，我针对教材特点，鼓励学生在读课题后，说说想知道什么，就课题提出问题。学生的问题都能提到点子上，而这些问题对于了解课文内容是很有帮助的。这样的阅读期待又激励着学生通过自己读课文解决，从而奠定了课堂教学中良好的情感氛围。

二、由思生情——启发阅读思考

读是语文教学的基本手段，也是语文学习的基本能力。《语文课程标准》指出，"阅读是搜集处理信息、认识世界、发展思维、获得审美体验的重要途径"，学生在阅读过程"主动积极的思维和情感活动中"，可以"加深理解和体验，有所感悟和思考，受到情感熏陶，获得思想启迪，享受审美乐趣"。

《第八次》这篇课文内容浅显，但语言富有张力，不少地方留下供学生想象思考的空间。如课文第三、四自然段：

　　布鲁斯躺在木板上望着屋顶，无意中看到一只蜘蛛正在结网。忽然，一阵大风吹来，丝断了，网破了。蜘蛛重新扯起细丝再次结网，又被风吹断了。就这样结了断，断了结，一连结了七次，都没结成。可蜘蛛并不灰心，照样从头干起，这一次它终于结成了一张网。

　　布鲁斯感动极了。他猛地跳起来，喊道："我也要干第八次！"

　　其中，蜘蛛织网的情境具有哪些特点，这给予布鲁斯哪些启发，布鲁斯为什么而感动，他会怎样号召士兵、人民起来反抗侵略者呢……这些课文都没有直接写出来，也都可以引发学生边阅读边思考。于是，在教学中，我凭借阅读，以读代讲，启发学生在阅读过程中自然而然地思考。孩子的心都是易感的，由此也感同身受地激起对课文深入的情感体验——"蜘蛛坚持不懈、永不言败的精神感动了我，也感动了布鲁斯"。情到深处，学生不由自主地喊道："我也要干第八次！"这时候，学生们的情感与课文主人公的情感已紧紧地交织在一起。

　　三、练中融情——促进读写运用

　　语言学习的最终目的是为了运用，在运用的同时也加深着对语言的理解、积累与情感体验。当学生经历了充分的阅读思考，融情于境、感同身受之时，我便因势利导，顺学而教，适时指导学生进行练笔，对课文第五自然段的内容"他四处奔走，召集打散的军队，动员人民起来抵抗。经过激烈的战斗，苏格兰军队赶跑了外国侵略军。布鲁斯的第八次抵抗成功了"，进行有机的扩充与补写："在座的小布鲁斯们，请你们代写一份动员书，动员全苏格兰人民参加战争吧。"并指导学生进一步思考"要怎样写，你的臣民才会加入反抗侵略的队伍呢"。这样做，一方面给学生以一个抒发情感的出口，另一方面更是在主动运用中进一步拓展、提升情感，使情感教育得以升华。

教学艺术篇

尊重需要　自由表达

　　不到五月，天气就格外的热。这天学校举行盆花展览，早上，同学们将各自种养的花儿从家中搬来，兴致勃勃地在学校操场上摆放成漂亮的形状，供全校同学欣赏。每两节课间，同学们都不忘去看看，给干了的花儿洒上些水。午后，阳光分外强烈，可是展览还没有结束。这时，上课的铃声却响了，同学们很不情愿地走进教室。

　　教室里也比往常热，加上人气的熏蒸，更显得闷热。我站在门口，看着学生们，他们慢慢地安静下来了，可是仍然有几个同学在低声嘟囔，一边不停地扇本子。怎么办，如何调动学生的情绪，进入课堂教学情境呢？看来有点困难。

　　突然，一个声音冒了出来："教室里都这么热，那些花儿现在怎么样呢？老师让我们再去看看吧！"是调皮鬼小华。

　　"对，真想看看我们的花儿！"居然有不少同学附和。

　　嘿！不如就这样！

　　我说："好，既然大家都这么关心花儿，我们就去看一看。不过有条件，要按一定顺序看，边看边想。时间也有限制，因为不能浪费太多的上课时间。"

　　"行，没问题！"同学们看到老师这么尊重他们，自然也非常合作，连最调皮的孩子也一口答应。

第一辑　我的课堂 / 37

我和同学们来到了教室外的走廊上，有的同学甚至不怕热跑下了楼，跑到了操场上。不久，孩子们又自觉地回到教室，因为发现花儿都挺精神的，这下他们都放心了，坐在位子上静静地看着我。

我按下录音机的按钮，鸟鸣声、音乐声轻轻地自然流淌出来，在教室里回响："多美的旋律啊，多清脆的鸟鸣啊！这是小朱同学为了这次盆花展览特意准备的。好多天前，他就利用休息或上学前的时间，几次在清晨带着自己的小录音机到家附近的林子里去录音，并选择合适的音乐配上。现在让我们一边欣赏这美妙的声音，一边回想刚才赏花的情景，在本子上写几句话或一两段话。你看到什么，想到什么，就写什么。"

同学们稍作思考，就低头奋笔疾书起来。教室里只有沙沙的书写声和优美的乐曲声，大家仿佛一点也不觉得热了。

不一会儿，许多同学举起了手……

自我反思：

在本案例中，教师尊重学生的需要，根据实际情况，针对学生特点顺学而教，激发学生写作、表达的欲望，取得了较好的效果。

1. 尊重需要，平等对话

本案例中教师在课堂上的角色已发生了根本性的变化。教师不再是高高在上的领导者、指挥者，而是善于倾听的学习活动的引导者和组织者。教师把学生当作语文学习的主人，重视激发学生的学习兴趣，灵活地运用教学方法，鼓励学生参与课堂目标的制定、教学过程的安排、学习内容的选择，巧妙地引导学生乐于写作、自由表达。

2. 因势利导，引起兴奋

夏天午后的课上，学生常常提不起精神，这时候上课往往让不少老师感到头疼。如何提高课堂教学效率，是实际存在的问题。兴趣是最好的老师。在本案中，教师倾听学生的要求，放手让他们干自己喜欢的事情，他们就有兴趣了。学生感兴趣，精神自然就振奋了，对学习的内容就愿意投入更多的精力了。这样因势利导，使学生从厌学转为乐学，提高了学习效率。

3. 巧用手段，促进表达

心理学告诉我们，运用多种感官参与活动，可以提高活动的效率。上述案例中教师运用听录音、欣赏配乐鸟鸣等手段，为学生较快地进入写作氛围创设了恰当的情境。而且这些音乐、鸟鸣又是学生自己录制的，在播放时录制者感到自豪，欣赏者产生共鸣：原来只要自己动手，也可以创造出这么美好的事物来。悦耳的音乐、动听的鸟鸣深深地吸引了全体学生，让他们陶醉在自己创造的天地里，由此激发他们强烈的表达倾吐的欲望。同时本案例中，教师在写作方法、写作形式上并不作过多的要求，而是鼓励学生大胆创造、个性表达，这也符合课标提出的"在起始阶段适当降低难度，重在培养学生的写作兴趣和自信心"。

4. 顺势迂回，殊途同归

什么样的进行内容才是妥当的呢？一定要按部就班地照既定不变的教学计划执行，不容一丝改动才是完成教学任务的举措吗？本案例中有关的教学内容虽然并不是教学计划中的内容，但是学生在观察、想象、写作的同时，不仅进行了相关的语文训练，而且培养了多方面能力，更肯定了他们关心弱小生命的美好品德。可谓一举多得，殊途同归，偶尔进行一下，何乐而不为呢？

放大每个学生的优点

人教版三年级下册有篇课文《争吵》，因为课文写的是同学之间发生的事，语言朴实、真切，非常切合学生的心理特点和生活实际，在教学中，学生们非常喜欢读。于是，我引导学生结合文本，联系自己的生活实际，展开大胆合理的想象：假如克莱谛没有主动与"我"重归于好，事情又会怎样发展？如果你在生活中遇到类似的事情，会如何处理？在学生回答的基础上，我又指导学生试着学习课文的写法，写写自己与同学之间的故事，要求内容真实、表达自己的真情实感，就在课堂上完成。因为启发得当，又有实际生活作为"源头活水"，还有课文作为范本，孩子们写得非常顺手，其间也不乏佳作。

在学生完成习作后，我首先选择了其中写得较好的几篇，边在视频台上投影展示，边跟大家一起朗读点评。

"约法一章"

啊，真倒霉！昨天，周老师把我的同桌换成了子奇。说起子奇，那可是班上有名的"慢动作"，而且上课还爱开小差。我真是苦不堪言啊！无奈之下，当天我就跟子奇"约法一章"。内容如下：

甲方在左，乙方在右。如越过中心线，干扰对方，则被对方打三下。

甲方签名：子奇　　　　　　乙方签名：斯扬

2007年4月4日起执行

（读到这里，许多孩子都笑了。因为文章写得很真实，班里许多课桌

上似乎都有这样隐隐约约或者虽不画线却实际存在的中心线，或许有些同桌之间也有这样的约定呢）

这个条例执行了一天，效果不错。

谁知今天上午数学考试时，我发现忘带橡皮了。雪上加霜，正要做第二大题计算题时，心里一慌，笔下就出错了，题目居然也会抄错！这可怎么办啊？我又是翻铅笔盒，又是掏书包，可就是不见橡皮的影子。我急得就像热锅上的蚂蚁，浑身不自在。

边上的子奇可能有道题做不出来了，正抬起头冥思苦想，看见了我这副样子。我心里着急，嘴里说出的话就很难听："看什么看啊！再看一眼，小心我告诉老师，让你抱个'鸡蛋'回家！"

（读到这里，教室里笑开了。因为斯扬写得太有意思了，他把自己的心理活动过程写得那么生动有趣）

可是子奇却将手轻轻地伸了过来，手下按着他的橡皮。我拦在中心线上，他的手似乎不怕打，硬是将橡皮小心翼翼地推了过来。我看得目瞪口呆，但还是迅速反应过来，轻轻说了声"谢谢"，拿起橡皮把错误的题目擦去，写上正确的，又将橡皮还给了他，同时在心里默默地祈祷，让幸运也能降临在子奇的身上，让他也考个理想的成绩。

（还没读完，教室就已经从原先的热闹欢笑中沉静下来，不少同学都悄悄地伸出手小心地擦着自己桌子上那条隐隐约约的线）

下课了，我不好意思地对子奇说："我们不要那个'约法一章'了，我不会再打你了，让我们做好朋友吧。"他笑了。

（文章读完了，许多同学又情不自禁地微笑起来，而且与读这篇习作前的微笑显然是不同的）

看到这样的情景，我也不由得笑着说："同学们，你们一定有许多想法吧，那就说一说吧。"

生：我们再也不要在课桌上画线了，这会影响同学之间的友谊的。

生：我跟我的同桌也有这样的故事，现在我们已经把线擦去了。我还知道了原来子奇也有优点，我平时怎么没发现！

生：以前我以为子奇有许多缺点，没想到子奇还这么热心！

生：我也没想到子奇这么关心同学，我要向他学习。

（这时，我看见子奇抬起了头，他的眼睛亮亮的，脸上笑眯眯的）

师：子奇，你有什么想对大家说的呢？

子奇：谢谢大家对我的鼓励，我以后会做得更好！

师：同学们，刚才老师看了大家写的一个个小故事，它们都很感人。其实这也是我们读这篇课文的又一收获。《争吵》选自意大利作家亚米契斯的代表作《爱的教育》。这是一部日记体小说，记载了小学生安利柯读四年级的生活。爱是整篇小说的主旨，就在最平实的字里行间，融入了种种人世间最伟大的爱。我们下课后还可以继续去读一读这本书，同时让我们也在生活中不断感受这样的老师之爱、学生之爱、父母之爱、儿女之爱、同学之爱……并像刚才一样用自己的笔把这些故事写下来，好吗？

生：（齐声）好！

此刻，教室里的气氛非常感人，孩子们对课文，对生活，对自己与同学、伙伴之间关系的感受正在发生着变化。

自我反思：

这个教学片段让我进一步领悟到：

1. 与爱相伴，让人生温暖

记得我国文坛前辈夏丏尊先生执译《爱的教育》时，在序言中这样写道："我在四年前始得此书的日译文，记得曾流了泪三日夜读毕，就是后来在翻译成或随便阅读时，还深深地感到刺激，不觉眼睛润湿。这不是悲哀的眼泪，乃是惭愧和感激的眼泪。除了人的资格以外，我在家庭中早已是二子二女的父亲，在教育界是执过十余年教鞭的教师。平时为人父为人师的态度，读了这书好像丑女见了美人，自己难堪起来，不觉惭愧了流泪。书中叙述亲子之爱，师生之情，朋友之谊，乡国之感，社会之同情，都已近于理想的世界，虽是幻影，使人读了觉到理想世界的情味，以为世间要如此才好。于是不觉就感激了流泪。"

是的，尽管这每一种爱都不是惊天动地的，但却感人肺腑、引人深思。现在的学生许多都是独生子女，生活中他人对自己的爱多的是，可是他们自己却很少感受到。这就需要我们做教师的在平时的教学中加以引导，加深学生的体验，让孩子们的童年与爱相伴，为他们的人生打上暖暖的底色，他们必然也会懂得感恩、知道奉献。

2. 学会欣赏，让友情升华

个人成长需要欣赏。可是现在的儿童大多个性强，较自我中心，很少能够发现他人的优点，并欣赏他人。正如著名哲学家拿破仑·希尔曾经说过："几乎每个人的眼中都有一根横梁，它阻碍了人们看到别人的优点，同时也阻碍了人们看到自己的出路。"教师要明确，欣赏也是实施教育的态度，是有效教育的重要途径之一。教师不仅要欣赏学生，还要鼓励学生互相欣赏，在互相倾听的基础上，不断理解，宽容待人，让友情在欣赏中得以升华。

3. 整合学习，让目标提升

工具性与人文性相统一是语文学科的基本特点。教师在语文教学的过程中，必须把语言形式的教学与语言内容的教学有机地结合起来。不仅要解决"学什么、怎样学"的问题，还要解决"为什么而学，怎样去学"的问题。因此我们借助对各种学习语文的形式——听说读写等方面的灵活运用，比如结合课文的阅读、理解、感悟，适时地联系学生的生活实际，综合性地开展听说读写等语文活动，凸现语文学科的基本特性，将语文教学目标的三个维度加以整合，让学生在这样的语文活动中不仅获得语言的发展，而且得到情操的陶冶，让情感提升与语言发展和谐共鸣、相得益彰。

"苟日新，日日新，又日新。"（《礼记·大学》）生命的每一刻都是不同的，生命的每一刻都在创新，课堂教学过程更是如此。教师要明确，在我们每一个人的身上，都有一种"创造性地对待自己工作的思想火花"。创新，意味着平等尊重，意味着宽容期待，意味着兼容并蓄，更意味着不断完善，追求发展。让我们以正确的教育理念为指导，全面、细致地关注班级中、自己身边每一个富有创造天性、具有独特个性的孩子，灵活地调用我们的教学经验，让课堂真正成为生命不断创新的乐园吧。

"热"问题"冷"处理

笔者认为，学校教育中，教师树立正确的教育理念，对学生的真诚爱护是最重要的。下面就以笔者课堂上发生的案例加以说明。

在学习《给予树》时，考虑到课文比较长，识字量较大，其中有些词语与学生的生活之间有距离，我就建议大家看看《词语手册》，还可以同学之间互相交流一下，理解不懂的词语。在接下去的学习中，对"诚挚的祝福"、"如愿以偿"等词语在仔细学习课文内容时结合具体的言语训练深入理解，对"圣诞节"、"援助中心"等词语让孩子们自己理解，不做重点讲解了。

然而未曾想到的是，在学完课文之后，有一只小手高高地举起："老师，我有问题。什么叫援助中心？我不懂。"小莹问。

看来，我的预设出了问题，以为有些词语学生自己看解释就能理解。于是，我立即说："是的，虽然老师请大家刚才自学了这些词语，小莹还是不懂，但小莹能够这样提出问题来，就会不断进步的。"我耐心地说，同时引导大家，"同学们，你们平时看见过这样的慈善赞助机构吗？"

"我看见过。上次在阳光广场，妈妈带我去参加宁波市万人助学活动。一个小时里，宁波市民就把要捐助的一万个贵州学生给'抢'光了。那时候的阳光广场就好像一个援助中心。"小黄抢着说。

"哦，我懂了，我懂了！这个活动，我也参加过。"小莹兴奋地说，"谢谢大家。"

"不用谢。"在座的每一个同学都笑了。

看到这些，我也不由感动地说："同学们，老师很高兴地看到大家让小莹也能够如愿以偿地解答学习中产生的问题，同时，自己也获得了进步。'学贵有疑'，愿大家今后也能向小莹学习，有了问题要大胆地说出来。"

一种温暖的情感在我们的教室流溢……

自我反思：

回顾这一案例，我又一次真切地体会到教育的真义：价值引导与自主建构。学生的生命成长离不开教师的价值引导，而这样的价值引导是建立在学生自主、能动地生成与建构之上的。当学生主动提出问题，出乎原先的课堂预设的时候，教师遵循的基本理念是：

1. 尊重学生，认真倾听

当既定的教学目标与教学任务已经完成，这样的提问是出乎自己预设的，教师没有轻描淡写或者置之不理，而是抱着对每个学生的尊重，即使她是一个学习困难的后进生，先了解情况，耐心倾听她提出的问题，然后再对症下药，恰当解决。

2. 启发思维，引导建构

对每个人的终身学习来说，维持恒久的学习兴趣、探究热情在某种程度上比掌握一定的技能、方法更为重要。因此，作为教师，要特别注意保护学生求知的热望，珍视学生大胆提问、主动学习的勇气。

让我们一起动脑筋

记得在《富饶的西沙群岛》一课教学时，突然出现了以下的情景：

小林：老师，我发现第六自然段主要写了西沙群岛是鸟的天下，说明西沙群岛鸟很多，是围绕这一段的第一句来写的。

师：对，你读得很认真，抓住了要点。请大家再仔细读读，看看哪些词句写出了鸟的多。相信你们会有更多的收获。

小妍：我找到了这些词句说明鸟多："树林里栖息着各种海鸟"、"遍地"、"堆积"、"一层厚厚的鸟粪"。"各种"一词说明鸟的种类多。"遍地"说明西沙群岛上树林里的鸟蛋多，从而说明鸟的数量多……

晓敏：老师，什么叫肥料啊？我不知道，鸟粪怎么能做肥料呢？

同学们哄堂大笑。因为晓敏平时就喜欢插嘴，上课还经常开小差，喜欢搞恶作剧，像这样"半路杀出个程咬金"的情形，并非一次两次了，而且这次的问题又是关于粪之类的，孩子们自然笑得特别起劲。

面对这样的课堂情景，有些教师也会认为这个晓敏一定是个顽皮捣蛋的孩子，故意没事找事，唯恐天下不乱。可当时，我却不这样认为。虽然晓敏平时经常开小差，可是刚才并未看见他走神。而且他的眼睛告诉我，他确实是不明白。

于是，我平静地说："看来晓敏真的是遇到了不懂的地方了。同学们，平时我们遇到不懂的词句，可以怎么做呢？"

孩子们也立刻平静下来，并且迅速地回忆起以往的学习经验——

小瑜：遇到不懂的地方，我们可以再读读课文，联系上下文理解，也可以查找工具书和其他资料来帮助。

小熊：我补充，还可以联系我们平时生活中的经验。

同学们（七嘴八舌地）：还有找反义词、近义词，观察插图、实物等方法，表示动作的词句还可以做动作演示……

师：那就请大家选择其中的一两个好办法，让我们一起动脑筋，帮助晓敏解决遇到的这个难题，好吗？

教室里传来大家整齐而响亮的回答："好！"同学们都积极地投入了有意义的学习活动之中……

自我反思：

反思以上案例，笔者要强调的是：

1. 生来想跟老师作对的学生是没有的

教育的出发点与归宿就是让人成其为人，教师所要做的就是让每一个学生的心灵更加美好，头脑更加智慧，身心更加健全，人格更加高尚。因此，面对课堂的意外，教师必须克制，心平气和地对待。

2. 化解影响和谐、有效沟通的矛盾

在课堂教学中，教师的作用是教学生学。于是当课堂中某个学生提出的"什么是肥料，鸟粪为什么可以做肥料"时，教师将该问题变为每一个学生当时的研究小课题，将孩子们原先以为的玩笑化解为有意义的学习，从而大大地激发了学生探究的欲望。在此基础上，教师又旁敲侧击："平时我们遇到不懂的词句，可以怎么做呢？"这样引导学生联系已有的语文学习经验，提供自主选择的学习方法，由此大大促进了学生主动、和谐、有效地参与，真正达到著名教育家叶圣陶先生所说的"教是为了不教"的境界。

教学设计篇·拼音教学

一年级上册《ie üe er》教学设计

设计理念：

本课教学力求体现学生的主体作用，让学生自己总结发音方法，自己发现记形规律，鼓励学生在迁移中运用提高，培养举一反三的能力。同时，创设丰富多彩的教学情境，倡导合作探究的学习方式，激发学生学习汉语拼音的乐趣。

学习目标：

1. 学会复韵母 ie、üe，学会特殊韵母 er 及其四声，读准音，认清形，正确书写。

2. 学会整体认读音节 ye、yue。

3. 学习声母与复韵母 ie、üe 组成的音节，能准确拼读。

4. 认识 8 个生字，正确朗读句子、儿歌。

学习重难点：

1. ie、üe、er 的发音、记形和正确书写，正确读出带调 er。

2. ie、üe、er 的发音方法。

学习准备：

课件、拼音卡片。

学习时间：

2 课时。

学习流程：

第 一 课 时

教学目标：

1. 学会复韵母 ie、üe，学会特殊韵母 er 及其四声，读准音，认清形，正确书写。

2. 学会整体认读音节 ye、yue。

3. 学习声母与复韵母 ie、üe 组成的音节，能准确拼读。

教学过程：

一、复习激情

1. 师：同学们，我们已经和不少的拼音交上了朋友。你还记得它们是谁吗？（课件出示拼音娃娃：a、o、e、i、u、ü）

2. 师：赶快和它们打招呼。它们的名字叫什么？你是怎样叫它们的？（即读音，说说发音方法）

3. 以同样方法复习复韵母 ai、ei、ui、ao、ou、iu。

4. 师：今天，我们又有三位拼音宝宝想和我们交朋友，请看——（出示 ie、üe、er）大家一定都想认识它们吧，那我们就赶快开始新的学习吧！

二、学习 ie 和 ye

1. 教学 ie。

（1）（课件展示：青青的草地上有一棵椰子树）同学们请看，这就是 ie 的家。你能说说 ie 的家吗？（看图说话，初识读音）

（2）谁能告诉老师 ie 是由哪两个字母组成的？（i 和 e）

（3）请根据已学复韵母的发音方法，尝试说说 ie 的发音方法。

（4）在学生回答的基础上，师小结：对了，i 和 e 合起来就是 ie。读的时候，由发 i 开始，接着发 e（注：这里的 e 念 ê），口半开，嘴角展开，舌尖抵住下齿背，舌头靠前，嗓子用力。

（5）师范读，生跟读，然后抽读正音。

（6）学生自读感悟读法。

（7）互读纠音，看口形，互相指正。

（8）小组赛读。

（9）那么，我们该怎样记住 ie 的样子呢？可以看着图想一想。（指名说）

（10）老师也想出了一种好方法，我们可以把它编成一首儿歌来记：树叶树叶落下来，i 前 e 后，ie ie ie。

2. 学习整体认读音节 ye。

（1）先请学生回顾先前学的整体认读音节 yi、wu、yu 等，讲讲它们变化的规则及故事。

（2）请学生为 ye 编编故事。

（3）师生共同创编故事：ie 这个复韵母和 ai、ei、ui、ao、ou、iu 的脾气可不一样，它总是想自成音节去给汉字注音。于是有一天，ie 对它的成员 i 说："你的语音和 y 差不多，你变一下，我不就可以成为音节了吗？"小 i 听了它的话，就把身子一晃，变成了大 y，这样就成了整体认读 ye，变成了名副其实的音节了。ye 是整体认读音节，我们读的时候不用拼。

（4）领读，指名读，集体读。

（5）创设情境（打电话），进一步体会 ie 和 ye 的不同——

学生甲：喂，我是"ie"，你是谁？

学生乙：我也是"ye"。

甲：怎么？你的名字跟我一模一样。我是由韵母 i 和 e 组成的，你是什么样的？

乙：我和你不一样，我是由声母 y 和韵母 e 组成的。

甲：我是一个复韵母，我不能单独使用，必须跟一些声母交朋友才能使用。你呢？

乙：我可不一样，我是个整体认读音节，我能单独使用，比如"shù yè"中的"yè"就是我的第四声哟。也就是说，如果你和声母 y 交朋友，就变成我这样 ye ye ye。"

三、引导学生迁移学习 üe 和 yue

1. 学习 üe。

（1）师：参观完了 ie 的家，接下来我们就要去 üe 的家看看（课件出示：月亮图）这一次老师不带你们了，请你们自己好好参观吧。

（2）请小朋友看书，小组合作自学：这复韵母怎么读？你是怎么知道的？怎么记住这个韵母？

（3）自学后，请学生根据 ie 的读法，试读 üe，并请学生说说发音方法。（发音方法是：由 ü 开始，然后向 e 滑动，口形由合到半开，中间气不断，这里的 e 的发音与 ie 中的 e 的发音相同）

（4）说说你是怎样记住这个韵母的？

2. 学习整体认读音节 yue。

（1）请学生试着为 yue 编故事。如：üe 看到 ie 变成了整体认读音节，可急坏了。它也想成为音节，可是 ü 没有办法变啊！怎么办呢？好心的大 y 说："别急，别急，我来帮助你。"于是大 y 就站到 üe 的面前，üe 连忙叫 ü 摘掉帽子，感谢大 y，就成了 yue。

（2）领读，指名读。

（3）听一听，辨一辨：üe 和 yue 相同在哪里？不同在哪里？

四、学 er 及四声

1. 师：er 是个特殊的韵母，它不想交朋友，总是独来独往，独立成为音节。因此，它就把家建在不为人注意的地方，不想让人知道。聪明的小朋友你能找到 er 的家吗？（课件出示：老爷爷戴着耳机听音乐的图）

（1）你能看着这幅图说一说，并找找吗？（看图说话读音）

（2）师：尽管 er 把家隐蔽起来了，但还是难不倒我们。来，让我们主动一点，跟 er 打招呼吧。（课件出示 er 娃娃，学生自由练读）

2. 学发音方法。

（1）师：你看 er 娃娃不高兴了，是因为你们叫错了它的名字。听老师发 er 音。（老师打手势演示，一手充当上腭，一手充当舌头，模拟卷舌

动作，边打手势边读 er)

(2) 师：学读 e，然后把舌头轻轻往上面一凑，就读出 er 的音了。

(3) 同桌同学相互练读，指读。

3. 学 er 的四声。

(1) 师：下面我们要送给 er 四顶漂亮的音调帽作为见面礼（课件出示音调帽），谁能为 er 戴上？（请学生上来标调，标对的 er 娃娃露出笑脸）

(2) 师：从 er 娃娃开心的笑声中，老师知道你们对了，能说说你为什么这样戴吗？（说说复韵母的音调应标在哪儿。请学生背背标调歌）

(3) 练读 er 的四声，请学生组组词。

4. 课间操：做"听音找朋友"游戏。

五、合作探究，学习拼读

1. 师：一天，ie、üe 两人到外面玩，结识了声母 j、q、x、n、l，并与它们交上了好朋友，你们看，它们来了，你认识它们吗？（课件出示：n、l 与 üe 相拼的音节）

2. 试拼，并想想你是怎样拼的。

(1) 出示音节 n—üe，声母是谁？韵母是谁？声母 n 和 üe 做朋友时，怎样拼？（学生拼读）

(2) 同上方法教学 l—üe。

(3) 齐读。（边翻教具，边拼音）

3. 自学 j、q、x 与 üe 相拼的音节。

师：刚才老师给每一组发了滚动卡片，下面就用我们刚才的学习方法自学。每组由小组长负责好，发挥小组力量，比比哪组小朋友最团结、合作得最好，评出"最佳合作奖"。

①小组自学，教师巡视、指导。

②反馈，学生参与评价。（重点请学生说说 j、q、x 与 üe 相拼，为什么要省略两点）

4. 师："最佳合作奖"到底属于哪一组呢？赶快来比一比。（要求：

小组长负责举卡片，小组成员齐拼读，其他小组评，相互评，最后评出结果)

5. 四人小组合作学习：n、l 与 ie 相拼的音节及 j、q、x 与 ie 相拼的音节。

6. 抽读检查，选出小老师跟读，开火车读。

六、巩固与书写

1. 指读书上的内容，然后开火车读 ie、üe、er、ye、yue。

2. 游戏。

(1) "我会拼"。

出示声母卡片、韵母卡片，学生上台自由组合声母和韵母，然后大声拼读，全班跟读。(声母为 j、q、x、n、l，韵母为 ie、üe)

(2) 摘苹果：请学生摘下苹果树上认识的音节读一读，然后组组词。(复习巩固 j、q、x、n、l 与 ie、üe 相拼的所有音节)

3. 师：今天，我们又认识了 ie、üe、er、ye、yue 这些朋友，下面我们邀请这些朋友来我们的四线三格的家中来做客，你准备安排它们住在哪几楼？(请学生说说 ie、üe、er、ye、yue 在四线三格的位置)

4. 作为主人，你觉得在写音节时还特别要注意什么？(整体认读音节 yue 写时要靠紧)

5. 师范写 yue，其余的请学生自己在本上练写二遍。写完后，抽学生的作业放在投影仪上评议纠正。

6. 颁奖：给表现好的同学戴上 ie、üe、er、ye、yue 拼音帽。

7. 课后实践活动：请学生将所学的拼音做成卡片，做做拼音游戏。

第 二 课 时

教学目标：

1. 巩固 ie、üe、er、ye、yue 的读音及音节。

2. 认识 8 个生字，正确朗读句子、儿歌。

教学过程：

一、创设情境，复习巩固

1. 歌曲导入。（伴着歌曲《郊游》的音乐，学生自由做动作）

师：上节课我们又认识了三位拼音宝宝及两个整体认读音节。今天它们邀请我们到拼音乐园去秋游。

师：瞧！拼音乐园里有好多气球（黑板上贴有不同颜色、图案的气球，背面写有学过的声母、韵母、音节），让我们摘下这些气球吧。

2. 学生高兴地上台摘气球。

师：你们一定都很喜欢这些漂亮的气球吧？你最喜欢哪一个就把它摘下来；不过，每个气球背后都藏着小秘密，你得把它说给大家听；只要你说对了，这个气球就送给你了。

3. 学生尝试给"气球"分类。

请拿到声母、韵母、音节等各种气球的小朋友分别起立，说说读的时候分别要注意什么？

二、合作探究，学习新知

1. 学习双音节词。

（1）请学生给单音节组成双音节词。

（2）根据学生回答，教师课件出示带有音节词的图片，如：shù yè xǐ què hú dié ěr jī 等。

（3）请学生试着拼读，抽读，齐拼。

（4）出示音节和图，请学生边读音节边找出相应的图：

hēi yè èr yuè pí xié má què xuē zi xié zi

（5）比一比，读一读。

ei—ie　　ie—üe　　üe—yue　　ei—er　　ie—ye　　xiě—xuě

mèi—miè　　xiě zì—bái xuě　　liú lèi—liè chē　　chāo xiě—xué xí

mèi mei—miè huǒ　　qiē cài—xǐ què　　měi lì—jié yuē

2. 课间操——做游戏，复习音节拼读。

秋天到了，田野里萝卜丰收了。小兔可高兴了，邀请小朋友来帮忙拔萝卜呢！

认读音节：

jué xiě xuè liě jiē miè qiě yē yuè

（配上儿歌：秋天到，秋天到，田野里真热闹，萝卜大，萝卜甜，大家一起来帮忙）

3. 学习纯拼音句子。

师：（出示多媒体——七巧板）拼音乐园里好玩的东西可真不少。

（媒体演示）点击飞机上的每个零件，屏幕逐个跳出音节。

tā huì dié fēi jī.   tā xué huì le xià wéi qí.
wǒ yě huì dié fēi jī.   wǒ yě xué huì le xià wéi qí.
jiě jie ài xué xí.   gē ge ài kē xué.
lǎo shī jiāo wǒ xiě zì.   xià xuě le, wǒ hé jiě jie qù sǎo xuě.

学生逐行拼读。

师：谁能把这些音节连起来读？

学生试读；教师范读（指导轻声的读法）；指名读；齐读。

4. 认读书上的音节，读准生字的音：飞、机、也、学。

5. 看图说话，学习儿歌。

(1) 师：（课件出示书上的第二幅图）说说图上有什么？它们怎么样？

(2) 学儿歌。今天我们学的这首儿歌就是描写这幅美丽的图画的，让我们看看儿歌是怎样来写的。

(3) 试拼音节，把学会的音节画下来。

(4) 范读儿歌。

(5) 学生练读儿歌。

(6) 指名读儿歌，注意正音。

(7) 认读生字的音：儿、出、入、校。

(8) 口头组词。

6. 巩固生字，出示生字卡片：飞、机、也、学、儿、出、入、校。

(1) 去掉拼音读卡片，开火车读，指名读，全班读。

(2) 引导学生在生活中认字、记字：说说你在哪儿见过这些字？你是怎么记住它的？

(3) 游戏：看谁听得清、找得快。老师随机抽出音节卡片，学生在自己的生字卡片中找相应的生字，并大声读出字音。

(4) 手拉手，交朋友，读一读。

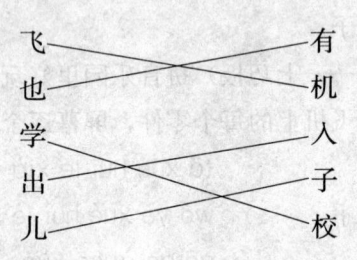

飞　　　　有
也　　　　机
学　　　　入
出　　　　子
儿　　　　校

三、小结巩固，延伸拓展

1. 师：小朋友，又差不多到了说再见的时候了。大家在拼音乐园里玩得高兴吧，说说你今天又学到了哪些本领？可以打开书看看，回忆一下，让我们轻声读读书上的内容。

2. 实践活动：回到家，请把所学的音节做成喜欢的小标签，贴在相应的实物上。

教学设计篇·识字教学

一年级上册《四季》教学设计

设计理念：

本课教学设计注重学生阅读体验，读中见悟；引导学生想象，入情入境，受到情感的熏陶；通过句式迁移，创编诗歌，以诗歌咏，达到启迪学生灵性的目的。

教学目标：

1. 认识 11 个生字，会写"七、八、九、无"4 个字。认识 2 种笔画和 4 个偏旁"月、雨、口、禾"。

2. 正确、流利地朗读课文，背诵课文。

3. 理解课文内容，知道四季的特征，感受各个季节的美丽。

教学重点、难点：

1. 识字和练习朗读。在教学中要引导学生通过观察和朗读，感知四季的不同特征，激发对大自然的喜爱之情。

2. 注意朗读表演时动作的准确运用，从中理解一些动词的含义。

课前准备：

生字卡片、课件、头饰、图画。

学习时间：

2 课时。

学习流程：

第 一 课 时

教学目标：

1. 读通课文，整体感知课文。
2. 认识11个生字及4个偏旁"月、雨、口、禾"。
3. 学会4个生字，读准字音，认清字形，认识2种笔画。
4. 指导书写。

教学过程：

一、情境导入，揭示课题

1. 播放课件：配乐动画，连续出示课文中的4幅图。学生欣赏。（最后定格在4幅图上）

2. 师：这就是四季带给我们的礼物，你能说说是什么吗？

3. 学生看图说话：春季为我们带来了嫩绿的草芽；夏季为我们带来了荷叶圆圆和呱呱叫的青蛙；秋季为我们送来了金黄的谷穗；冬季为我们抱来了可爱的雪娃娃。四季真美！

4. 教师板书课题，学生齐读课题。

二、初读课文，认识生字

1. 请借助拼音自由读课文，特别注意读准生字的读音，连词成句，可以多读几遍。

2. 检查认识生字的情况。

（1）请小朋友带领同学认读自己喜欢的、读得准的词语，（课件出示带拼音的生字词）及时表扬。

（2）（课件出示去掉拼音的生字词）让学生观察，说出自己的发现。学生以开火车的形式按顺序读不带拼音的生字词。

（3）师生做"我点你说"的识字游戏：教师随机点出屏幕上不注音的词语，学生齐读。

（4）同桌小组学习：用好办法记住这些字的字形。

(5)（课件出示认读字）请学生说说识记方法。

第一组：夏　秋　冬（说说老师为什么把它们排在一起？都是表示季节的字）你用什么方法来记？（可用编故事的方法来记：夏：夏天，太阳火辣辣的，人们头戴草帽，摇着蒲扇。秋：秋天到了，地里的禾苗像被火烤过一样熟了。冬：冬天，下起了雪）

第二组：对　说　叶　肚　就（读读这些字，你有什么发现？都是左右结构）你有什么办法记住？（可以用加一加的方法）

第三组：草　雪　是（读读这些字，你又用什么方法来记）请学生用不同的方法来记，然后给这些生字找找朋友。

第四组：圆（告诉学生这是全包围结构，请学生说说你在日常生活中见到哪些东西是圆圆的）

三、再读课文，整体感知

1. 数一数，课文共有几节？

2. 将课文完整自由地读一遍，读后将自己喜欢的小节多读一读。注意把字音读准，课文读通顺。

3. 自由选择自己喜欢的小节个别读

4. 学生评议。（评出读得好的和读得有进步的同学）

5. 齐读课文。

四、鼓励质疑，引导解惑

1. 又读了课义，说说你读懂了什么？

2. 说说你还有什么不懂？（教师有选择地把问题写在黑板上）

3. 小组选择问题讨论。

4. 对于学生不能解决的问题，教师给予指导、帮助。

五、指导书写，巩固字词

1. 巩固字形。

(1) 认识"口、禾、雨、月" 4个偏旁，课文哪些字带有这些偏旁？

(2) 创设菜园情境，做"摘茄子"游戏。（方法同"摘果子"游戏，复习生字）

2. 指导书写。

（1）仔细观察"几"、"儿"、"九"，比一比，说一说。

（2）学写"九"。

①认识笔画横折弯钩。

②在田字格中练写这个笔画。

③指导书写"九"。

（3）迁移练写"儿"和"几"。

（4）学写"七"。

①认识笔画竖弯钩。

②在田字格中练写这个笔画。

③请学生仔细观察"七"在田字格里的位置：第一笔是横，写稍斜，第二笔竖弯钩，从竖中线起笔。

④教师范写，然后请学生先描再写，教师行间巡视，指导。

（5）注意请学生看清田字格中的位置，自己尝试写。然后把自己写的字放在投影仪上进行评议。

（6）用"七、几、儿、九"组词。

第二课时

教学目标：

1. 理解课文内容，知道四季的特征，感受各个季节的美丽。

2. 能正确、流利地朗读课文，做到背诵课文。

教学过程：

一、游戏检查，温故知新

1. 游戏一：走迷宫。

游戏规则：在一棵神奇的树上挂着一些汉字的拼音，它们的果子丢失在迷宫里。请帮助找回，走出迷宫，读出并找到果子上的字，挂回树上。

游戏方法：①出示相关图片。各组或同桌研究路线。②派代表上台游戏，将沿途捡到的果子贴回树上，正确读出汉字。出现错误同组纠正。③演示迷宫不同走法，并继续捡果子，贴果子，读生字。

2. 游戏二：大转盘。

游戏规则：转动数字转盘，指针停留在几，就由相关的同学认读该数字相应的词卡。

游戏方法：①转动转盘。②开启与数字相对应的信封。③相关学生读出信封中的词卡。

（注：果子与词卡都是本篇课文中所学的生字及组成的词）

二、自由选读，自主探究

1. 请学生自由选择读课文：你最喜欢哪个季节？选择你喜欢的季节读读，并说说为什么喜欢？

2. 四人小组合作朗读，交流评价。

3. 集体交流，随学生交流指导感情朗读。

（1）"草芽尖尖，他对小鸟说：'我是春天。'"（出示草芽图）看着图，说说喜欢春天的理由。（春天来了，小草探出了脑袋，嫩嫩的，绿绿的，像是给大地铺上了绿地毯。小鸟唧唧喳喳地叫着，好像在说："春天来了！春天来了！"春天多美呀！所以我喜欢它）交流后指名读，及时评议，随机指导朗读。

（2）"荷叶圆圆，他对青蛙说：'我是夏天。'"（出示荷叶、青蛙图）通过看图理解"荷叶圆圆"，再指名读，鼓励学生参与评价。

（3）"谷穗弯弯，他鞠着躬说：'我是秋天。'"请一位小朋友来做一做"鞠着躬"的动作，然后说说从这句话中你读懂了什么？（稻子丰收了）说说秋天还有什么也丰收了？（由此可见，秋天是收获的季节，所以我喜欢他）带着秋天丰收的喜悦，相信大家会读得更好。（小组竞赛读）

（4）"雪人大肚子一挺，他顽皮地说：'我就是冬天。'"（出示雪景图）师描述：冬天到了，下起了鹅毛大雪。地上白了，树上白了，屋顶上也白了，白茫茫的一片。小朋友们在雪地里掷雪球，打雪仗，还堆起了一个雪娃娃，那顽皮的样子多么可爱！谁能给"顽皮"换个词吗？（调皮）你能读好这一句吗？个别读，抽读评议。

(5) 师：是呀！春天，生机盎然；夏天，热情奔放；秋天，硕果累累；冬天，银装素裹。每一个季节都给我们美的享受。你能把课文连起来美美地读一读吗？学生各自读，配乐齐读。

三、角色表演，入情入境

1. 师：四季天使来到了我们中间，看，他们来了！

几个小朋友分别扮演草芽、小鸟、荷叶、青蛙、谷穗、雪人，戴上头饰表演四季。每句话的第一、二两行大家读。第三行分别由演草芽、荷叶、谷穗、雪人的小朋友读。每个演员都要尽情发挥，表演起来，其他小朋友当好小导演，随时纠正演员的动作和语言。

2. 自由组合进行朗读表演。

四、延伸拓展，仿说四季

1. 师：刚才读了课文《四季》，同学们还知道四季的哪些特征呢？请大家仿照课文中的句式来说说四季的特征。如：

粉红粉红的桃花开了，
他对小朋友说："我是春天。"

西瓜圆圆，
他得意地说："我是夏天。"

枫叶红红，
他对游人说："我是秋天。"

北风呼呼，
他张着大嘴说："我是冬天。"

2. 激励学生用不同的句式来说四季，超越课文。

五、激情背诵，内化积累

1. 师：小朋友们真能干，就像一个个小诗人。（播放音乐和四季的风景画面）

师：春天，温暖的阳光融化了山涧的冰雪；夏天，新嫩的绿叶有美丽的花朵为伴；不知不觉中，秋天便悄悄走近我们的生活，它无声无息，天空是那么开阔、高远；冬日，皑皑白雪珍藏了过去，而明天，将是一个令人欣慰的开始。让我们把美丽的四季珍藏心中吧！

2. 学生自由背诵（选择自己喜欢的季节背背）。

3. 抽背，说说背诵方法（记住各个季节特有的景色；也可边背边演）。

六、课堂总结，实践提高

1. 师：四季天使们，领略了四季的美景以后，从你们兴奋的表情中，老师知道你们一定有很多话想说，请快告诉我吧。（四季很美。我们要保护自然，使四季更美……）

2. 师：最后让我们一齐有感情地背诵课文，可以加上恰当的动作进行表演。

3. 实践活动。

课外搜集有关四季的诗文、书画及音乐歌舞等，用喜欢的方式来赞颂四季。

附板书设计： 春：草芽尖尖

　　　　　　　夏：荷叶圆圆

　　　　　　　秋：谷穗弯弯

　　　　　　　冬：雪人顽皮

一年级上册《雪地里的小画家》第一课时教学设计

设计理念：

这是一篇儿歌韵文，讲的是一群"小画家"在雪地上"画画"的事。"小画家"们在雪地上留下不同的"作品"，而青蛙和他们不同，正在"睡觉"呢。课文形象地讲述了四种动物爪（蹄）的形状和青蛙冬眠的特点。本班学生喜爱读书，对大自然及小动物很感兴趣，在教学中要适时引导、加以鼓励。班中学生朗读、背课文程度有差异，要注重全体学生的参与。着重引导学生进行语言转换练习，知道同样的意思可以用不同的句式表达，如"（　　）会用（　　）画（　　）"，"（　　）的脚印像（　　）"等。在教学中努力体现：

1. 重视三维目标的融合。在教学中将知识与技能，过程与方法，情感、态度与价值观有机结合。

2. 体现语文学科的特点。注重引导学生在朗读、运用中感悟、理解、积累语言现象及语言规律。

3. 加强朗读、背诵。努力落实朗读、背诵，使每一次读、背都做到有一定的目的，有层次，体现方法，让每一个学生在原来的基础上有所进步。

教学目标：

1. 认识 11 个生字，会写"几、用、鱼"3 个字，认识 2 个偏旁"虫、目"。

2. 能够正确流利地朗读课文。背诵课文。

3. 知道小鸡、小鸭、小狗、小马这四种动物爪（蹄）子的不同形状以及青蛙冬眠的特点，激发学生对小动物特点的观察兴趣和对大自然的热爱。

教学重点：
认识生字和朗读、背诵课文。

教学难点：
了解四种动物爪（蹄）的形状和青蛙冬眠的特点。

教学过程：

一、激趣引入

1. 谈话：小朋友，不知不觉的，冬天来到了，老师知道我们班的许多小朋友都喜欢冬天，为什么？哦——原来我们这些南方的小朋友可盼着下雪啦！（出示句子："下雪啦，下雪啦！"）让我们高高兴兴地读读这句话，指名两人演读，齐读。（板书：雪地里）

2. 有一群小画家（板书：小画家）也和我们小朋友一样，非常喜欢冬天（板书：的）。（揭题）我们今天一起学习第 17 课——雪地里的小画家，齐读。再读一遍课题，读得好听一点。

二、自读初感

1. 小朋友们刚才课题读得不错，想不想自己读读课文？怎么样才能读好课文？（学生回答）真会学习，就让我们认认真真地读课文，注意不加字，不漏字，读准字音，把课文读正确、读流利，碰到难读的句子多读几遍，不认识的字可以看看拼音。（练读 3 分钟左右）

2. 检查字词。

（1）找到课文中的生字，各自注音、认读，注意正音——谁来做小老师，提醒大家哪几个字特别要注意读准：成、参、懂、睡等。

（2）开小火车读（卡片），表扬读得好的一排。

(3) 集体抢读（投影课后生字）。

　　(4) 说说记住哪些生字，是怎么记住的。

　　3. 现在这些生字回到了课文里，小朋友有没有信心认识并读好？指名2—3人读，其他同学当小评委。

　　4. 同桌互读、互评。

　　三、细读悟情

　　1. 师：刚才大家读得非常认真，那么读了几遍课文，同学们读懂了什么呢？我们知道课文中写到的"雪地里的小画家"指的都是谁啊？

　　根据回答板贴动物词卡，指导运用多种句式练习说话："（　　）是雪地里的小画家。（　　）和（　　）都是雪地里的小画家。雪地里的小画家有（　　）、（　　）、（　　）和（　　）。"等等。

　　2. 师：有这么多小画家，所以课文说雪地里来了——"一群"小画家。读词语：一群，（板贴词卡）还能说：一群（　　）。

　　3. 师：真能干，下面小朋友再仔细地读读课文，想一想，雪地里的小画家都画了什么，它们是怎么画画的？

　　4. 完成练习。

　　(1) 读读连连（课后）。

　　(2) 说一说：（　　）会画（　　）。（板书：会画）

　　先让学生自己试着说一说，能说一句的说一句，能说两句的说两句，能都说完的全部说完。再指名说，（边说边板贴词卡：竹叶、梅花、枫叶、月牙等）评议；互相说、听评。

　　(3) 师：大家说得真好，真能干。现在谁能来夸夸小动物们，读好这些句子：（出示句子：小鸡画竹叶，小狗画梅花，小鸭画枫叶，小马画月牙）用多种形式读。

　　(4) 师：小动物们是怎么画成这些画的呢？你是怎么知道的啊？

　　指导读句子：不用颜料不用笔，几步就成一幅画。

　　原来，这些画都是小动物们的脚印啊，小动物们画得真有趣，谁再来说说（可选择其中的一个句式）：

（　　）用（　　）画（　　　）。

（　　）的脚印像（　　　　）。

指名说，评议；互相说、听评。

5. 连起来读课文。

四、拓展延伸

师：雪地里还有哪些小画家，他们还会用什么画哪些画呢？我们下节课继续学习，喜欢读书的小朋友自己可以先去找《拼拼读读》或《跟我学拼音》及其他课外书中有关的文章读一读，下节课我们一起交流。

五、指导书写

1. 看看今天我们要学写的三个字，谁能读准音。

2. 先自己看看这三个字的写法，谁会做小老师教大家写对写好。

3. 各自练习，注意姿势，先描后写，巡视、投影。

附板书设计：

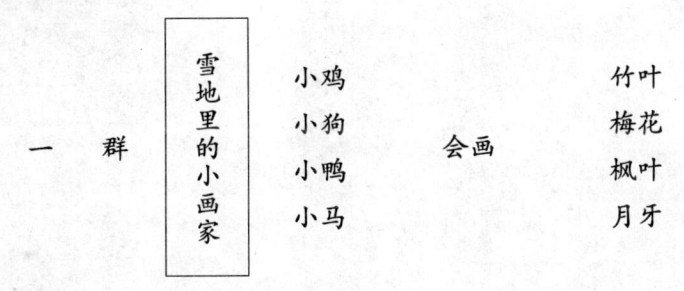

| 雪地里的小画家 | 一群 | 小鸡
小狗
小鸭
小马 | 会画 | 竹叶
梅花
枫叶
月牙 |

补充资料：

1. 冬眠

某些动物，如蛙、龟、蛇，在冬季寒冷，食物和水分缺乏的时候，卧在洞里不吃不动，等到第二年春天再恢复正常的活动。蛙类是冷血动物，它本身的温度能随着外界温度的变化而变化。冬天，外界温度很低时，它的新陈代谢作用十分缓慢，处于休眠状态，所以虽然不吃不喝，也能够维持生命。

2. 儿歌《小鱼，你睡在哪里》

小鱼,你睡在哪里

夜里很黑,夜里很静,
小鱼小鱼,你睡在哪里?
狐狸的脚印通向洞里,
小狗的脚印通向窝里,
松鼠的脚印通向树洞,
老鼠的脚印通向地洞。
河里没有,水里没有,
你的脚印,哪也没有。
黑乎乎的,静悄悄的,
小鱼小鱼,你睡在哪里?

二年级下册《画家和牧童》
第一课时教学设计

设计理念：

1. 简简单单学语文。鼓励学生通过自主朗读，了解课文内容，主动识记生字，多种方法理解词意，从中培养良好的学习习惯。

2. 注重阅读中的对话。在师生、生生与文本之间的互动对话过程中，感悟课文中人物的优秀品质。

教学目标：

1. 会认13个字，会写有关生字。

2. 正确、流利、有感情地朗读课文，着重体会画家的优秀品质。

3. 懂得做人要谦虚谨慎。

教学重点难点：

1. 重点：识字与朗读课文。

2. 难点：在朗读中感悟。

课前准备：

生字卡片，戴嵩的《三牛图》和《归牧图》。

教学过程：

一、揭示课题，引发阅读期待

1. 师：小朋友们，让我们一起来欣赏一些图画。（出示《归牧图》及《三牛图》等）你们看到图上画的些什么？（随机板书：牧童）什么样的人称为牧童呢?

2. 师:我国古代唐朝有一位著名画家画了这幅《归牧图》,他的名字叫戴嵩。(随机板书:著名　画家)让我们来读读这位大画家的名字吧——戴嵩。

3. 师:这么有名的画家和小牧童之间会发生什么故事呢?(板书:和)(板书完课题)我们今天就学习这篇课文。请大家一起读课题。

二、初读课文,鼓励读准读通

1. 出示自读课文的要求:

(1) 边读边画出生字新词,读准字音,读通课文。

(2) 难读的句子多读几遍,并给课文标上小节号。

2. 检查朗读。

3. 分组呈现生字词语:

和蔼　批评　惭愧　连连拱手　翘起来　驱赶牛蝇

(1) 指名读词语,随机正音,集体朗读。

(2) 选用第一行中的词语,说说课文内容,能干的可以多选几个词语。

4. 检查要注意的句子:

(1) 他的画一挂出来,就有许多人欣赏。看画的人没有不点头称赞的,有钱的人还争着花大价钱购买。

(2) 他一会儿浓墨涂抹,一会儿轻笔细描,很快就画好了。

读了课文和有关句子,我们读懂了什么?(反馈后板书:画得好　虚心)

三、细读课文,对话文本人物

师:刚才同学们真了不起,才读了几遍课文,就读懂了课文的一个内容——写出了著名画家戴嵩画画水平高,还非常虚心。说得很好,这是你们自己读懂的。不过,老师觉得大家说得还不够完整还不够清楚,让我们再一起来细细地读读课文吧!

1. 同桌合作读课文,每人可轮流读一小节。

2. 找一找课文写戴嵩画得好的主要是哪几小节，可以同桌商量。（出示课文前四小节）

3. 师：让我们再仔细读读这四小节课文，你们从哪些词语看出戴嵩画画水平很高，确实是个著名的画家？请边读边在书上将有关词语做上记号。

着重体会：

（1）第一自然段，学生说感悟后，以读代讲。

（2）第二自然段，着重体会：沉思片刻。（在学生说到后以色彩突出这个词语）你从这个词中感受到什么？（说明他善于思考，胸有成竹）画出句子指导朗读。

浓墨涂抹　轻笔细描

读词语说两个词语不同；出示动画演示动作，帮助学生理解；观赏一些著名画家的画作，看看他们的笔法，体会哪些是浓墨涂抹，哪些是轻笔细描的。

再加上"一会儿""一会儿"你又读出了什么不同的感觉？（画得很熟练，挥洒自如，技艺高超）谁能把这个句子读好了？可以加上动作再读读，读出戴嵩画得确实很好。

纷纷夸赞

请这位商人来称赞一番，请这位教书先生来夸赞一番。指导朗读第三、四自然段。

围观的人中会有些什么人，他们还会怎样赞扬他？现在，你就是围观的人中的一员，你一定有自己的想法吧？（若学生觉得困难，可以帮助，预设不同身份的人物：一位老大爷，一位小伙子，一位过路人等）

那么多人都在不住地称赞，我们就可以说是——"纷纷称赞"。（板书：纷纷夸赞）

（4）请再读读这四个词语：沉思片刻　浓墨涂抹　轻笔细描　纷纷夸赞。

4. 现在能不能用一句话来说说这四个自然段讲了什么？（可以参考板

书)

生：有一次戴嵩画了一幅《斗牛图》，画得很好，人们纷纷夸赞。

师：还有不同的说法吗？

生：人们称赞戴嵩的《斗牛图》画得好！

……

5. 戴嵩画得那么好却还是很虚心，小朋友从课文哪几部分看出来的。（随机出示第五、六自然段）请大家再仔细读课文这两小节，从哪些词语中最能感受到戴嵩很虚心，请圈出来。

根据学生回答随机出示：和蔼 愿意 非常惭愧 连连拱手。

（1）体会"和蔼"。

谁能读出戴嵩说话亲切和蔼的语气？

板书：批评 画错了

师生对话：谁愿意当一回大画家戴嵩，和我这个小牧童对对话啊？（教师边读边指点着两幅画讲解）

（2）师生文本对话。

这回也让老师当一回大画家吧，谁愿意来做小牧童，也像老师刚才那样说行吗？可以用课文的句子，也可以用自己的话说，只要把意思说明白就行。

再读读这 4 个词语，可以加上动作表情。

四、巩固小结，复习词语回顾全文

1. 读了课文，请用上一句话说说这两个自然段讲了什么。

生：牧童批评戴嵩把牛尾巴画错了，戴嵩虚心接受。

师：还有不同的说法吗？

生：戴嵩画错了，虚心接受了牧童对他的批评。

……

师：大家真能干！

2. 让我们再一起把这些词语念好了。

再次出示词语：

72 /享受真语文

著名　沉思片刻　浓墨涂抹　轻笔细描　纷纷夸赞　和蔼　愿意　非常惭愧　连连拱手

3. 刚才同学们都学得特别认真，也说得特别好。我们能不能说说课文讲了一件什么事呢?

4. 小结：今天这堂课，我们一起走进课文，认识了画技高超、为人谦逊的大画家戴嵩，还通过学习把课文的主要内容说清楚了。课文还写到了牧童，那么，他又是一个怎么样的孩子，我们下节课继续仔细学课文。

五、指导书写，当堂完成写字练习

1. 重点指导：抹、挤、拱（点击出现田字格）。

（1）说说这三个生字的特点：左右结构，左窄右宽。

（2）还有哪些要提醒大家注意的?

抹：右边第一横长第二横短。

挤：右下是竖撇。

2. 认真临写，教师巡视。

3. 投影展示，集体点评交流。

4. 各自修改，练习书写。

三年级下册《月球之谜》教学设计

设计理念：

1. 以知谜、探秘为主线，激发学生探索科学、不断质疑的兴趣。

2. 以课文研读为重点，促进学生对相关语言内容的感悟、积累及运用。

3. 从课堂学习出发，引导学生领会有关语言学习的一些规律和方法。

教学目标：

1. 了解课文写到的月球之谜，搜集相关信息，培养学生探索月球之谜的兴趣。

2. 感悟课文中"难道……"、"……满是……没有……"、"一旦……"等典型语句、语段，学习转换运用。

3. 背诵、积累经典的诗句。

4. 学习课文"幕、临、遐、菌"等16个生字，理解"悬挂、奥秘"等14个词语。

课前准备：

1. 阅读《百科全书》、《十万个为什么》等有关书籍中关于月球的内容。

2. 观看"神舟五号"载人实验、"阿波罗11号"登月行动、前苏联空间计划等有关资料片。

3. 搜集中国历代文人赞美月亮的诗文。

4. 制作实用的课件，做好相关的链接。

教学过程：

一、揭题激疑

1. （媒体激情）说话：（　　）的夜空　（　　）的月亮。

2. 引读语段：夜幕降临，一轮明月悬挂在高高的夜空，那皎洁的月光曾引起人们多少美好的遐想！从中理解"遐想"的意思。

3. 揭题。读了课题有什么问题？有了问题，怎么办？相信你们一定能够通过读书自己解决问题！

二、整体感知

1. 自读课文，自学生字词语。

2. 检查交流。

（1）选择自己最喜欢的一段读给大家听，集体正音、评议，也可以说为什么喜欢这一段。

（2）同桌互相一人一段，听、读、评课文朗读。

（3）交流，获得对课文内容的整体感知。

◎课文写了有关月球的哪些"谜"呢？请画出课文中的有关句子。

◎指导读出问句语气，评议。

◎引导学生用上"难道……"转换说话。

三、重点研读

着重解决两个层面的研读：

1. 进一步读懂课文。

（1）课文重点解决了哪个月球之谜？分别是课文哪几自然段写到的？（课文的第二、三、四、五、六自然段）

重点研读语段：

1969年7月20日，两名美国宇航员首次登上月球，第一眼看到的就是十分奇异的景色：这里的天空黑沉沉的，表面却洒满灿烂的阳光。月球上满是尘土、岩石和环形山，没有水，没有任何生命。月球是一片荒漠。

（2）结合观看美国宇航员登月的录像片段说说观看的感受。

朗读句子："虽然这是我个人的一小步，却是人类的一大步。"

（3）自己再读读其他段落，说说月球的神奇之处。

随机选择课文相关语段，激发情感指导朗读。

2. 激发继续探索欲望。

课文还写到了那么多的月球之谜，你们对解决哪个问题最有兴趣，准备怎么解决呢？

四、延伸拓展

1. 播放录像片断：杨利伟乘飞船绕月飞行的情境剪辑。

再次激发学生朗读课文，抒发自己心中的情感。

2. 随机出示中国古代赞美月亮的诗歌、名句。

3. 在朗读诗句、学习课文的基础上，写下自己的心愿，可以是一两句话，也可以是一个片段。

4. 作业：选择两个完成。

（1）读课文，摘录自己认为写得好的词句。

（2）继续搜集描写、赞美月亮的诗句。

（3）继续查找有关月球的资料，介绍人类探索月球的活动。

（4）除了月球之谜，你还知道哪些自然界的谜？也像课文这样为大家介绍一下。

三年级下册《夸父追日》教学设计

设计理念：

这是一篇神话故事，也是一篇略读课文。通过夸父追赶太阳、长眠虞渊的故事，以神话的形式，表达了古代劳动人民对光明的向往以及征服大自然的雄心壮志，弘扬了一种奉献和牺牲精神。

编者选编这组课文的意图是让学生体会神话传说的魅力，增加中华传统文化的积累。教学中还应该体现略读课文的教学特色。叶圣陶先生曾说，"就教学而言，精读是主体，略读只是补充；但是就效果而言，精读是准备，略读才是应用"，"如果只注意于精读，而忽略了略读，功夫便只做得一半"。因此，本课教学应凸显这一点，在教学中以学生的自学为主，并依托文本体会关键词句，从文中感悟神话的魅力，体会夸父追日精神的可贵，获得思想启迪。

教学目标：

1. 正确、流利、有感情地朗读课文。

2. 自主学习，学习概括神话的内容，感受夸父的形象，理解夸父追日的执著、奉献精神。

3. 交流收获，体会神话传说的魅力。

4. 培养独立阅读能力。

教学重难点：

理解夸父追日的原因及其执著、奉献的精神，体会神话传说的魅力。

教学准备：

课前布置学生搜集有关太阳的神话，多媒体课件。

教学时间：

1课时。

教学过程：

一、揭示课题，明确要求，自主质疑

1. 看图猜神话（课件演示）——盘古开天地、精卫填海、女娲补天、嫦娥奔月等。

2. 看来同学们都很熟悉这些故事，一定也很喜欢阅读。这些故事都可以叫做——（生接答）神话故事。神话故事是古代人民以不自觉的艺术方式口头创作的神异故事，有着神奇的想象，生动的故事内容，表现了人们渴望征服自然和对美好生活的愿望和追求。（随机板书：神奇的想象、生动的故事、美好的愿望）

3. （出示《夸父追日》相关画面）知道这个神话故事吗？今天我们就来学习这一组单元的最后一篇课文——《夸父追日》。（生齐读课题）

4. 读了课题，同学们想知道什么？

学生自主质疑，一般有这么几个问题：夸父为什么追日，怎样追日，夸父追日的结果等。（板书：？？？）

学习中有了问题可以怎么做？我们发现这是一篇带星记号的独立阅读（略读）课文，遇到这样的课文，我们可以怎么学习？

生：运用平时学习的方法自己学习课文。

生：自己边读课文边思考，解决有关问题。

〔设计意图：学生有三上年级及本组前面一篇课文学习神话故事的经验，教师激励学生自主质疑，引发探究的欲望、阅读的兴趣，并提示一定的学习途径，为下面的学习做了很好的铺垫。〕

二、自主读文，概括大意，了解内容

1. 就让我们带着这些问题，运用平时老师教过的方法自己读课文吧。

2. 同桌互相检查课文生字新词的学习掌握情况。

(1) 课件分组呈现词语：

虞渊　渭河　瀚海

咕嘟咕嘟　颓然　遗憾

一眨眼　霎时间

(2) 词语回到了课文中，课件出示几个比较难读的句子：

夸父伏下身子，去喝黄河、渭河里的水。咕嘟咕嘟，霎时间两条大河都给他喝干了，可是还没止住口渴。

夸父又向北方跑去，想去喝大泽里的水，那大泽，又叫"瀚海"，有上千里宽。他还没到大泽，就像一座大山颓然倒了下来。

各自检查读音，特别是"颓然"、"霎时间"等词语的读音，同时了解"虞渊"、"渭河"、"瀚海"、"颓然"、"遗憾"等词语的意思。

〔设计意图：即使是略读课文，对于学生容易出错的地方、不理解的地方，教师还是有必要进行指导，并加以落实。〕

3. 指名回答刚才提出的问题。（随机擦去原来的问号，板书：喜欢光明　拿……提……迈开……奔跑　变成了……变成了）

4. 同学们真能干，读着读着，就自己把刚才提出的问题解决了，谁现在能连起来把这三个问题的答案说一说吗？可以借助板书，注意把意思说清楚，把语句说通顺，注意前后连贯。

5. 聪明的同学发现了，我们这样串联起来说的就是这篇神话故事的大概内容，这也是一般读故事所要了解的。我们刚才是怎么学的？（先读课题自己提出问题，然后通过读课文思考，回答问题，并注意串联）

〔设计意图：学习需要前后联系，也需要不断地回顾反思，这样才能不断有新的收获。让学生回顾自己的自主质疑，自主读文，自主解疑的过程，也是很好的一种方法的感悟与小结。〕

6. 请同桌再互相简单地说说这篇神话故事的内容。这样的故事内容，来自我国古代劳动人民自己的创造。

课件出示《海外北经》中夸父逐日的故事：

夸　父　逐　日

夸父与日逐走，入日；渴，欲得饮，饮于河、渭；河、渭不足，北饮大泽。未至，道渴而死。弃其杖，化为邓林。

7. 学生自由朗读，指名说说大致意思。（着重理解"入日，河、渭、邓林"等意思）

8. 读了几遍课文，了解了大意，并读着简短的古文，同学们觉得过瘾吗？——生齐答：不过瘾。为什么？

生：不够有趣，不够生动……

那就让我们进一步仔细读课文，体会课文这篇神话故事的神奇有趣之处吧！

[设计意图：通过阅读比较，体会不同的表达方式带给人不同的阅读感受，同时为走进神话感受神话故事的魅力进行了情感的渲染。]

三、细读品味，合作交流，体会魅力

1. 个体自主学习，画出有关语句，体会神话的魅力。

2. 小组合作学习，完成学习卡，为集体交流做好准备。

（　　）小组　学习卡

我们小组认为_____这段语句写得十分神奇，我们知道这句话的意思是_____。我们还从_____了解到_____，感受_____。

[设计意图：通过引导学生自主、合作、探究学习，鼓励学生自主阅读，个性解读，感悟神话的魅力，同时也简化教学环节，提高课堂教学效率。]

3. 集体交流，可着重围绕以下句子展开（课件随机出示语段及配画），体会神话的神奇、夸张：

（1）夸父拿着手杖，提起长腿，迈开大步，像风似的奔跑，向着西斜的太阳追去，一眨眼就跑了两千里。

（2）夸父伏下身子，去喝黄河、渭河里的水。咕嘟咕嘟，霎时间两条大河都给喝干了，可是还没止住口渴。

（随机补充资料，加以拓展：黄河是我国第二长河，长度5464千米，将近横跨整个中国。渭河是黄河的最大支流，全长818千米。这样的两条大河夸父霎时间喝干了）

（3）他还没到大泽，就像一座大山颓然倒了下来，大地和山河都因为他的倒下而发出巨响。

（4）第二天早晨，当太阳从东方升起，金光普照大地的时候，昨天倒在原野的夸父，已经变成了一座大山。山的南边，有一大片枝叶茂密、鲜果累累的桃林，那是夸父的手杖变成的。

4. 读着这样的一段段文字，我们的眼前仿佛看到了一个怎样的夸父？（随机板书：热爱光明，勇敢追求，甘为人类造福，无私奉献）

[设计意图：在进行对话交流的过程中，学生将个体及小组学习的成果加以归纳，同时结合补充的资料及各自的想象，在对具体的文本语言的解读过程中，夸父的形象也在学生的心目中立了起来。]

四、自主选择，练习讲述，拓展延伸

1. 师：同学们，这就是神话的魅力所在，她用神奇的想象，生动的故事情节，表达了劳动人民美好的愿望和追求。（再次回顾板书）下面就请同学们各自准备，练习讲故事，要求按一定顺序，把故事内容讲清楚，能够讲生动吸引别人就更好了。可以选择其中的一两个部分，如夸父追日的起因部分，或者是夸父追日的经过部分，也可以是夸父追日的结果部分，还可以是自己最感动的一个情节，自己试着讲讲神话故事。

2. 小组合作试讲，互相评议。要求别人讲的时候一定要认真听，并中肯评价。

3. 指名几名学生串讲这个故事。师生共同参与评价。

4. 布置课外作业，请至少选择其中一个完成。

（1）把夸父追日的神话故事讲给爷爷奶奶、爸爸妈妈或弟弟妹妹听。

（2）阅读其他神话故事，准备在语文活动课上清楚、生动地讲给大家听。

　　[设计意图：关于神话的教学，不仅要了解其内容、感受神话的魅力，还有很重要的内容，就是激发学生阅读神话故事的兴趣，并学会讲述神话故事——按一定顺序讲清楚，将其精彩之处讲生动。如此不仅促进学生对神话的了解、积累，更促进学生对人类优秀历史文化的传承。]

四年级上册《那片绿绿的爬山虎》
第一课时教学设计

设计理念：

1. 努力体现生本教育思想，鼓励学生自主质疑，自主阅读，尊重学生的个性解读与多元理解。

2. 启发学生留意课文中叶圣陶先生对肖复兴习作的修改及评价的语言现象，从中体会语言表达的准确、规范，简洁、流畅，感受叶圣陶一丝不苟的写作态度、平易近人的人品及崇高的人格魅力。

3. 在听说读写等综合训练中整合教学内容，长文短教，鼓励学生自主感受、理解、积累、运用语言文字，提高阅读教学效率。

教学目标：

1. 会读会写、会理解运用"推荐"、"翻"、"映入眼帘"、"动词"等生字新词。

2. 了解课文大概内容，知道课文写了叶圣陶先生帮肖复兴批改作文及邀请去他家做客两件事，并找到课文相应段落。

3. 体会叶圣陶认真写作、平和待人的崇高人格魅力，理解含义深刻的语句，并背诵喜欢的语段。

教学重点、难点：

通过具体的语言现象，感受叶圣陶先生对待写作的一丝不苟的态度，及为人的亲切和蔼、平易近人。

教学准备：

1. 多媒体课件。

2. 有关叶圣陶先生修改作文的图片及肖复兴的个人情况简介。

教学过程：

一、联系学过的课文，鼓励学生自主质疑

1. 同学们，今天我们学习新的课文，题目是——（生接答）那篇绿绿的爬山虎。

2. 看到这个课题，同学们想到什么？（这学期刚学的《爬山虎的脚》）

3. 《爬山虎的脚》是我国现代著名作家也是著名的语文教育家叶圣陶先生写的。不少同学一定还会背其中的段落吧，（点击课件）特别是这一段描写爬山虎的叶子的语段，很美。背得不太熟练的可以看看大屏幕的提示（投影出示，生纷纷背诵）——

爬山虎刚长出来的叶子是嫩红的，不几天叶子长大，就变成嫩绿的。爬山虎的嫩叶不大引人注意，引人注意的是长大了的叶子。那些叶子绿得那么新鲜，看着非常舒服，叶尖一顺儿朝下，在墙上铺得那么均匀，没有重叠起来的，也不留一点儿空隙。一阵风拂过，一墙的叶子就漾起波纹，好看得很。

4. 读着背着，我们的眼前仿佛又出现了那片绿绿的爬山虎，让我们美美地再读一遍课题。

5. 读了课题，你想到了什么，又会有什么问题呢？

（预设）学生可能会说：课文可能与爬山虎有关，课文究竟会写些什么内容呢？……

师：有了问题怎么办？——生接说：读课文，自己运用学过的一些方法解决。

二、自主阅读课文，思考自己提出的疑问，自学字词

1. 自由读课文。

因为课文比较长，要求学生读准字音，读通句子，难读的句子可以多

读几遍，读后想想刚才提出的问题。

2. 检查自读情况。

（1）分组呈现词语。

一篇作文　几页纸　动词　黄昏　客厅

推荐　翻到　愣住　映入眼帘　删改　蕴含　摇曳　握手　堪称楷模

燥热　融洽　莫名其妙　密密麻麻　模模糊糊

同桌检测读音，指名说说自己的发现（允许学生有各种发现，比如有关读音、有关词性、有关构词规律等都可以说），找一找其中的"动词"，从中体会"动词"的含义。

（2）出示生字新词比较集中的句段，鼓励学生把长句子读通读顺，指名汇报读：

翻到我的那篇作文，我一下子愣住了：映入眼帘的是红色的修改符号和改动后增添的小字，密密麻麻，几页纸上到处是红色的圈、钩或直线、曲线。

刚进里院，一墙绿葱葱的爬山虎扑入眼帘。夏日的燥热仿佛一下子减少了许多，阳光都变成绿色的，像温柔的小精灵一样在上面跳跃着，闪烁着迷离的光点。

他亲切之中蕴含的认真，质朴之中包容的期待，把我小小的心融化了，以至不知黄昏的到来。落日的余晖染红窗棂，院里那一墙的爬山虎，绿得沉郁，如同一片浓浓的湖水，映在客厅的玻璃窗上，不停地摇曳着，显得虎虎有生气。

我非常庆幸，自己第一次见到作家，竟是这样一位人品与作品都堪称楷模的大作家。他跟我的谈话，让我好像知道了或者模模糊糊懂得了：作家就是这样做的，作家的作品就是这么写的。我15岁时的那个夏天意义非凡。在我的眼前，那片爬山虎总是那么绿着。

（3）交流课前自己提出的问题解决了多少，用自己的话简洁地说说课文写了哪些内容，大致了解课文主要内容，由此概括课文两件事情：叶老先生帮"我"修改作文，叶老先生邀请"我"去他家做客。

(4) 快速浏览课文，找到相关的段落，理清课文内容与段落。

结合出示填空题，认真练字，同时进一步了解课文主要内容：

上初三时，我写了一（　　）《一张画像》的作文，经老师（　　），在北京少儿征文比赛中获了奖，并准备印成书。老师告诉我是（　　）先生tì（　　）我修改的。我（　　）开书，（　　）入（　　）的是红色的修改符号和改动后（　　）的小字，（　　），几（　　）纸上到处是红色的圈、钩或直线、曲线，还有不少shān（　　）改，叶老先生还（　　）我去他家做客。我庆幸，自己第一次见到的竟是一位人品与作品都（　　）的大作家，我（　　）懂得了，作家（　　），作家的作品（　　）。我15岁的那个夏天（　　）。

写完后同桌互相评改。

3. 继续鼓励质疑。

师：大致读了课文，同学们又有哪些问题？

（预设）最后一段写道"作家就是这样做的，作家的作品就是这么写的"，我想问"作家是怎样做的，作家的作品是怎样写的"？课文结尾为什么说"在我的眼前，那片爬山虎总是那么绿着"？……

4. 师：这节课，我们先来解决其中的一个问题，"作家是怎样做的，作家的作品是怎样写的"。这个作家就是课文中的——（生接答）叶圣陶先生，我们通过已经学过的课文了解他的哪些信息？

（预设）生：读《爬山虎的脚》，我知道他是个非常有名的作家，也是著名的教育家。

生：我还知道，我们一年级的课文《小小的船》作者，这是我国现代最早的儿童诗，非常经典……

师：在课文中叶圣陶先生是怎么写作，怎么做人的？让我们再仔细读读课文第一件事，看看课文是怎么写的。

三、细读课文第一部分，思考提出的问题，读、画、批注

1. 师：请大家默读课文第一至五自然段，画出有关语句，可以在边上写上自己简单的感受。

2. 学生各自读书，边读边想，边圈边画，并写上简单的批注。

3. 指名交流，鼓励学生个性阅读。

交流过程中，着重抓住两方面体会：叶圣陶先生批改的认真及待人的平和。可以通过这些语句体会：第二自然段老师的话，第三自然段"我"看到，"我"愣住的感受，第四自然段"我"回家看到的，还有叶老先生的评语。

在学生充分说自己看法的基础上，教师补充拓展资料——叶圣陶修改"我"的习作稿，其目的，一直观了解修改的符号，二真切体会叶老先生修改得仔细，批改得认真。

在此基础上，自然引读句子：

（1）我虽然未见叶老先生的面，却从他的批改中感受到他的认真、平和以及温暖，如春风拂面。

（2）"这一篇作文写的全是具体事实，从具体事实中透露出对王老师的敬爱。肖复兴同学如果没有在这几件有关画画的事儿上深受感动，就不能写得这样亲切自然。"

师：叶圣陶先生的评语，树立了"我"写作的兴趣，给肖复兴以极大的鼓励。大家看（投影出示，教师补充肖复兴资料简介）这段资料介绍，联系课文内容，大家一定有自己的感受吧？

鼓励学生对话文本，可以学习叶圣陶老先生写评语的方法，用简洁的语言，大胆发表自己的见解，说自己的感受。

四、小结本节课学习，引读学生积累语言

1. 这节课，同学们通过自己提出问题，又自己读课文不断解决问题，大致了解了课文的内容，着重通过第一件事情，知道叶圣陶先生是怎么习作、怎么做人的。

2. 你喜欢第一至五段中的哪些语句，请选择几句背诵一下吧。

3. 下节课，我们继续学习。

四年级下册《生命 生命》教学设计

设计理念：

　　这篇课文短小精悍，语言简洁朴实，思想含蓄深邃，是一篇抒写感悟人生的好文章。课文开头首先提出问题：生命是什么？下面的内容却没有从正面回答，而是从飞蛾求生、瓜苗从砖缝中生长、作者倾听自己心跳这三则小事例中，展示了生命的意义：求生的欲望，生命力的强大，人可以选择对自己生命负责。不过四年级的学生年龄尚小，对课文的理解有一定难度。

　　鉴于对教材、学生的理解，教学中可以着力把握这两点：

　　1. 以读为本，在充分的、多种形式朗读的过程中，鼓励学生自主阅读，自主感悟，自主表达，综合发展语言能力。

　　2. 多元解读，引导学生在学习课文的基础上，进行主体互动对话交流，模仿课文语段或者大胆创作，写出各自对生命的感悟。

教学目标：

　　1. 正确、流利、有感情地朗读课文，背诵课文，积累好词佳句。

　　2. 理解含义深刻的句子，揣摩其中蕴含的深意。

　　3. 感悟作者对生命的思考，懂得珍爱生命，尊重生命，善待生命，让有限的生命体现出无限的价值。

教学重难点：

　　理解三个事例中蕴含的关于生命的哲理。

教学课时：
2课时。
教学用具：
多媒体课件。
教学过程：
一、质疑导入

1. "生命"是一个永恒的话题，我们学习的这组单元的课文讲述的也是关于生命这一主题。不过，同学们，你们平时想过这个问题没有，生命是什么？（生大多答没有想过，答想过也无妨，可以随机交流一下，当然学生的回答比较肤浅，不必苛求）

2. 但是有一个人，她想过（出示课件：杏林子照片）。她有一个很好听的名字——生接说：杏林子。

教师简介：杏林子是我国台湾一位著名的作家，在她的作品中，有很多是思考生命问题的，今天我们就来学习其中的一篇。

3. 教师把题目补充完整。（板书：生命）

生齐读课题——生命 生命。

4. 同学们，你们发现了没有？这个题目和我们以前经常读到的文章题目有些不一样。（中间空格表示停顿，两个词语重复表示强调）

［设计意图："生命"这一话题对于小学四年级的学生来说，显得有些抽象，不能真切感受其厚重和意义。课始便顺应学生的思维，激发学生产生疑问，既为下面的学习做了铺垫，也引发了学生的阅读期待。］

二、整体感知

1. 自由朗读。

边读边想：课文关于"生命"写了哪几个事例？

2. 指名分段朗读，师生共同评议。

3. 交流讨论：作者着重通过哪几个事例写出自己对生命的思考？（引导学生用多种方法归纳，如列小标题的方法：飞蛾求生、瓜苗生长、心脏跳动等）

[设计意图：在学生自由读课文，大致了解文章内容的基础上，再引导学生从整体上把握课文的内容和写作思路，然后以小标题的形式训练学生的概括能力。这样真正使学生在自主学习过程中经历了语文训练的过程。]

三、细读感悟

1. 读了课文，我们知道课文的结构非常清楚，采用——生接答，"总—分—总"的结构，其中2—4自然段结构也基本相同。

2. 请同学们再次认真默读这三个故事，用心去发现、去体会，看看哪个句子打动了我们，让我们肃然起敬。

学生自由读课文。

3. 学生互动对话交流，教师随机点拨。

着重围绕以下句子，通过反复的朗读，抓住重点词语感受，师生与文本之间展开对话交流：

（1）只要我的手指稍一用力，它就不能动弹了，但它挣扎着，极力鼓动双翅，我感到一股生命的力量在我手中跃动，那样强烈，那样鲜明！

交流体会：与许多强大的生灵相比，飞蛾是渺小的，但是它所表现出来的顽强的求生欲望却是震撼人心的，弱小的生命都不轻言放弃，这就是——（生读课题）生命。

（2）墙角的砖缝中，掉进了一粒香瓜子，隔了几天，竟然冒出了一截小瓜苗，那小小的种子，包含了怎样的一种力量，竟使它可以冲破坚硬的外壳，在没有阳光，没有泥土的水泥地上，不屈地向上，茁壮生长。即使它仅仅只活了几天。

在交流中感悟：即使只是一粒香瓜子，即使没有阳光，即使没有泥土，即使只能活几天，它也要让这几天焕发光彩。生命的力量是无法抗拒的，这就是——（生读课题）生命。

（3）那一声声沉稳而规律的跳动，给我极大的震撼，这就是我的生命，单单属于我的。我可以好好地使用它，也可以白白地糟蹋它。一切全由自己觉得，我必须对自己负责。

在交流中领悟：生命属于每个人只有一次，我们每一个人都要对自己的生命负责，不能浪费，通过自己的努力可以生活得更有意义。这就是——（生读课题）生命。

［设计意图：抓住课文含义深刻的语段，鼓励学生反复品读，引导学生在自读自悟的基础上进行交流，启发学生把自己的感受表达出来，并不断反顾课题，共同享受阅读中自主感悟的快乐。］

四、创意表达

1. 同学们，作者借这三个小故事，各揭示了生命什么的意义？

［设计意图：回顾三则故事内容，对课文揭示的生命意义进行小结。］

2. 其实，在我们看来，杏林子倒是最有理由放弃自己生命的人。

生不解。教师鼓励学生查找杏林子资料。（教师随机出示杏林子的照片及相关资料）

师：同学们，当我们读到这些信息时，你的心中，是否会更强烈的感动？你觉得杏林子是个怎样的人？你敬佩她吗？为什么？

鼓励学生说真实的感受。

师（小结）：杏林子正是用她的整个生命历程告诉我们：生命的最大意义就是生命的永生——珍惜生命，让有限的生命体现出无限的价值。

3. 让我们读课文第五自然段，让我们再一次走进她的内心。

（生用各自喜欢的方式自由朗读第五自然段）

［设计意图：通过对三个小故事揭示的关于生命的各种意义——强烈的求知欲望、强大的生命力及对生命的态度选择，进一步感悟课文的含义；同时通过对作者杏林子的了解，凭借知人论世的方法，对文本含义进行了有效的拓展与延伸，为学生个性化的自主表达进行了很好的铺垫。］

4. 还记得上课时提出的问题吗——（生接答）生命是什么？现在，同学们对这个问题的理解，一定有许多内容可以说了。那就请同学说说自己对生命的理解吧。

生命是什么？

生命是飞蛾极力挣扎的身影，

生命是飞蛾极力鼓动的翅膀。
生命是墙角砖缝中昂然挺立的小瓜苗,
生命是香瓜子冲破坚硬外壳的勇气,
生命是香瓜子在没有阳光、没有泥土的砖缝中不屈向上的决心。
生命是心脏那一声声沉稳而有规律的跳动,
生命是杏林子留给我们的一本本沉甸甸的著作,
生命是杏林子向命运不屈的抗争。

……

[设计意图:读与说结合,让师生即兴创作的小诗成为传递学生对文本对生命理解的凭借,为课堂的精彩生成创造了机会。]

5. 让我们一起有感情地朗读自己创作的这首小诗。

6. 请大家读读有关的名言。

(投影出示关于生命的名言)

生命是一条艰险的狭谷,只有勇敢的人才能通过。(米歇潘)

生命如流水,只有在它的急流奔向前去的时候,才美丽,才有意义。(张闻天)

生命在我绝不是一截"短的蜡烛",它是一个辉煌的火把,在我将它交给下一代之前,要使它燃烧得越亮越好。(萧伯纳)

……

学生自由朗读。

7. 生命还是什么呢?每个人都可以有自己的理解,并实现不同的人生。请同学们联系自己生活中的故事,可以仿照课文的写法,也可以自己创作,写一段或几段甚至是一篇文章,题目也可以跟课文的一样,还可以写一篇读后感,写下自己读这篇课文的真实感想。

[设计意图:提供可供选择的有弹性的拓展作业,在语文训练的综合运用中,将《语文课程标准》提倡的三维目标进行了有机整合,促进学生在这样有效的学习中,发展能力,提高认识,陶冶情感。]

教学设计篇·口语交际及习作教学

五年级上册《成长》教学设计

设计理念：

围绕富有发散性的"成长"话题，引导孩子说说成长中的快乐、烦恼、喜欢与感激等事例，并将有关瞬间、情景记录下来，由此感悟成长的不易、父母的辛劳、生命的意义等多元内涵，促进自我表达与相互交流，融生命教育于交往作文过程中。

教学目标：

1. 鼓励学生敢于发表自己的独特见解，交流自己对成长的理解。

2. 引导学生说话注意语言表达的规范、生动，习作有具体的内容，文从句顺，抒发真情实感。

3. 对自己及他人的发言、习作能提出恰当的评价与修改意见。

教学准备：

1. 录像片断，音乐及相关课件，计算机、投影仪。

2. 学生的照片、作品及有关日记等。

教学过程：

课前活动：猜照片主人公或要做的事情，用词语或短句给照片取名，内容主要有：一周岁时骑木马，换牙那年挂上红领巾，登上长城等。

一、再现、回味成长经历

1. 播放录像：动植物的成长片段再定格。

请仔细看，然后说说感受。（引导学生运用自己课堂中学到的、课外阅读中积累的以及平时生活中了解的词语或短语来形容。评价谁说得恰当、生动、富有特色。评价人可以是自己要好的伙伴、自己欣赏的同学，注意评价语也要得当）

（1）植物种子发芽的情景。

师：看到种子发芽的情景，你想到了什么？

学生互评刚才同学的发言。

（2）花朵绽放。

师：看到花朵绽放的情景，你想到了什么？

师：是啊，看来刚才的录像片断，老师不由想起了现代著名女作家冰心老人的诗句："成功的花儿，人们只惊慕她现时的明艳，然而她当初的芽儿，浸透了奋斗的泪泉，洒遍了牺牲的血雨。"

（3）小鸡出壳。

师：看来大家已经被这些画面深深地感动，那么同学们，你们的成长过程呢？

（4）孩子出生。

师：爱和空气一样，是我们生活中必不可少的因子，在我们感受到爱的同时也该把爱回赠给我们身边的人。

二、体验、感悟成长内涵

1. 回忆自己的成长过程。

师：观看了刚才的一些画面，同学们有许多话儿想说。现在，大家可以展示自己个人或与父母合影的照片，可以展现自己的特长技能，可以出示自己的优秀作品，也可以投影自己的日记，述说相关经历。注意把语言表达得清楚、规范。

2. 定格片断，放大瞬间。

师：请大家集中选择有关素材重点说说：自己最感兴趣的；感触最深的；能触动感情之弦的；具有争论价值的等。

3. 师生互相交流、评价。

三、书写记录成长过程片断

师：经历了刚才这样的回放观看、回忆诉说的过程，同学们一定想把这些内容写下来吧！那就拿起我们的笔，表达自己的真情实感，写下自己对成长的理解。可以是自己感受最深的一个片段，也可以是自己成长过程中最感动的一个故事，还可以是自己的遇到困难、付出努力的收获……

（播放背景音乐）学生习作，教师巡视、指点。

四、交流共享成长记录片断

1. 小组交流，互相评价，推荐佳作。

小组讨论的任务有三个：

（1）每人朗读自己的习作，其余的学生为这篇习作提出修改意见。

（2）评出小组里最好的一篇习作。

（3）对这篇习作作精益求精的修改，有些段落甚至可以重写，让这篇习作成为小组成员共同创作的文章。

2. 集体交流，博采众长，共享成功。

被推荐出来的2—3名学生依次朗读边投影自己的习作。

其他同学至少对其中的1—2篇文章做出点评：

（1）你认为这篇文章中写得最好的是哪部分？为什么？

（2）你最不喜欢文章的哪个地方？如果由你来写，你打算怎么写？

（3）你对他（她）这样写有意见或疑惑吗？请提出来。

五、小结

师：生活就是这样，有痛苦，有欢乐，有惆怅，有开心，有迷惘……成长需要付出，也必有收获，我们要用真诚的付出换取成功，享受收获的快乐！

随机播放配乐诗《如歌的行板》（作者席慕容）：

一定有些什么/是我所不能了解的/不然　草木怎么都会/循序生长/而候鸟都能飞回故乡/一定有些什么/是我所无能为力的/不然　日与夜怎么交替得/那样快　所有的时刻/都已错过　忧伤蚀我心怀/一定有些什么在叶落之后/是我所必须放弃的/是十六岁时的那本日记/还是　那些美丽的如山百合般的/秘密

教学实录篇

五年级下册《走进信息世界》
第一课时教学实录

一、谈话引入，了解"信息"

师：今天，我们在报告厅里上课，同学们向四周看看，与以往课堂相比有什么发现？

生：报告厅很大。

师：是啊，比教室大多了。

生：有很多座位。

师：可以有很多人一起听课。

生：今天就有许多老师听我们上课。

师：是的，大家说的这些都是信息，（投影出示词语：信息）刚才同学们通过眼睛观察发现了不少信息。下面请大家看一幅图。（投影展示，并配上音乐）

师：又有什么新发现？

生：有背景音乐。

师：看来大家大都是通过自己看、听来发现的，其实这是获取信息最原始也是最基本的一种手段。同学们，你们还知道哪些也是信息呢？

生举例：

我每天收看电视新闻。（师随机点评：你不光通过眼睛看还需要耳朵

听来获取信息）

我在学校听到各种音乐铃声。（师：你主要通过耳朵听来获得信息）

我每天读书获取许多信息。（师：获取信息还需要大脑来协调各器官合作）

师：是的，大家说得不错，那么你们知道什么是信息吗？其实信息就是——（投影补充资料）信息又称资讯，是一种消息，通常以文字或声音、图像的形式来表现。信息由意义和符号组成，用声音、语言、文字、图像、颜色、气味、动作等方式所表示的实际内容。

师（结合讲解）：信息就是消息。一切存在都有信息。对人类而言，人的五官生来就是为了感受信息的，它们是信息的接收器，它们所感受到的一切，都是信息。然而，也有大量的信息是我们的五官不能直接感受的，人类正通过各种手段，发明各种仪器来感知它们，发现它们。

师：今天，就让我们一起——走进信息世界，感受信息传递对我们生活的改变。（揭示课题：信息传递改变着我们的生活）生齐读。

二、联系经验，回顾学习

1. 回顾以往学习经验。

师：这一单元是一组综合性学习内容。我们以前学过类似的内容——

生齐答：遨游汉字王国。

师：大家还记得当时我们是怎样学习的？可以说说以前开展过类似活动的过程；可以回忆在活动中感觉最快乐或最难忘的事；可以讲一讲开展综合性学习要注意的事项；也可以谈谈对这次综合性学习的期待，或者说说希望在这次活动中开展哪些活动。

师：现在开始交流。同学们要注意认真倾听大家的想法，觉得好的可以写到即将制定的活动计划中去。

生：学习的时候很自由。

生：我觉得这样的综合性学习与一般的课文学习不一样，以活动为主，形式更自由，我们都很喜欢这样的活动。

师：你真会总结自己的学习过程。我们的学习是前后联系的，因此学习过程中要善于总结，回顾反思。

生：在综合性学习过程中，老师更多地让我们自己学习，先制订计划，然后分组讨论活动过程，我们还开展了很多小组活动。

师：如——

生：猜字谜。

生：搜集歇后语。

生：手抄报。

师：同学们，刚才我们简单地回忆了以往开展汉字综合性学习的过程，其中有不少好的经验做法在这次学习过程中依然有用。那么我们这一单元又该如何学习呢？

生：我们可以先看看书上的要求。

2. 浏览教材，交流感受。

师：请大家自由浏览整组课本内容，感兴趣的地方可以读得仔细一些。

学生自学，教师巡视，与学生个别交流。然后同桌简单交流浏览教材后的感受，主要可以围绕这三个主题（投影展示）：

（1）浏览了教材，你又获取了一些什么信息？

（2）你有哪些困惑或疑问？

（3）你认为这次综合性学习可以开展哪些活动？

三、同桌学习，体会方法

师：读了这段话，同学们又有哪些信息与大家交流？还有哪些困难想去挑战？下面请各小组代表汇报，其他同学注意倾听与评价。

生：读了这一单元的导读，我们小组了解到在这个单元学习中，我们要掌握信息变迁的一些知识，主要学习搜集信息和处理信息的方法。

生：我们小组补充，在这次综合性学习活动中，我们还要学习写一份研究报告。

生：我们小组普遍感到困难的是这个研究报告该怎么写。

师：遇到这样的问题，我们该怎么做？

生：可以从书中找答案。

师：可以先——然后——

生：可以先浏览课文，然后抓住重点内容。

生：遇到问题，还可以结合以往经验，获得解决问题的启示。

生：我们小组根据刚才的学习，听了大家交流，认为在这一单元学习中，可以通过阅读资料、询问长辈、调查分析、上网搜索等多种方法开展活动。

师：同学们，听了大家的发言，老师真为你们感到骄傲。短短几分钟时间，大家在个体自主阅读、浏览这次综合性学习内容的基础上，小组积极展开有效讨论，并且联系以往的学习经验，进行了热烈的交流。你们真了不起。愿接下去的学习，你们依然能够这样扎实有效地进行。

四、分组讨论，制订计划

师：请大家重点阅读单元导语、两个活动建议以及最后的结语，可以边读边想，并做上恰当的记号，以便于接下去的探讨交流。（学生自学3分钟左右）

师：请大家根据"自由组合，适当调整"的原则，快速组成3—5人的学习小组，制订本次综合性学习的活动计划。讨论时，我们可以着重围绕这样两点展开：

（1）组内充分讨论：想开展哪些活动？可以开展哪些活动？

（2）组内达成共识，填写活动计划表。

学生分组制定活动计划，计划表见表1。

学生根据老师提示的要求，在浏览教材内容的基础上，综合小组同学的意见自主制订下阶段的学习计划。

五、计划交流，互相学习

师：刚才大家自学非常认真，小组讨论也能够注重把握重点，现在请分组交流各自的活动计划，要求：

（1）口齿清楚、声音响亮地汇报各项计划中的活动，随时回答同学的提问。

（2）认真倾听别组的活动计划，及时记录与自己组的计划不一样的内容，需要的话可以向汇报的小组提出疑问。

表1

_____小组："走进信息世界"活动计划

小组成员：_____

活动时间	活动内容	活动地点	活动形式	预期成果

一组学生上台投影展示，组长汇报，见表2：

表2

___希望号___ 小组："走进信息世界"活动计划

小组成员：___洪屹、潘丹怡、白昊天___

活动时间	活动内容	活动地点	活动形式	预期成果
4月26日	搜集资料并交流	教室	搜集资料，做PPT汇报	了解传递信息的方式
4月27日	了解写研究报告的方法，写一篇研究报告	家中、教室	仔细读两篇报告，了解小标题的形式，正文的形式。	了解写研究报告的方式
4月28日	了解网络的好处与坏处	电脑室	查找工具书，上网等，了解各方面的知识，做资料卡。	防止电脑对我们的危害

师：看了、听了这一小组制订的计划展示，大家认为这一小组的计划哪些比较好，哪些地方还需要修改；先说优点、值得我们学习之处，再说不足，需要改进之处。

生：计划制订得比较清楚。不过活动时间安排太紧，可以每一次活动安排两到三天。

生：我认为希望号小组安排的活动形式比较丰富，可是预期成果的概括不准确。

师：那么，预期成果可以怎么写？

生：比如第一个，可以改为把搜集到的资料展示出来。

师：其实这样展示出来的形式就是——呈现材料，或者也可以叫PPT展示。

生：第三次活动的成果可以用写读后感来展示。

师：不错。那么第二次活动的成果呢？

生：直接就可以用研究报告来展示。

师：对。那么同学们，再想想除了这些成果的展示，还有其他方法吗？

生：绘制手抄报、编课本剧。

生：摘记读书资料卡，还有小组活动照片、录像。

……

师：同学们真会动脑筋，那就让我们吸取希望号小组制订的计划的优点，改正不足之处，各小组修改各自的活动计划。

师：这样，我们各小组基本确定了这次综合性学习活动计划，现在大家可以在课后将这些计划在班级教室的板报上张贴，并按照计划逐步开展活动，预祝你们活动成功。

六年级上册《与诗同行》教学实录

设计意图：

《与诗同行》是人教版小学语文实验教科书六上第六单元的综合性学习《轻叩诗歌的大门》中第二部分的内容，这是继五上《遨游汉字王国》五下《走进信息世界》之后又一次规模较大的综合性学习。

这次综合性学习，分成"诗海拾贝"和"与诗同行"两大板块，旨在引导学生走进丰富的诗歌世界，通过搜集和整理诗歌、欣赏诗歌、朗诵诗歌、写作童诗等活动，进一步了解诗歌，感受诗歌的魅力。

每个板块都以"活动建议"导入。第一板块的活动建议包括搜集诗歌、整理诗歌、欣赏诗歌；第二个板块的活动建议包括自己动手写写诗，举办诗歌朗诵会、合作编诗集、进行诗歌知识竞赛。

本次教学主要引导学生自己动手写写诗。先回顾阅读材料中同龄人的诗，想想他们是怎样把自己的感受用诗歌表达出来的；再试着写一写诗，和同学交流自己写的诗。

设计中主要体现：

1. 尊重学生读诗的个性体验，引导学生初步发现儿童诗表达上的一些基本特点。

2. 鼓励学生大胆创作儿童诗，在放手创作的基础上逐步体会诗歌语言凝练、涵义跳跃、富有韵律等规律。

3. 重视指导学生修改诗歌时态度、过程和方法的评价，通过课堂交流、即时评点，引导学生学会品评、欣赏同学诗歌的优点，修改自己及同学的习作。

教学目标：
1. 尝试用儿童诗的形式表达自己对事物的认识和情感。
2. 感悟儿童诗通俗易懂、富有情趣、充满想象的特点。
3. 激发阅读儿童诗、创作儿童诗的兴趣。

教学过程：
一、师生回顾导入，感受儿童诗歌特点

师：同学们，从小到现在我们学过许多诗歌。在前阶段，我们又开展了《诗海拾贝》综合性学习活动。我们走进丰富的诗海，徜徉在诗歌的王国，通过搜集和整理诗歌、欣赏诗歌、朗诵诗歌等活动，进一步了解诗歌，感受诗歌的魅力。大家交流一下开展诗歌综合性学习的感受吧。

生（微笑着）：我觉得这样的活动很有趣。

生：我喜欢这样的学习。因为语文综合性学习跟我们一般的课文学习不一样，老师更多地放手让我们自己到广阔的学习空间中去学习，我凭借电脑在网络上浏览了大量诗歌，发现了许多喜欢的诗篇。我还将自己喜欢的诗歌编成了集子。

师：你们可真会学习。老师为大家在前阶段自主学习中取得的成果感到骄傲。通过学习，我们进一步体会到诗歌是世界文化宝库中一颗璀璨的明珠，它以抒情的方式，凝练而形象的语言，高度集中地反映社会生活，饱含着作者丰富的思想和情感。在《与诗同行》这一版块中，我们又着重学习了一组儿童诗歌。它们分别是——

生（异口同声地接答）：《我们去看海》（金波）、《致老鼠》（阎妮）、《爸爸的鼾声》（阎妮）。

师：说说自己最欣赏哪一首，以及为什么喜欢的原因吧。

生：我最喜欢《致老鼠》。因为原先在我的心目中，老鼠是一种令人讨厌的小动物，它相貌丑陋会传播疾病，还乱咬东西，偷吃食物。可是作者却反其意而写，让我觉得小老鼠也可爱起来了。

生：我补充这位同学的意见，写诗歌的时候要学会写出与别人不同的想法来，这样才吸引人。（其他同学听了不由自主地鼓掌）

师：两位同学说得真好。这也告诉我们习作的一个"不二法门"：文贵创新，要善于留心发现生活的独特之处。谢谢你们的精彩发言！（板书：独特创新）

生：我特别欣赏《爸爸的鼾声》这一首。我认为这首诗采用比喻的方法，把爸爸的鼾声比作山上的小火车，多么形象啊！而且我从作者聆听爸爸鼾声变化的不同心情体会到她对爸爸的爱，写得十分细致。（板书：形象表达　巧用比喻）

师：是啊，文贵真情，诗歌尤其还要擅长抒情。（板书：抒发真情）

二、推出身边榜样，激发童心创作热望

师：从刚才同学们的发言中，我发现大家特别喜欢同龄人创作的诗歌。或许这就是有共同语言的缘故吧。其实在我们班级中也有这样的小诗人呢。（轻快的音乐响起，投影切换出班中同学五年级下学期学习时写的一些小诗或片段）请看片段一：

书　店

店外车声喧闹，
店内一片悄悄。
只听见书声阵阵，
只闻到书香浓浓。
却不曾看见追逐奔跳，
却不曾听见话语飘渺……

（金妍《我的生活画卷》）

师：或许大家有些忘记了吧，其实当初五年级下学期我们学习《我想》和《童年的水墨画》两篇儿童诗的时候，同学们就有这样精彩的创造呢。金妍同学这段小诗又有什么值得我们学习的呢？

生：我觉得这一段中每两句文字对称，显得工整。

生：我还发现她写的诗不少句末押韵，这样读来也挺顺口的。

师：同学们真会欣赏。(随机板书：富有节奏　注意押韵）再看片段二：

赛　跑

我把跑道比作线条，
赛场像水面一样平坦。
身躯在风中疾飞，
耳旁风在呼呼地叫。
忽听耶的一声脚步停了，
人影在终点处动闪。

（王涵彦《童年的水墨画》）

师：大家可知道王涵彦同学为什么在最后一句将"闪动"这个词语写作"动闪"呢，是他的笔误吗？

生：不是。我知道这也是为了押韵，有时候可将一些词语调换顺序来用。

师：这里还有一首四人小组合作创编的小诗，让我们再来欣赏一下吧：

我　想

我想把眼睛
安在太阳上。
看看天空多宽广，
看看大地多温暖，
看啊，看——
看见春的辉煌。

（刘冬妮）

我想让头发，
长在海底的岩石中。
鱼儿是郊游的旅客，

我和海带们一起，
摇啊，摇——
摇出夏的欢乐。

（王安宁）

我想把耳朵，
安在落叶上。
听着果实丰收的喜悦，
看着红叶轻轻地飞扬。
飞啊，飞——
飞出段段秋的乐章。

（白昊天）

我想把嘴巴
装在梅花上。
尝着晶莹的雪花，
舔起缤纷的诗行，
漾啊，漾——
漾起冬的梦想。

（郭佳贤）

生：我发现这四个同学的组合是按照春夏秋冬的季节顺序反复出现的，这样有一种内在的关系，让我们感到四季的美好。

师：你真是他们的知音啊！（随机板书：恰当反复）

生：写诗歌除了用比喻的方法，还可以像他们一样运用拟人、夸张、假设等手法，让表达更形象。

生：我还发现这四段诗基本押韵，读起来非常顺口，很有韵律感，蛮适合朗诵的。

师：老师发现大家经过不断的学习，不仅会读诗，会欣赏诗歌，而且也不知不觉掌握了写诗的一些方法与窍门。看来做个小诗人也不是很难的。相信大家一定会有更精彩的创作。

三、再造生活情境，引导学生自主创作

师：其实，只要我们留意观察，生活处处皆文章，也处处有诗行。下面老师截取了生活中常见的一些景象，让精彩回放。

悠扬的音乐声中画面再现自然风光、生活场景，教师随机简单讲解。内容主要有：四季美景、花鸟树虫、江河湖海、草原湖泊、校园学习生活片断、公园街道、各种人的笑容、孩子的行走跌倒与哭笑、飘扬的蒲公英种子、雪白的芦花飞舞、沙漠上空留的足迹、风飞过的声音及景物变化……

音乐继续，画面定格，画外音响起：亲爱的小诗人，快拿起你们手中的笔，注意运用儿童诗创作的一些基本方法要领，用心书写心中的诗行吧——

同时出示分层要求：

1. 模仿学过的读到的儿童诗，选择感兴趣的内容学写一段。
2. 模仿学过的诗歌，学写一首儿童诗。
3. 自主创作儿童诗。

全班学生认真习作。

教师巡视，了解学情。

四、鼓励交流评价，启发各自修改诗歌

师：小诗人们，都写得差不多了，现在请暂时放下笔，让我们一起分享一下学习的经验与收获吧。（出示习作一）

师：刚才许多同学都选择最高层次的作业，自己学写一首小诗。现在我们就请小诗人先给大家读一读自己的诗作吧——

星　星

邻家有个小妹妹，

穿着花裙，

扎着小马尾，

每天晚上，

爱依在我身旁，

看着星星，
　　甜甜地喊"姐姐、姐姐"，
　　要我帮她摘星星。
　　于是，我拿了个水盆，
　　舀了盆水，
　　放在星空下，
　　"星星、星星"，
　　妹妹欣喜地欢叫。
　　我抿嘴一笑。
　　小妹妹的眼睛，
　　就是最美的星星。

（段妞儿）

师：谁能根据学到的写诗要领点评一下这首小诗呢？

生：我觉得这首诗抒发的情感很美。一方面表现了邻家妹妹对我的亲近，另一方面表现了我对邻家妹妹的喜欢，尤其文章的结尾，写得很有趣。

师：你的评价说到了点子上。老师也特别欣赏这一点。

生：我也喜欢诗歌的结尾，这是点睛之笔。不过，我读着读着发现这首诗语言还不够精炼。比如"于是，我拿了个水盆/舀了盆水"这一句，我认为可以改成"于是，我端了盆水"这样更简洁。

师：你也是个好老师！写诗要求我们语言简洁凝练，这样读来富有跳跃感。（出示习作二）

问　雪

　　白白的雪花，
　　从天空徐徐落下。
　　我们兴奋地冲出教室，
　　像新生的小鸟不停地张望。

不一会儿，
地上落满了雪花。
我们来到操场，
迫不及待地开始玩耍。

我们堆雪人，
欢笑声四处回荡，
我们打雪仗，
一群雏鹰在天空自由翱翔。

我问你，
亲爱的雪花，
为什么不天天过来，
让我们的童年更添几分趣味。

（杨淳杰）

师：请大家再读读这一首小诗，各自运用学到的方法点评。

生：我觉得《问雪》这首小诗主要采用比喻的方法，表现了作者对雪花的喜爱之情，结尾也像前一位同学一样有点睛之笔。

生：我觉得杨淳杰同学有些语段已经能够做到押韵，读来富有韵律感。既然这样，他的第一段与最后一段可以做些修改。

师：你是个细心的学生。这个建议很有效。我们试着修改"像新生的小鸟不停地张望"、"让我们的童年更添几分趣味"这两句，让它们都押"a"韵。能干的同学快试试看。

生："像新生小鸟不停地张望"这一句可以改成"像新生的小鸟不停地叽喳"。

师：你真了不起！

生：……

师：最后一句有点难，老师建议，句末不妨加上一个语气词"呀"，比如"让我们的童年更添几分趣味呀"，这样读来不仅押韵，还更加亲切有趣。

生：是的。好！

师：刚才短短几分钟的自主创作过程中，还有两位同学选择了类似的题材"风"，不过却有异曲同工之妙，就让我们一起欣赏一下吧——

你好，风

你好，风！
自从我们认识了以后，
就结下了深厚的友谊。

每天我背起书包去上学，
你就会跟在我的后面。
上体育课的时候，
当我跑得满头大汗的时候，
你看见了，就马上驶过来，
带给我一阵凉爽。

风，我虽然看不见你，
但是你给我带来了欢乐，
希望我们能做一辈子的朋友。

（徐晟健）

我看见了风

风是一个疯子，
从海上向我们横窜而来，
撞得小树东倒西歪，
树林间传来它怒吼的声音……

风是一个巨人，
一脚跨过屋顶，
震得窗子呼呼作响，

却不见它庞大的身影……

　　风是一个音乐家,
　　在一望无际的草原上,
　　奏起了它优美的旋律,
　　草丛中传来了它天籁般的音符……

(史文韬)

　　生:我喜欢第一首,读着感觉很舒服,很自然。如果语言再美一点就更好了。

　　生:我喜欢第二首,史文韬同学一连采用拟人化的手法,写出了风的特点,想象很奇特。不过最后一句建议改成把"音符"改成"乐音"这样更为押韵。

　　师:听了同学们的发言,我感觉诗歌的种子已经在同学们的心田中播下。老师为你们的进步与收获而自豪!

　　师:下面请四人小组中交流各自的诗作,并互相点评与修改。(四人小组自主合作学习)

　　师:请同学们吸取同学的意见与建议,各自修改自己的习作。(全班同学各自采用修改符号进行自主修改)

　　师:同学们,这节课的学习非常高效,大家不仅体会儿童诗创作的一些方法,还自己尝试习作。希望大家在今后的学习生活中能不断阅读诗歌,了解更多的写诗方法,自主地创作诗歌。

　　师:下节课,我们将举办诗歌朗诵会。同学们可以朗诵搜集到的诗,也可以朗诵自己写的诗,还可以在小组里讨论一下,选哪几首诗歌来朗诵,采用什么方式才能使本组的朗诵更精彩。(同学们面露喜色,跃跃欲试)

　　师:另外课下,我们也可以自编或者与好朋友一起、分小组编本小诗集。小诗集里可以编入搜集到的诗和同学们自己写的诗,也可以编入诗人的故事或诗歌的相关资料,还可以给诗配上插图,或者用书法形式展示我们喜欢的诗。大家可以给诗集取个好听的名字，装订后在班上展示，评一评哪本诗集材料丰富，编排最有创意。好吗？

生（很有信心地）：好！

第二辑 我的观点

享 受 阅 读

享受阅读，首先要将阅读当作一种乐趣，喜欢阅读、乐于阅读；享受阅读，还得知道如何阅读，有一些阅读的基本方法和能力；享受阅读，更是与文本甚至是与作者的对话，是共同反复重新构建文本的过程；享受阅读，已将阅读当作了生活中必不可缺的一件事，使阅读成为一种习惯，成为生活的一部分，不读不快，不读不乐。

在物欲横流的现实社会中，一个人可能会有许多物质的追求，但是穷其根本，如果他失去了精神的依托，也许他将不能获得心灵的安宁；如果他能享受阅读，他或许会找到一片心灵的晴空。"千江有水千江月，万里无云万里天。"在小学阶段，教学最重要的任务莫过于激发孩子对学习的兴趣、愿望，保护他们强烈的求知欲、积极的探究精神，鼓励他们主动学习、不断创新的意识，并获得一定的学习能力，为他们的终身可持续发展奠定基础。而且阅读确实"在人生占有重要的地位——即使是日益发达的资讯时代，无论声光电等电子媒体如何进步，阅读始终是必要的技能"。（隆恩·弗莱《有效阅读》）因此激发小学生对阅读的兴趣，培养良好的阅读能力、阅读习惯，不仅有助于语文及其他学科的学习，还将促进学生多方面能力的发展。

一、阅读着，快乐着

"阅读是一种探险，你随着诗人进入奇幻与想象的领域；你看到小说家笔下的人生；你在神游中乘船沉潜到大海深处，忽而随着伟大的探险家游历极地世界；科学家带你进入实验室；而在阅读别人的传记中，你跟着此人奥妙的人生经历长吁短叹；在史学家的回顾分析下，你学到鉴往知来，而哲学家与你分享他的智慧。"（郝尔布鲁克·贾克逊《阅读的乐趣》）这样的意趣，并不是每一个阅读者所能体会到的，尤其是孩子。许多时候，不少人是为了读而读，阅读成了必须做的事，而不是乐意做的事。如何让孩子体会到阅读的乐趣呢？

1. 引领孩子们去读书

儿童是不断成长发展的个体。"教育的真义在于价值引导与自主建构。"（肖川《教育的真义》）同样，阅读兴趣受到阅读主体的年龄、阅历、知识、爱好，阅读目的和任务，以及读物本身的内容和形式等方面的影响。要让孩子享受到阅读的乐趣，需要教师的价值引导，引领学生在阅读中体会阅读的乐趣，领略人生的真谛。

在享受阅读的过程中，教师首先是一个阅读的爱好者，是一个善于引导的阅读者。当孩子进入小学，教师就带他们来到阅览室，将一本本书刊交给孩子们，孩子们不禁为之吸引：漂亮的封面，精美的插图，丰富的知识，有趣的故事……要是能早点看懂、看完该多好啊！当孩子们学了一些拼音，认识了一些汉字之后，老师向他们讲故事，介绍古今中外一些成才者爱读书的事例，还请班上说话写话较好的几个同学说说爱看书的体会，老师也将自己学习语文的经验告诉学生，使他们真切地感受到学好语文、学好其他学科都离不开大量有益的阅读。还有的时候，老师利用学生的阅读期待心理，如将故事的开头讲给孩子们听，把课文的内容作为学生拓展阅读的起点等，促使他们自己去了解事情的经过与结果。

"读一本好书，等于交了一个好朋友。"有益的书籍能催人奋进。我们指导孩子选择读物的基本原则是，一有益：内容健康向上的书籍、报纸、杂志；二得当：适合各年龄阶段的儿童阅读，开始以注音读物为主，二年级起慢慢地向纯文字读物过渡，具体根据学生情况区别对待。

选择的方法主要有：

补充：来源有三，一是义务教育教材的配套内容，如《拼拼读读》、

《选学读本》、《花的学校》等；其次，根据课文内容，教师自行选择或编写有关的阅读拓展资料及校本课程等，既作为课文内容的延伸，又针对教材存在的不足、学生的心理需求，如学习第四册《最大的"书"》一课时，教师在课堂上将自己找到的有关书的资料介绍给孩子们，再请他们也找一找各种各样的书读读，并将自己找到的各种特殊的书的资料带到学校，跟大家交流，共享学习经验与资料，激发孩子热爱学习、乐于阅读的精神；另外，鼓励学生订一些报刊，如《小学生拼音报》、《中国儿童报》、《童话大王》、《儿童时代》、《儿童文学》、《故事大王》、《少年文艺》等。

推荐：召开家长会向家长提供一些书目，例如中外童话故事、民间和神话故事、百科知识集、名人传记、英雄人物故事、历史故事、优秀的名家名著改写本等方面内容，像《安徒生童话选》、《格林童话》、《中国童话选》、《少年英雄故事集》、《中外民间故事集》、《小学生十万个为什么》、《动脑筋爷爷》、《少儿百科全书》、《中外名著少儿读本》、《上下五千年》……一方面符合小学阶段儿童的阅读心理，另一方面注重直观、形象、美观，学生感兴趣、乐意读。

自主选择：在学生有一定阅读兴趣、能够自己挑选适宜读物的基础上，将选择权还给学生，让他们自主选择自己喜欢的读物，在书的世界里自主阅读、自由驰骋。

2. 在阅读实践中体会快乐

"阅读是学生的个性化行为，不应以教师的分析来代替学生的阅读实践。"（《语文课程标准》）"阅读一些文章，斟酌一些文章，都是实践。凡是能力，总要在实践中锻炼，才能增长，空谈怎么读，怎么写，都是无济于事的。"（叶圣陶《文章评讲》序）因此，想要让学生享受阅读，也只有让孩子亲身经历阅读实践过程，通过其自身的阅读实践活动，身临其境地感受到读书的快乐。

请看一则案例：

4月8日

今天，我玩了一个游戏。我把桌子当成大海，然后拿出许多贝壳，再拿出一个小篮子，高兴地读着第十七课《我家住在大海边》。当我读到"我们在海滩上捡贝壳"的时候，我就把贝壳放进篮子，读到最后一句"我家住在大海边，我爱金色的海滩"时，我就感觉到我真的在大海边了。（隋欣宜）

　　这是一个一年级的孩子学了课文后，在课外对课文进行独特的、个性化的诠释。孩子的心灵是多姿多彩的，他们对课文等文本有自己独特的理解。教师在课堂上要善于激发他们对语文学习的兴趣，鼓励他们表达自己独特的见地，允许学生用自己喜欢的各种方式方法朗读课文，学习语文。于是，也就不难看到，当放手让孩子去读，当孩子以自己喜欢的方式去读，即便是这样边读边玩的形式进行阅读实践，他们都在充分地享受阅读的快乐。

　　二、在阅读中对话

　　1. 阅读的本质是对话

　　阅读是一种从书面言语和其他书面符号中获得意义的社会行为、实践活动和心理过程。"作者—文本—读者"这三者是构成一个完整的书面交际过程的三个基本要素。从本质上讲，阅读是一种对话，是读者通过文本与作者进行的精神对话。而阅读教学则是作为读者的学生与教师在课堂中进行的一种特别的阅读活动，是"学生、教师、文本之间对话的过程"，是一种多元对话：一方面是师生通过课文与作者进行的精神对话，另一方面又是学生与老师、学生与学生之间围绕课文进行的多元对话。

　　苏格拉底曾说，教育过程是一个不断对话的过程，教育者首先是一个对话者。《语文课程标准》也指出，"语文教学应在师生平等对话的过程中进行"。因此在教学过程中，教师应创设平等和谐，有助于自主阅读、多维对话的氛围，"让学生在主动积极的思维和情感活动中，加深理解和体验，有所感悟和思考"。当学生经过了一个自主阅读、理解的过程，有的发现了问题，有的对课文有了一定的感悟，这时教师要把握机会，善于启发，进一步将阅读对话引向深入，鼓励学生与同伴合作，在互相交流、不断探究、共同创造中享受阅读、对话的乐趣。

如《小蝌蚪找妈妈》中，关于青蛙妈妈的特征，课文不是完整地呈现，而是通过鲤鱼、乌龟及小蝌蚪自己的发现逐步完整，这既符合故事情节的发展，也反映儿童心理的特点，其间也暗含着小蝌蚪为什么会把乌龟当作妈妈的原因。当然，这些在课文中都是省略的。笔者在教学中，先不刻意问学生，而是放手让学生充分地读。在此基础上，学生就不由自主地质疑："小蝌蚪开始找不到妈妈，后来为什么又找到了呢?"又通过自主读书、互相交流，自然就领会课文的内涵，这样既促进学生理解感悟，又在具体的学习中增长认识：今后，我们也要多动脑筋，仔细观察，全面思考；更领会到一种学习的方法：在读书时遇到不懂的地方，可以再反复地读读，认真地想想，这样也能解决问题。

从某种意义上讲，阅读教学的目的就是要让学生获得与各种文本及其作者进行对话的能力。正如上述教学过程中，学生在教师的引导下，自主质疑、感悟、理解，积极思考、平等对话，大胆想象，不仅对小蝌蚪变青蛙的过程有了了解，更对课文揭示的道理——要全面地看问题，多观察多思考——有了更深刻的认同，还对文本进行了拓展、延伸，在阅读对话中有所感悟、有所理解，主动合作、大胆创造。

2. 在对话中提升阅读

"阅读是以理解为中心的一种主动积极的思维活动。"(《阅读辞典》)"阅读教学的重点是培养学生具有感受、理解、欣赏和评价的能力。"(《语文课程标准》)可以这样说，阅读中的对话，离不开孩子们自主的感受、独特的理解，离不开大胆的质疑、批判性思维、个性化的体验、创造性的行为。因此，教师要引导他们不仅在理解、体验中对话，在合作、探究中对话，更要在鉴赏、创造中对话，在这样的对话过程中，师生共同享受阅读。对话型的阅读教学，将彻底改变老师是文本发言人的角色。在这样的对话中，教师有关文本的解释并不存在最高或最终的权威，这为学生对文本的解释提供了一个开阔的想象与创造的空间。师生在阅读对话中，相互碰撞思想，共生智慧，引发创造，甄别真善美，提升精神品质，健全美好人格。

请看案例《月球的自述》教学片段：

生：读了课文，我知道人类对月球怀着深厚的情感，为它取了许多动听的别名。

生：我了解到月球的大小、与地球的距离，以及它对地球的影响。

生：我还读懂了月球的构造，它具有地球上没有的矿藏。

生：当我看到课文写到人类给月球起的许多名称，以及引用的历代诗句，真想背一背学过的诗文，更想再多读一些这样的诗歌、文章啊。

生：老师，我也曾看过一些资料，说美国"阿波罗登月计划"不是真的，还说人类要远远地观望月球，不要再去打扰它。这是真的吗？

师：孩子们，你们说得真好，才读了三四遍课文，就大致了解了课文介绍的有关月球的知识，并大胆地质疑一些众所周知的事件，真了不起！你们还想进一步了解月球，探索它的奥秘，抒发心中的情感，这也唤起了老师的同感，那就让我们一起通过拓展阅读来完成吧。大家可以选择以下任何一种方式：

（1）选择最感兴趣的内容，再查找并阅读介绍月球的各种科普文章。

（2）搜寻古往今来各种关于月球的诗文，编辑成册，选择喜欢的读读背背。

（3）根据课文内容以及自己找到的资料，用第三人称对课文进行改写、介绍。

老师这里也带来一些资料，你觉得有参考价值的可以选用：

＊有关网址：

http://www.moon.com.cn/moon/index.htm

http://tech.enorth.com.cn/system/2002/10/01/000428594.shtml

http://www.chinavista.com/experience/moon/chmoon.html

http://www.shiandci.net/zhongqiu1.htm

http://news.163.com/editor/030304/030304_648336.html

http://www.losn.com.cn/hkht/yztcq/yqtcq.htm

＊有关月亮的一些诗文题目：《关山月》（李白）、《月下独酌》（李

白)、《月夜》(刘方平)、《嫦娥》(李商隐)、《月夜忆舍弟》(杜甫)、《春江花月夜》(张若虚)、《望月怀远》(张九龄)、《中秋月》(苏轼)、《水调歌头》(苏轼)、《皓月》(魏尔伦)、《中秋的月亮》(周作人)。

在这样的阅读教学过程中,教师作为阅读对话中一个"平等中的首席",与孩子一起分享阅读的收获,共同寻求更广阔的阅读天地。这样的阅读对话过程,不仅是对作者运用的语言文字进行理解、感悟、积累的体验过程,还是自觉运用阅读技能、不断形成阅读习惯的实践过程,更是师生与文本、与作者情感交融、心灵共鸣、共同重构文本的审美创造过程。

三、将阅读进行到底

"读书破万卷,下笔如有神。"(杜甫)"读万卷书,行万里路。""天地阅览室,万物皆书卷。"(叶圣陶)"必须养成读书习惯,才能尝着读书趣味。在学校中不读课外书以养成自己自动的读书习惯,这个人简直是自己剥夺自己终生的幸福……"(梁启超《治国学杂话》)其实,任何一个喜欢读书、养成阅读习惯的人都会有以上这些感受。我们的教学如果让孩子们也有这样的感受,养成了阅读的习惯,就达到享受阅读的境界了。

1. 初步学会搜集、处理信息

"阅读是搜集处理信息、认识世界、发展思维、获得审美体验的重要途径。"而初步具备搜集和处理信息的能力也是语文的基本能力之一。因此,指导孩子在阅读过程中学会初步搜集和处理信息,既有助于良好的学习能力和学习习惯的培养,更能激发学生进一步阅读的兴趣,促进孩子的终身发展。

(1) 在阅读、思考中学习搜集、处理信息

阅读教学要着眼于逐步培养学生的自学能力,使学生在阅读实践中学习独立思考,学习怎样阅读。"读书无疑者,须教有疑。有疑却要无疑,到这里方是长进。"(朱熹)读书时教师要善于启发学生边读边想,使孩子们慢慢养成习惯:读一句话要想想这句话讲什么,读完一段、一篇时要想想这一段、这一篇连起来告诉我们什么知识、方法或道理,不断获得进步。同时,阅读时还要多读多想,"读书百遍而其义自见"(董遇),遇到

不懂的地方，多读几遍，可能就会读懂；读到自己喜欢的词句，可以看看图、联系上下文、结合生活实际或找找近、反义词比较一下来理解意思、体会含义和内在感情，再读几遍把它记住。"不动笔墨不读书"，在边读边想，读读想想的同时，还可以在书上作些简单的记号，如圈圈、点点、划划、注注等，帮助理解意思。"手披目视，口咏其言，心惟其义。"（韩愈）"故书不厌百回读，熟读深思子自知。"（苏轼）"读书不知味，不如束高阁。"（袁枚）……这些都促使我们激励学生更好地阅读、思考，学会搜集、处理各种信息。

(2) 指导运用各种工具帮助阅读

通过教学，除了使孩子们明白不认识的字、不理解的词可以查字典外，还要鼓励他们不懂的、不了解的事物都可以通过询问、查找有关的书籍、资料甚至运用现代化的网络资源等帮助阅读、拓宽阅读。这样在阅读中丰富孩子们的知识，扩大他们的视野，培养多种能力，进一步激发求知的兴趣，享受到阅读的快乐。例如学了《数星星的孩子》一课，孩子们对星空、天文学等知识很感兴趣，课堂上，教师就与孩子们一起上网搜寻，通过自己动手查找，孩子们搜集了许多信息，获得了北斗星、北极星的一些情况，了解到浑天仪、地动仪的样子及作用，还知道了原来张衡不仅是我国古代著名的天文学家，还是著名的文学家，留下了不少的诗文，他们还将有关资料下载、保存，制作成专集。一切是多么的神奇、有趣、新鲜啊！阅读在孩子们的心目中打开了无限的天地，他们在这样的操作过程中，真切地体会阅读带来的乐趣，深深地爱上了阅读，更重要的是，以后他们在阅读别的文章时，也会这么搜集处理信息了。

(3) 指点积累语言学习语文的方法

语文的学习离不开语言的积累。阅读过程也是积累语言、运用阅读技能的过程。积累语言的方法很多，在教学中，我们主要指点学生熟读成诵、摘抄记录、合理运用等方法。"好记性不如烂笔头"，我们请家长帮助购买"文摘卡"，完成"读书摘记卡"等，让孩子们将课外读物中很多课本上没有的好词好句，记录下来，装订成册，或者用到说话、写话、习作交往中去，促进学习、生活。当学生试着将课文学习中获得的一些读书方法，如朗读课文的方法、理解词句意思的方法等，用到自己的阅读中去举一反三时，教师大加赞赏、鼓励，孩子们也由此懂得学以致用的道理，这样在实践中进一步巩固提高了阅读学习的成果。

2. 让阅读成为生活的一部分

"语文学习的外延与生活相等。""语文是母语课程，学习资源和实践机会无处不在。"教师是语文课程的建设者。当学生爱上了阅读，教师还可以进一步开发阅读的时间、空间和内容，让阅读与学生的生活紧密相连。

请看案例《春天来了》：

又一个春天即将来临，孩子们已经读二年级了。他们在阅读中认识了许多汉字，也有了一定的阅读能力。春天也是古往今来许多作家、诗人、艺术家赞美歌颂的主题，产生了多少美好的传世之作，应该让孩子们也享受到这一人类精神文化生活的大餐。于是，围绕春天这一主题，我们做了这些事：

（1）发动每一个孩子搜集关于春天的简短的诗文。

（2）摘录写春天的词句，选择自己喜欢的诗文编辑成册，设计封面、封底。

（3）背诵有关诗文，举行班级朗诵会。

（4）跟爸爸妈妈去找春天，在老师带领下春游，留心自己周围的春天，试着种花或种树，做种子发芽的实验，养蚕、养小蝌蚪等，观察动植物的变化。

（5）将自己的观察、发现写下来，配上漂亮的插图，汇编成册。

就这样，他们积累了许多词语：春回大地、万物复苏、早春二月、阳春三月、仲春时节、满目春光、春雨绵绵、春水淙淙、桃红柳绿、姹紫嫣红、鸟语花香……他们背诵着《春晓》、《清明》、《江南春》、《忆江南》、《泊船瓜洲》、《春夜喜雨》、《惠崇春江晚景》、《老师带我们去找春天》、《给总是比拿快乐》……他们描画着、记录着、歌唱着自己的春天："春天是嫩绿的,因为春天有小草的新芽。"(柯楠)"春天是有声有色的,那是春雨的杰作。"(石新雨)"所有的孩子/都放飞着美丽的风筝:/——春天的碧空,您好!"(林嘉琦)"所有的小朋友/都换上了新装:/——春天的祖国,您好!"(黄佳敏)"细雨绵绵总算停了,太阳公公露出了笑脸。粉红的杜鹃开了,开在山坡上,开在悬崖边,开在小溪旁,还开在绿油油的草丛中。风儿轻轻地吹,小河快乐地流淌,风筝自由地飞翔,我多想留住这春天的美好时光。"(包菡)……在这个春天里,孩子们觉得可有趣了。他们找到了许多写春天的诗文,积累了不少关于春天的语言,更真切地感受到春天的足迹、春天的细微变化,春天就在他们的眼中、口中、笔下、心灵深处。他们全方位享受着阅读的快乐,感受着阅读与生活结合带来的幸福。

除此之外,教师还采用激励评价鼓励孩子进一步阅读的信心,组织开展多种活动,如读书交流会,谈谈各自看到想到的,举行知识竞赛、智力抢答赛等,让学生将自己阅读实践中获得的知识、能力、感想及读书的快乐与同学进行交流、分享。

当我们和孩子们一起共同享受阅读时,尽管各自所得到的感受不同,看法也不可能一致,但是,师生之间会有人格的相遇、精神的交往、心灵的理解,这便创造了也分享着真正的教育。在这种教育中,孩子们通过阅读,学习语言,发展思维,提高能力,培养习惯,丰富了心灵世界,提升了生活质量;作为教师,则充实了自身的精神生活,提升了人生的价值,从中也进一步感受到生命存在的意义之所在。阅读过程成为我们与孩子们共同的生活过程、共同的成长历程、共生的生命流程。"知之者不如好之者,好之者不如乐之者",让我们与孩子一起享受阅读吧!

披文入情的语境中导读

语境即"语言环境"。一指说话的现实环境,即运用语言进行交际的具体场合,一般包括社会环境、自然环境、时间地点、听读对象、作者心境、词句的上下文等因素。二专指某个语言因素出现的上下文。(《辞海》)由此可见,语境不一定非得是语言,它的范围相当广。语言类的语境指的是这段话语的上下文或上下语;非语言类的语境大致有这样几种:符号束,跟着语言代替语言的一束符号,如语调、表情、动作、体态等;文化、社会语境,涉及的面很广,与话语有关的人文的、社会的内容,如场合、性格、习惯等都属于这一类语境。

一、语境的作用

1. 明确所指,排除歧义

语境实际上就是言语行为所处的整个环境,任何语言在使用时都离不开语境。由于语境的存在使语言所包含的意义内容(通常有三大类:词汇意义、语法意义及修辞意义)明确化清晰化,在特定的语言环境中,语言意义是特定的。如《少年闰土》中有这样一句话:"啊!闰土的心里有无穷无尽的稀奇的事,都是我往常的朋友所不知道的。他们不知道一些事,闰土在海边时,他们和我一样只看见院子里高墙上四角的天空。"联系上下文,就可以知道"闰土心里无穷无尽的稀奇的事"指的是"捕鸟"、"拾贝"、"看瓜"、"刺猹"等充满乐趣、丰富多彩的海边农村生活;而对于"高墙上四角的天空"也不会仅仅停留在字面上的理解。

2. 补充意义，膨胀信息

运用语言离不开具体的环境，体会语言意义也离不开语境，因此在理解、运用语言的过程中必然要顾及语言所处的环境，从而使获取的信息大大增加。如学课文《江姐》时，引导学生提出问题，有意识地鼓励学生自己通过查资料、上网等手段，解决课堂学习中遇到的问题，并在课外阅读《红岩》等有关书籍。这样既激发学生阅读的兴趣，又加深对课文的理解，同时原著中那种激励人们为革命事业而献身的崇高品质、各具特色的英雄形象也在孩子们幼小的心田扎下了根。

二、我们的探索

1. 朗读想象，锤炼语感

阅读活动是阅读主体的个性化行为。学生的阅读活动，离不开阅读主体固有的知识与生活经验。因此我们重视朗读、想象，启发学生充分地读，多读多想，在读中整体感知，在读中有所感悟，在读中受到情感的熏陶。正所谓"书读百遍，其义自见"。

例如教学《桂林山水》"漓江的水真静啊，静得让你感觉不到它在流动；漓江的水真清啊，清得可以看见江底的沙石；漓江的水真绿啊，绿得仿佛那是一块无瑕的翡翠"这一句时，教师让学生在反复朗读的基础上，说说最喜欢哪一分句，读懂了什么。学生有的说作者没有直接写漓江的水，而是通过"清得可以看见江底的沙石"——沙石是那样的微小，衬托出江水的清；有的说平时看见过翡翠，那是一种绿色的玉，而"无瑕的翡翠"则说明漓江的水绿得纯粹、绿得诱人；还有的说这一句话都是通过写作者的感受，突出地表现了漓江的水"静、清、绿"的特点，比直接地写出来要有味得多……在学生独立思考、想象的基础上，教师再引导学生观录像、看实物——无瑕的翡翠，并让学生摸一摸，说说感觉，还配上恰当的中国民族音乐，供学生自由朗读。这样学生通过自己读书、思考，调动多种感官想象，了解了漓江水的特点，还体会到课文这样写的好处，提高了语言感悟能力。

2. 比较联系，训练思维

在一篇课文中，其前后的语言文字往往是有联系的，由此构成一个语言环境。教学中我们指导学生抓住上下文之间的联系，比较思考，从而更深入地理解课文有关词句。

例如《燕子过海》中有一句话："燕子一定是太疲倦了，像雨点一样落在我们的船上，伏在甲板上休息。"学生开始不大明白"燕子怎么会太疲倦呢？"教师便引导他们联系课文其他句子来说一说，学生找到了许多，如："在辽阔的太平洋上"、"海有多大，天连水，水连天"、"它们要回到南方去，不分昼夜地在海上飞呀飞"等词句，知道燕子飞过了许多地方，总是不分昼夜地飞，在海上不能经常休息，因此它们"是太疲倦了"。接着请学生通过与"燕子一定是疲倦了，飞到我们的船上，停在甲板上休息"这一句子进行比较，同时联系下文"有些燕子再也飞不起来，伏在甲板上停止了呼吸"的内容，学生进一步体会到课文这样写更表现了燕子的疲倦，连再扇一下翅膀飞一飞的力气都没有了。然后教师又随即创设情境，让每一个学生做一做小燕子，不停地拍动翅膀飞，才半分钟，许多学生便坚持不住了，一头伏在了课桌上，由此真切地感受到燕子过海的"艰难、辛苦"。就这样，通过比较句子联系上下文，并且演示动作，学生正确理解了课文，领会课文写作的妙处，从而也进行了思维准确性、深刻性的训练。

3. 补充积累，促进运用

因为课文由于表达的需要，对有关信息做了处理，不可能把学生想要知道的内容全部写在课文中。这时候教师若能鼓励学生进行查找、搜集、补充，定能促进学生多方面能力的发展。

例如《航天飞机》这篇课文，采用拟人化的手法，通过银色飞机与航天飞机的对话及其心情变化，介绍了航天飞机的外形、特点及作用。学生在了解课文介绍的内容后，觉得意犹未尽，教师便引导学生通过多种途径搜集有关航天飞机的各种资料，在课堂上进行交流，进而又提高要求，指导学生将搜集的资料进行创造性处理。这下学生觉得新奇、有趣，人人参与，积极性高涨。有的做了小型的图片介绍展览；有的仿照课文写法，又写了《航天飞机的自述》、《航天飞机与宇宙飞船》、《太空飞行器》等作文；有的则成立了航天飞机小博物馆……在这补充课文信息的过程中，学生主动探究，创造性地学习课文，既积累了知识，又培养了初步的搜集、处理信息的能力，更重要的是学生的创新能力、合作精神得到了发展。

4. 披文入情，陶冶性灵

刘勰曾说"夫观文者披文以入情"，其实在教学过程中，不仅有课文中蕴涵的作者的情感，还有教师教学课文的情感，更有学生在教师启发下感悟课文激发的情感。课文之情、教文之情、学文之情在课堂教学中构成了宽泛的、浑厚的课堂、文化、人文语境，在"以人为本"的教学中应加以重视。

例如《我的伯父鲁迅先生》这篇课文，通过作者（鲁迅的侄女周晔）回忆自己伯父生前谈论《水浒传》、讲"碰壁"、救助三轮车夫、关心女佣阿三等事，反映了鲁迅先生关心下一代、痛恨黑暗社会、同情劳动人民等高贵品质，课文的第一段写的是鲁迅先生去世时人民追悼他的情景，尤其感人。但是，现在的学生不了解鲁迅先生，更少有那种亲人逝世悲痛哀悼的经历，因此很难激发对鲁迅的爱戴之情，最多只不过像作者开始以为的那样："伯父就是伯父"。针对这种情况，在教学中，教师先让学生将预习时搜集的有关鲁迅的资料进行交流，然后结合课文内容，谈谈自己心中对鲁迅的看法，再用饱含激情的语言鼓励学生有感情地读课文第一段，先各自读，再指名读，后一齐读。这样经过充分酝酿，学生体会到课文蕴涵的情感，师生之间、生生之间的情感通过语言文字的体会、朗读与教材的情感相交融，无须言传，已能意会。学生不仅感受到鲁迅先生高尚的品格、崇高的精神，也潜移默化地受到美好人格的熏陶。

总之，教师在教学中根据课文语境特点创设情境，启发、引导学生通过朗读、想象、比较、积累，设身处地联系上下文、联系生活实际，可以帮助学生领会文章内容，促进语言准确表达，拓展知识获得的渠道，进而达到培养初步的信息搜集和处理能力的目的。

五招放飞"自主式"作文教学

策略，是为达到某种目的使用的手段或方法。教学策略，是为达成教学目标而采用的一整套比较灵活的教学行为。《语文课程标准》指出，语文教学要"遵循学生的身心发展规律和语文学习规律，选择教学策略"。这告诉我们，选择语义教学策略要依据特定的教学目标和教学对象即学生来确定，目的是促进学生语文素养的形成和发展，促进学生的全面发展和终身发展。

调查当前作文教学，发现小学生作文普遍存在的情况是：一是觉得无话可写，作文内容贫乏；二是缺乏真情实感、童心童趣，套话、假话不少；三是作文的文字基本功较差，错别字和病句多。这些情况的出现很大程度上是由于教师在作文教学中观念陈旧、教学空间封闭、教育教学方式不适应学生发展而造成的。

要达到小学阶段作文教学的目标，使学生能具体明确、文从字顺地表达自己的意思，选用常见的表达方式写作，我们认为，教师转变观念，解放思想，选择自主式作文教学策略是一条必由之路。

"转轴拨弦三两声，未成曲调先有情"——策略之一：放胆写话

"写作兴趣是学生积极作文的先决条件，是提高学生作文水平的心理保证。"《语文课程标准》也指出，1—4年级从写话、习作入手，是为了降低起始阶段的难度，重在培养学生的写作兴趣和自信心。以往教学中，作文教学一般都安排在三年级以后，这样学生总觉得作文很难，也很神

秘。开始写作时，不免产生畏难心理。为了降低起始阶段的难度，克服学生的"恐作症"，我们从儿童进入小学学完拼音后，就鼓励学生放开胆子，运用已学的汉语拼音、在上学前已经学会的汉字写话，还可以画上自己喜欢的图画帮助说明。开始时先写一句话，内容由孩子自己决定，可以是一天中发生的事，可以是觉得有趣的想法，还可以是自己想象的内容。觉得写一句话不难了，再鼓励孩子写两三句话。就这样学生在不知不觉中写话习作，觉得很有成就感。他们有的说，原来学习语文有这么多的用处啊，有的自豪地用上已经学会的音节和汉字。老师就请他们上台读读自己写的话，还请他们把自己的故事编成写话集，配上漂亮的图画，贴上精心剪制的插花，自己设计封面与封底。这样，班上的小朋友有的用彩笔描画，互相合作，有的甚至运用电脑技术，充分发挥自己的创造力，大胆地展现自己的才华。一篇写话慢慢地变成了一本本作品集，老师就把这些写话集放在学习展示台上，让他们互相观看自己的作品，还利用学校开放日请爸爸妈妈或爷爷奶奶、外公外婆来学校，一起欣赏，也允许孩子们在放学后把自己或同学的作品带回家，让同学和家长共享成长的喜悦。老师还告诉学生：平时我们看的书也是这样编出来的，只不过我们现在编得简单些，长大后就可以编更多更美的书卷。

案例1：一年级第一学期时学生的写话

10月9日

早上天气好，我高高兴兴背着书包上学校。见到老师，我有礼貌地问声好。老师夸我做得好，我也眯眯笑。（包菡）

案例2：一年级第二学期时学生的写话

3月20日

我在《宁波日报》上看到《我爱这神圣的事业》这篇文章，是说我的语文老师周老师的。这是我在妈妈的帮助下读的第一篇写得这么长的文章。我从文章里面知道周老师最擅长教小朋友写文章。我也记得平时她经常教我们写话，所以我现在写话有进步了，我可喜欢写话呢。

我以后要多看报纸、文章。我长大还想写一本书，在书上画上好看的图画，在书的封面上写上：感谢我的语文老师周老师教我写话，感谢我的美术老师何老师教我画画。我还要在封面上贴几颗星星。（石新雨）

这样的文字和内容都是学生生活中的事，就用他们自己喜欢的表达方式来展现，学生不仅不觉得难，而且觉得这样写了，就好像在对老师讲自己的心里话，又加上可以及时看到老师的评语，就宛如面对着老师，每天进行着这样的对话，就自然而然地爱上了写话。

"问渠哪得清如许，为有源头活水来"——策略之二：开放空间

当前，儿童生活中出现了"三大三小"现象："生活的欲望越来越大，心灵的空间越来越小；住房的空间越来越大，生长的空间越来越小；外来的压力越来越大，内在的动力越来越小"。这是造成小学生作文时无话可说、无话可写的重要原因之一。为此，我们合理开发课程资源，在平时尽可能多地采用多种手段，协调学校、家庭、社会等多方面的力量，组织各种各样的语文学习活动、综合实践活动，开放学生的生活，开放学生的学习空间，丰富他们的生活和语言的积累。比如在每节课开课之前，利用短短的两三分钟时间，进行即兴演讲、新闻发布会、成语接龙、古诗诵读等活动，在课堂上组织辩论赛、答辩会、情境表演等教学活动，在课外又引导学生在父母或老师带领下种花养鱼、寻找春天、外出旅游、在绿色学校劳动、参加探险、去夏令营生活、做一天当家人等活动，有时甚至将课堂移到教室外，放到学校的花园里，让孩子们边做边说、边玩边学，在活动中寓教于乐，在生活中积累题材，这样大大激发了学生的写作兴趣，丰富学生的生活，学生不再觉得无话可写了。

如学写观察日记时，教师鼓励学生做些小实验，种些花草，养些虫鱼。有一个孩子便做了种子发芽的实验，在《小小罗汉豆》一文中，他这样写道："几天后，我看到白嫩的根像一把宝剑插入土中。嫩叶往上伸，长成了绿色的小苗。再后来，小瓶已经容纳不下这些小苗了，我把它们搬迁到花盆里，每天都给它们浇水。它们慢慢地长着长着……罗汉豆的叶子是椭圆形的，茎的顶端会缠绕在其他地方，还会打结，真有趣……"至结尾处，孩子这样写："平时，妈妈买来罗汉豆，我都满不在乎地一扫而光，

而这些罗汉豆我却舍不得摘。"若孩子没有生活的体验，能有这般真情的宣泄吗？

教师还经常带学生来到阅览室，并介绍古今中外一些成才者爱读书的事例，也举班内说话写话较好的同学的例子，让他们自己说说爱看书的体会，更让学生自己在实际阅读中感受到读书的快乐，如开展读书交流会，谈谈各自的收获，开展知识竞赛、智力抢答赛等。同时召开家长会向家长提供一些书目，家校合作开展教学。我们引导学生背诵古诗，诵读佳句美文，积累成语俗语、格言名言歇后语以及阅读写作的方法等；还请家长帮助购买"文摘卡"，启发学生自己设计读书摘记卡，为写好作文、进一步学习语文打下基础。在教学中，还注意指导学生学会在涉及不同知识领域的文章中搜寻、筛选和提取自己所需要的、关键性的语言材料，采用略读、精读、泛读、扫读、跳读、记诵等方法，并对这些材料进行加工，完成信息的"接收—解码—编码—输出"过程。就这样，教师积极鼓励学生主动运用，把握读写结合点，使学生从模仿、感悟到创造，促进了自主读写。

"海阔凭鱼跃，天高任鸟飞"——策略之三：自主命题、选材

《语文课程标准》指出，"小学生习作要做到说真话，表达真情实感，发挥创造性；习作指导要有利于学生开阔思路，自由表达"，要"为学生的自主写作提供有利条件和广阔空间，减少对学生写作的束缚，鼓励自由表达和有创意的表达。提倡学生自主拟题，少写命题作文"。在教学实践中，我们采用了多写半命题、宽命题作文，观察日记，想象作文等行之有效的手段促进学生自主习作、个性表达，鼓励学生大胆地表现童趣，自由地释放情感，从而潜移默化地提高作文能力，焕发创造的才能，促进健康人格的培养与美好情操的陶冶。平时，鼓励学生随身携带题材本，主动观察身边及周围的人与事，随时把刚发生的、自己刚做过的、想写的、觉得新鲜的……记录下来，让学生在不受拘束的环境中自主表达。

《_____的早晨》的习作训练中，由于学生有生活的积累，并在课前又特意留心观察，所以写的内容各不相同：城市的早晨、乡村的早晨、校园的早晨、"六一"的早晨、四季的早晨、美丽的早晨、开学第一天的早晨……写得各有千秋。有的这样开头:"淡淡的月影还映在天边,人们就陆续来到公园。"有的直抒胸臆:"一日之计在于晨。我爱早晨,尤其爱校园的早晨。"也有的表达美好的向往:"又开学了。早晨,天气晴朗,我像一只可爱的小鸟飞向学校……"

在作文教学中我们也倡导多元化和弹性化,集中表现为,更灵活地选择、处理教材中作文训练的内容,增加教材之外的作文训练量,寻求自由的、更富有创造性的训练方式与训练内容,变过去一味地从教材出发、固定的方式方法为创新的、有趣的、自主的方式方法,以每一个学生的理想和可能性为中心,从实际出发,进行作文教学,因材施教,因势利导。比如开展作文分组教学,即根据教学的需要,各尽所能,将一班分成几组,由老师出几组题目,交给各组讨论,然后选择有关题材或表现方式,完成漫画作文、接力作文、即兴作文、想象作文等,让作文成为一种快乐的历程。

教学《落花生》一课时,学生在课文学习中了解到花生的许多特点:易种易活,味美价廉,可以榨油,藏而不露等,还懂得了"人要做有用的人,不要做只讲体面而对别人没有好处的人"的道理,但他们不满足这些内容的获得,于是就自己运用查资料、交流探讨、联系生活实际等手段,知道了花生的不少好处:果实有营养,人称"长生果",红衣可以治病,壳可以制成工业用板等;还了解到生活中有许多像花生这样的事物或人,他们默默无闻,无私奉献,受到尊敬;并通过摘研究卡片、仿写作文、写读书感想等形式展现自己的研究成果。在这样的自主、合作、探究性学习过程中,学生不局限于对课文内容及思想内涵的理解,拓宽了知识获得的渠道,还迁移并创造性地发展了多种学习能力。

"操千曲而知音,观万剑后识器"——策略之四:下笔成文、放手习作

"写作知识的教学力求精要有用。应抓住取材、构思、起草、加工等环节,让学生在写作实践中学会写作。"在教学中,教师首先尽量引导学

生写身边的事，写小事，写别人易忽略的事，写自己的真心话语，这样才能避免千篇一律，千人一面。习作《拖鞋的故事》这样写道：

一次，妈妈穿着一双很小的拖鞋去买酱油。过了一会儿，妈妈回来了。只见她满脸生气的样子，愤怒地说："都怪这拖鞋。"原来妈妈穿着的拖鞋把她的脚夹得血红血红的。

第二天，我放学回家，打开鞋柜准备拿拖鞋，奇怪的是鞋柜里除了我的一双小拖鞋，其余的全部换成了大拖鞋。那些大拖鞋比我书包里的铅笔盒还要大，看上去就像小游艇。这是怎么回事呢？这时，只见妈妈笑容满面地从厨房走出来。我瞧了瞧她脚上的拖鞋，啊，也是大拖鞋，脚板套在鞋里，只占了大半的位置。妈妈得意地说："有了大拖鞋，以后就不会夹脚了！"原来今天妈妈到市场上买了十双大拖鞋。从此，家里不管来了大客人，还是小客人，他们都穿大拖鞋。

你说有趣不有趣。（吕峥）

小鞋夹脚的道理通过孩子的笔写来，真是别有一番情趣。

其次，写好作文还在于多练。我们认为小学生习作是练笔，要多让学生写放胆文，写自己看到的、听到的、亲身经历的事情，写自己的真情实感。

在清明节前夕，请学生观察、体验清明的习俗，留意自己家人怎样过清明节的，写下真实的感受，在习作主题上不作更多要求。因此同学们有的写自己与家人一起祭祖扫墓的情景，有的亲自做清明寒食——青饼，还有的与家人踏青游春，感知清明文化，交流的习作精彩纷呈。其中史文韬同学在习作《清明时节最忆曾祖母》中这样写道：

在我以往的印象里，清明节是一幅淡淡的水墨画——天灰蒙蒙的，绵绵细雨随风飘洒着，路上的行人撑着暗黄的油纸伞，踽踽独行，默默地追思着已逝的亲人。然而，今年的清明节却带给我与往常极其不同的滋味，不再是一幅虚拟的画卷，而是真实的哀思——三月下旬，我的曾祖母去世了。

现在每忆及曾祖母，我的鼻子酸酸的，心头凉凉的。

记得以前逢年过节，我们都会去外公家。当我们快要到外公家时，曾祖母总会站在楼下翘首眺望着我们的身影。我们一下车，她总会三步并做一步地走到我的身旁，一边用粗糙的手颤颤巍巍地抚摸着我的头，一边亲切地说："韬韬啊，你又长高喽，越长越聪明了！"

耄耋之年的曾祖母虽然瘦骨嶙峋，但她的精神总是那么矍铄。还记得去年除夕夜，我们四世同堂，其乐融融地吃着年夜饭。我频频地给她夹菜，她一边爽朗地笑着，一边说："够了，够了。"苍老的脸上绽放着幸福的花朵；我们向她敬酒，祝她长命一百岁，她的笑声更洪亮了，说道："争取，争取！"那个晚上，曾祖母还硬把两百元压岁钱塞到我的手里，叫我临睡前压在枕头底下，希望我来年会更进步……

然而，不到两个月，曾祖母就离我们而去了。想到我再也看不到她老人家亲切的笑颜，再也听不到她慈祥的叮咛，我真的难以接受这样的现实。

按照余姚的风俗，曾祖母去世后的第一个清明节，我们不用去上坟扫墓。我只能在家里默默地思念她，祝愿她在另一世界过着幸福的生活，也希望她保佑我平安地生活，健康地成长。（史文韬）

教学中，我们也经常提供操作性、实践性、综合性较强的作文内容，鼓励学生大胆实践，放手习作。如学了《台湾蝴蝶》，学生很想进一步了解蝴蝶，我们就鼓励学生自主选择：找自己喜欢的一种台湾蝴蝶画一画，并概括课文中的语言文字说明；向别人介绍自己喜欢的一种台湾蝴蝶，方式自己选择；阅读有关写蝴蝶的文章，自己设计完成资料卡片。学了《鸟的天堂》后，则引导学生在课后阅读巴金的有关作品，还组成考察小组，或考察家乡的一种自然现象，或考察有关环境问题，并写成读后感、调查报告等。学生自主选择有关的学习内容，并能加以灵活运用，为终身学习终身发展奠定了基础。

"疑义相与析，奇文共欣赏"——策略之五：自能修改、自我评价

儿童心理学研究发现：孩子只要体验一次成功的欢乐，即使是一个小小的成就，也会激发起继续奋斗的志趣。我们认为当一个孩子写成一篇习作，尽管有这样那样的错误、缺点，但这本身就是一种创造，一个成就。因此在作文教学中重视讲评、批改，尊重学生的原意，肯定学生的点滴进步，采取多元评价手段，鼓励学生积极参与，重视引导学生在自我修改和互相修改的过程中提高写作能力，如引导修改作文的态度、过程、内容和方法，通过自改和互改，取长补短，促进相互了解和合作，共同提高写作水平，逐步培养学生自能修改习作、自我评价的能力。

一个学生在《桂花》一文中有这样一段文字："这种花儿，远远望去，好似一幅美丽的画，是一幅让人百看不厌的画；这幅画儿，近近看去，就像有一张张的笑脸，时不时地从他们的小绿房里把头探出来，向你点头微笑。她们身上香气袭人，或许是因为生产香水的，所以身上才有了这股让人不可思议的幽香吧！"一个同学在旁边写着这样的评语："这句比喻加拟人的语句很诱人，我读了也有这样的感觉，体会得不错。"老师的评语是："读这段句子，仿佛真的看到了那样的桂花，闻到了阵阵幽香。你的想象令我神往。"还有的同学写上了这样的总评语："作文写得不错，语言形象，特别是能将自己的感受写具体。但给你提个小小的意见：把句号写得漂亮点。希望你能接受。"在这样的学生参与作文评改过程中，洋溢的是师生之间、同学之间浓浓的情谊。

"没有情感参与的作文教学，是没有灵性的，也是不完美的。"我们总是多肯定学生对的、好的地方，给予细心的呵护和关怀，保护孩子的创造意识，并根据不同的学生写上不同的评语，如：你的作文字迹端正，行款整洁，文句通顺，很少有错别字，进步很大；你的作文用词丰富、想象奇特，看得出你是个爱好读书、善于积累的孩子；你的作文拟题新颖，取材新鲜，写完初稿后若能多读多改，语句会更通顺……这样，多就少改，保护学生习作的持久兴趣。

写文章的目的是与别人交流，况且优秀的作文可以说是一种财富，让大家共享，也能互相促进。因此我们在中高年级让学生参与作文的批改，激发主体意识，培养自改作文的能力。还采用多种方式，如教师激励评价、学生自己评价、互相评价甚至家长及其他知情人评价等方式，让学生在一次次的作文实践中，学会了自我认识，自我评价。如一次在介绍自我的作文中，学生有的写"喜欢读书的我"、"爱好音乐的我"、"活泼可爱的我"、"聪明调皮的我"，还有的写"我就是我"，他们从多方面中肯地评价自己，大胆展现自己，张扬丰富的个性，正确的自我评价、自我意识逐步形成。

　　总之，在作文教学中，鼓励学生放胆写话，启发学生个性表达，引导学生自己修改、互相交流，让学生在自主作文的过程中有话可写，有话能写，学会习作、享受习作，同时也培养良好的个性，蕴育美好的情感，这样的"自主式"作文教学策略是小学作文教学的成功之所在。

激活童趣　释放情感

古人云，"情动乃辞发"，"文章不是无情物"，"文贵真情"……这些话语均说明写作离不开情感。作文教学亦如此，"没有情感参与的作文教学，是没有灵性的，也是不完美的"。新修订的《小学语文教学大纲》指出：小学生习作要做到说真话，表达真情实感，发挥创造性；习作指导要有利于学生开阔思路，自由表达。由此，我们提出要让学生在习作中大胆地表现童趣，自由地释放情感，从而潜移默化地提高作文能力，焕发创造的才能，促进健康人格的培养与美好情操的陶冶。

一、启发观察，移情入境

观察是习作的心理前提。小学生习作首先必须拥有与作文有关的感性表象。而这些感性表象大量的是他们在日常生活中凭兴趣、情绪和好奇心无意获得并储存在记忆中的。因此在教学中，我们要经常唤起学生的情感，调动其原有的观察存储，更要有意识地启发学生仔细观察，融入情感，使获得的表象更系统、完整而深入，为自由表达奠定扎实的基础。

1. 再现生活，创设情境

由于小学生在观察过程中表现出来的主要心理特点之一是无意性和情绪性，因此有必要在指导习作前再现生活，创设情境，以引起学生的有意注意，诱发良好的写作情绪。我们主要可以通过实物、图片、声像资料和教师生动形象、充满情感的语言及师生之间互动情境表演等来展示感性材料。

语言 语言是课堂教学中最主要的信息媒介。教学中，教师对情境的生动形象、富有启发性的描绘，能帮助学生展开思维和想象，激发表达的欲望。如一次习作时，教师先启发学生：我们的生活中有许多常见的事物，能说出这样的事物吗？接着说：每一样事物也许连着一个动人的故事吧，请选择一种事物，联系自己的生活经历说一件事。进而再提高要求：刚才说得真不错。能干的同学一定不满足，就请选择其中的几种事物组合起来，可以是两三种，也可以是多种，大胆想象编一个故事吧！学生求异创新的火花被点燃了，有的编了童话故事，有的编出探险故事，有的则是侦探传奇，还有的将现实与理想结合，创作了科幻小说……

多媒体 现代化教学手段的运用为作文教学添上了翅膀。多媒体课件能呈现文字、图片、音响、动画、录像等丰富多彩的形式，为再现生活场景，创设直观、生动的教学情境提供了极大的帮助。例如举例、讲评例文时，投影有关的文字，可以吸引学生的注意力，比单纯听讲的效果要好得多；又如指导写一个有趣的游戏时，将学生平时爱玩的、经常玩的游戏过程拍录下来制成课件。在课上，当学生说到有关内容时，便随机放映其中的片段，或将其定格，有意让学生仔细观察，然后选择自己喜欢的一个游戏写一写。这时，学生便觉得情不可抑，有话可说，不会无从下笔了。

2. 指点途径，培养性情

小学生在观察过程中表现出来的另一主要心理特点为笼统性和粗略性，因而在教学中，教师应该指点一定的观察方法，以促进学生观察能力的提高，帮助学生逐渐养成留心周围事物，勤于观察思考和乐于动笔的习惯。

留心 "生活中不是缺少美，而是缺少发现美的眼睛。"如《_____的早晨》的习作训练中，由于学生有生活的积累，并在课前又特意留心观察，所以内容各不相同：城市的早晨、乡村的早晨、校园的早晨、"六一"的早晨、九月的早晨、四季的早晨、美丽的早晨……有的这样开头："月亮还悬挂在天边，人们就陆续来到公园"；有的直抒胸臆："一日之计在于晨。我爱早晨，尤其爱校园的早晨。"这时，教师可以这样有意识地引导学生注意观察:"这几位同学真了不起,善于从生活中寻找写作材料。即使是一件不起眼的小事,他们也能留心观察,注意积累,作文内容总是那么新颖、独特。"

细心 教师还要引导学生注意从各个方面、各种角度仔细观察。如一件物品,可以从颜色、形状、大小、质地各个组成部分等方面观察;一种动物可以按从头到尾或从头到脚的顺序抓特点看清楚;写事情的则要仔细观察事情发展过程中人们的动作、神态、话语;观察要调动多种感官,用眼看,用耳听,用鼻闻,尝一尝,摸一摸等。例如一位学生在习作《可爱的花菇》中,既通过询问姑妈了解到花菇的名称及培植过程,还通过自己的仔细观察,记录它的外形等特点:"呀,花菇长得也真有趣。有四五个长在一起的,像兄弟姐妹一样手拉手,非常亲热的。还有一个一个单独长的,像一个小女孩独自在大街上走。看着这些可爱的花菇,我忍不住伸手去摸。花菇的表面滑溜溜的,用鼻子闻闻,有点香……"

全心 如学写观察日记时,教师鼓励学生做些小实验,种些花草,养些虫鱼。有一个孩子便做了种子发芽的实验,在《小小罗汉豆》一文中,他这样写道:"几天后,我看到白嫩的根像一把宝剑插入土中。嫩叶往上伸,长成了绿色的小苗……罗汉豆的叶子是椭圆形的,茎的顶端会缠绕在其他地方,还会打结,真有趣……"若孩子未能全身心地投入,能有这般真情的表露吗?

二、指导选材,书写真情

小学生作文要求学生能把自己的见闻、感受和想象写出来,做到内容具体,感情真实。因此要引导学生写熟悉的人、事、景、物,做到说真话,表达真情实感,不说假话空话套话。

1. 选材要真

教师要尽量引导学生写身边的事,写小事,写别人易忽略的事,这样才能避免千篇一律。如小扬同学在《一堂有趣的语文课》这样写道:

虽然我考试成绩不太好,但我努力背出小组分配给我的角色——伯诺德夫人的话。我和钟南、赵睿哲小组演的是第一个片段,就是伯诺德夫人把秘密藏在烛台里的对话。

一个小组演完了,让我们听一听他们得到的评价吧:分工合作得好,配合得默契。但个别同学表演的时候笑,用书遮着面不让观众看见自己的面孔。我下定决心,吸取优点,把他们的缺点改成自己的优点。

本来我是不想举起手来的,可是我背后的钟南神不知鬼不觉地把手举起来了,而周老师也居然一眼看到了钟南的那只手。我只好跟着钟南他们上去了,说实话我多么不愿意上台,要是大脑短路了怎么办呀。

当我站在台上的时候,我感到一阵毛骨悚然,现在想起来都心有余悸。毕竟是在讲台边,有四十双眼睛紧紧地盯着我们,我们才三个人呢。我真的太害怕了,差一点大脑就搜索不出来台词了,好在带了语文书,马上打开书本,瞄了一眼,噢!接下来就背得顺利多了,于是就慢慢镇定下来,再也不害怕了……刚演完我就想溜下台去,老师轻轻地拉住了我。原来她是让我们听听其他同学的评语,所以又在台上多呆了一会儿。史文韬说我进步多了,可惜有个字读错了;黄旭东说我演得就像课文要求的角色一样,非常投入……

尽管这位同学的表达有些稚嫩,但因为有了真情实感,写得也别有一番情趣。

2. 表达要真

教学中,我们也要引导学生写真情实感,写切身体会,这样才能避免千人一面。如一个可爱的小姑娘在《开学了》一文的开头这样写着:"开学了,我又背着心爱的书包,穿着漂亮的校服上学去。望着蓝天上那朵朵飘动的白云,我心里默默地呼喊着:开学了,开学了!"在《一堂有趣的美术课》中,一个孩子却是这样写的:"这学期我们班的美术课由丁校长担任,大家的心里真有点紧张呀。上课了,丁校长笑呵呵地走进了教室,同学们立刻屏住了呼吸……"我手写我心,正是在鼓励学生大胆表达、写真话的基础上,才有学生这样的真情流露。

三、全面评价,寄托深情

作文教学要重视讲评、批改,尊重学生的原意,肯定学生的点滴进步。评价可以采取多种形式、多种方法,讲求实效,同时要鼓励学生积极参与,逐步培养学生自己修改习作的能力。

1. 肯定为主,激励情感

当一个孩子写成一篇习作,尽管有这样那样的错误、缺点,但这本身就是一种创造,一个成就。我们在教学中要多肯定他对的、好的地方,给予细心的呵护和关怀,保护孩子的创造意识。可以根据不同的学生写上不同的评语,如:你的作文字迹端正、行款整洁,文句通顺,很少有错别字,进步很大;你的作文用词丰富、形象,看得出你是个爱好读书、善于积累课外知识的孩子……这样,多就少改,保护学生的写作兴趣。

2. 多方交流,沟通情感

写文章的目的是与别人交流,况且优秀的作文可以说是一种财富,让大家共享,也能互相促进。因此在高年级可以提倡让学生参与作文的批改,激发主体意识,培养自改作文的能力。有时也可以凭借网络等途径,让家长等更多的成员参与习作评价。如小白同学写了《竹林小鸡》一文:

舅公从市场上买来一群小鸡,毛茸茸的身子,叽叽喳喳地叫着,多可爱呀!可比城市里的小鸡可爱多了。舅公把一群小鸡赶到竹林里,我迫不及待地跑过去,去追赶那只跑在最后面的小鸡。我原以为小鸡小小的、肥肥的,是跑不了多远的。谁知它们一个个东窜西窜、逃来逃去,看得我眼花缭乱,追得我头昏脑涨。(同学在此处写下的评语:由"我"的眼花缭乱、头昏脑胀侧面衬托出小鸡的活泼可爱)

太累了,我可跑不动了,就用舅公的菜叶、米饭等一些小鸡爱吃的食物引诱它们,心想:看到菜叶、米饭,小鸡们肯定会急匆匆地跑过来。我拿着菜叶,等着小鸡们来吃,谁知小鸡们连看都不看我,只管自己到处奔跑、玩耍。我气极了,伸手就要把菜叶扔向小鸡,可是又转念一想,不行,我也太没耐心了!也太欺负小动物了呀!想来想去,我只好蹲下来,再也不理睬这些小淘气了。小鸡看我不追赶它们了,又看我一动也不动,像一个木头人似的蹲在地上,就迈出了小小的脚步,轻轻地一步一步向我慢慢靠近。突然,领头的小鸡回头望了望身后的伙伴们,似乎使了一使眼色，于是所有的小鸡一哄而上，啄的啄，扯的扯，一下子就把菜叶全吃光了。（同学的评语：小白，你描写得真细致，可见你一定观察得很认真，让我读着有身临其境的感受）

不知过了多久，我抬头望了望天上的太阳，（小白自己的评语：这里"的太阳"可以删去，不然与下文矛盾了）呀！太阳已经下山了，月亮都升起来了！我匆匆忙忙跑向爸爸妈妈……

回家路上，听着汽车轮胎摩擦地面的声音，我只想说，我不想回家！在城市里会有这样一群可爱的小鸡陪我玩吗？会有让自己忘记时间的时候吗？乡村的生活、乡村的美景、乡村的动物……乡村的一百个好在我心头掠过，这一次美好的经历，使我一生难忘。（他的妈妈在文后这样评价：有时觉得养育孩子的过程，也是享受生命成长的过程。从孩子写的这件小事中，就可以充分反映。我们也没想到，乡村生活，竟对他有着这样深远的影响）

在这样的作文评改过程中，洋溢的是师生之间、同学之间、母子之间浓浓的情谊。

3. 引导做人，发展情感

正因为习作寄托了小作者的真情，因此教师在评改时也要饱含深情，着眼于学生的终身发展，将指导习作与引导做人相结合。如学写书信后，在假期里让学生每人给老师写一封信，汇报自己的假期生活；老师也给每一个学生回了信，告诉孩子自己读来信的体会，提出新的学习要求。又如在一篇日记中，一个学生这样写道："自从爸爸残疾以后，我家的经济条件一落千丈……爸爸毕竟是一家之主，我家还会有希望吗？"教师写的评语中的一段是这样的：一个人的一生中会遇到许许多多的挫折。有的人屈服于命运的安排，有的人则更坚强地面对人生的挑战。老师同情你的不幸，一定会尽力帮助你。但我觉得你应该"把挫折当成人生最大的财富"，在逆境这所学校中培养更多的才干。愿你做个自强不息、乐观向上的人。这番话使那位学生深受感动，学习、工作更努力了。

总之，积极鼓励学生在习作中大胆地表现童趣，自由地释放真情实感，有助于促进学生作文能力的提高，激发创造意识，培养良好的人格，陶冶美好的情操。让我们为此而不断努力，探索更多、更好的方法吧。

习作中倾听师生生命互动的原声

《语文课程标准》指出，语文是最重要的交际工具，写作是运用语言文字进行表达和交流的重要方式，是认识世界、认识自我、进行创造性表述的过程。然而，现实中常见的作文教学模式是：老师出题——学生作文——老师批改判分。在这样的模式里，学生被动作文，写作对于他们当然谈不上是自觉的生命运动；同样，老师也是被动的：他仅仅是一个"考官"，学生写作与他的生命运动毫无关系。师生都处在被动地位，自然不会有我们所期待的积极活跃、富有创造性的活动。如何让习作成为师生生命互动的辉映呢？

一、着眼对话、理解，展现生命存在方式

在现实生活中，人与人是相互依存的，个体作为存在，通过他人的反映来显示自己，而他人亦通过另一个体的观照才得以存在。因此，个体与他人之间必然形成交往关系，而交往则主要通过言语的交往而实现，这种言语的交往与生俱来就是一种对话关系。被誉为"拉丁美洲的杜威"的世界著名巴西教育家保罗·弗莱雷认为，教育具有对话性，教学即对话，对话是一种创造活动。（《被压迫者的教育学》）交往习作为这种对话、理解创造条件，从而展现了师生生命的一种存在。

例1：给小瑜的回信

过年的时候在收到小瑜同学的来信后，教师写了这样的回信：

你的新年祝福老师已经收到，你真是个懂事的孩子，谢谢你。在老师的心目中，你还是个能干的孩子，上课专心听、肯动脑筋，发言的声音很好听，而且每天的作业都能很自觉、很及时地完成，真了不起。

又是新的一年。俗话说"一年之计在于春"，春天是一年中最美好的季节。农民在春天播下种子，经过辛勤劳动就可以在秋天获得丰收；老师也相信，你在春天许下一个愿望，经过努力，一定也会在今后的日子里收获成功！

祝你

天天进步！

从上述教师给学生的回信中可以看出，教师与学生之间是一种民主、平等的双向交流关系，通过彼此的对话交流，学生将"透过习作学习如何与人进行有效的沟通，从而获得生命存在的一项无价的技能"。交往习作正是这样体现了对话主体间视界的融合、精神的相遇、理性的碰撞和情感的交流，是师生间各自向对方的"精神敞开"和"彼此接纳"。

二、注重欣赏、发现，师生共享生命发展

在交往习作中，教师要用"欣赏的眼光"看学生的作文，甚至是用"孩子的眼光"来理解和评价学生的写作，绝不能充当审判者，用自己的权力，扼杀学生的写作积极性与创造性。有老师说得好："不要轻易地否定学生的作文，那里有学生自己的思考、发现，这都是他的精神财富，即使有某些不足，甚至错误，如果引导得当，也会转化为一种财富。"教师的责任，正是善于发现学生作文中的积极因素，包括处于萌芽状态的新的发展的可能性，并且帮助学生将其提高为一种更为自觉的努力。

例2：对学生写话的对话、评价

念了一个学期的小熊在寒假中的写话：

破坏性强的小妹妹

昨天晚上，我们家来了一个小妹妹。她叫拉拉，大大的眼睛，圆圆的脸，长得非常可爱。可拉拉是一个破坏性很强的女孩。她走到我的房间，看见我的玩具，就一个一个地拆开，然后扔掉。我大声地叫了起来："我的玩具！"拉拉听见我叫了起来，却对着我眯眯笑。一会儿就把我的房间弄得一塌糊涂，拉拉真是个破坏性很强的小妹妹。

"情人节"和"亲人节"

今天，我看见路上有许多人买花。我问妈妈为什么有这么多人买花，妈妈说明天是"情人节"。我说我也要过"情人节"，妈妈说，你还小不能过"情人节"。我灵机一动想出了"亲人节"，就对妈妈说，我们明天过"亲人节"好不好。妈妈说好啊，我们明天就过"亲人节"。

妈妈的话：我们家的小熊在这个寒假里读了两本课外书：《格林童话集》和《三毛从军记》，共写了20篇日记。总的来讲，前面要比后面的写得认真。其中，有小朋友来我家时的兴奋，买了阿童木时的入迷，对拉拉的描写以及刚放炮仗时的开心到最后的乐极生悲，都充满了童真、童趣，还有那过"亲人节"更叫人忍俊不禁。但在字面上还有很多的缺点。比如，有些字前后鼻音分不清，标点还不能完全点正确等。新的一学期来到了，妈妈希望小熊在找到读课外书乐趣的同时，写出更棒的写话，再让妈妈给你编一本"熊语集"。

老师的话：才过了一个年，老师就惊喜地发现小熊又进步了。读你的写话，老师也仿佛看到了那可爱又调皮的拉拉，美丽好玩但却危险的炮仗……更多的是感受到你的天真、活泼、聪明和有趣。老师为你的成长而高兴！

我们的作文评价绝不压抑学生的写作欲望，而应该使学生感受到"我表达了，我受到尊重，也使别人（首先是老师）受到启发"的乐趣，这就是所谓"享受写作"。

三、运用多种形式，促进师生生命互动

在具体操作时，交往习作可以有许多形式。其关键是教师在指导中，能够通过引导学生习作的言语交往（主要有书面和口语交往）及思想交往、行动交往等非言语交往，体验生活，体验情感，体验心灵，促进人际沟通，改变原有的"教师指导——学生习作——教师讲评——学生修改"的习作教学模式，倡导自主、合作、探究的习作方式，帮助学生理解他人，理解生活世界，理解精神世界，并不断拓宽习作的时空，拓宽习作的内容，拓宽习作评价的标准，提高学生与生活对话，与他人对话，与心灵对话的能力，张扬个性，展现生命灵性。

1. 对话日记，发挥师生及家长多方评语的激励作用

如前文所示，对话日记既有家长的评价，也有老师的评价，还可有其他同学甚至家人的加入，最后也可以有自我的评价小结。在他人的评价中，孩子学会发现，学会理解，学会欣赏；在自我评价中，孩子们不断地自我审视，自我改进，在自我总结中长大了。对话日记正是从这些方面促成并记录了这样的成长，这大概也是其意义之所在吧。

2. 自主互动，加强师生之间、生生之间的及时反馈

以往的习作，更多的是学生写，老师评。而交往习作，让习作者作为主体主动习作、参与评价，可以自己选择题目、内容甚至习作方式；评价时，既有自我评价，也有互相的评价，还可以有多人参与评价，大家互相交流，从而促使各自的思想沟通交融。有的时候是书面评价，也有的时候可以当场口头评价，或者确切地说是在教师指导下的学生的自我评价，自我修正与自我展示，自我总结，以及学生之间的互评，相互修正、展示与总结。这样，既扩大了交际的范围，也提高了反馈的效率。

3. 网络论坛，凸现师生活跃的生命创造

网络传播在容量上、反馈速度上有着巨大优势，自由轻松也是网络论坛的特色。况且现在许多家庭有了电脑，大多数都连接着网络，这都为班级习作网络论坛的建立提供了前提。在论坛上师生将各自的习作及时上传，互相之间及时沟通，积极争论，互相启发，共同进步，展现了活跃的生命创造。

交往习作以生命为起点，以精神为理想，使习作向人、向社会、向生活跨进了一大步，促进教师在教学中引导学生的生活、交往等实践活动，丰富学生的生活，指导学生自主习作，做到既培养人的生命活力，又使生命活力得到精神的引导和规范，使人性的力量不断进入新的境界，促进了师生生命的互动。

教学中学生创新学习能力的培养

"创新是一个民族进步的灵魂，是国家兴旺发达的不竭之力。"创新教育对个人良好的素质和人格的形成和发展也具有重要作用。《中共中央国务院关于深化教育改革全面推进素质教育的决定》中指出，实施素质教育"以培养学生的创新精神和实践能力为重点"，教育工作要"激发学生独立思考和创新的意识"，"培养学生的科学精神和创新思维习惯，重视培养学生搜集处理信息的能力、获取新知识的能力、分析和解决问题的能力、语言文字表达能力"。小学语文教学在整个小学阶段的教学中占很大的比重。因此，在小学语文教学中培养学生的创新学习能力义不容辞。

一、促发创新学习意识的形成

"优越的创新情感和个性特征是形成和发挥创新能力的底蕴。"教学中，教师应千方百计地创造条件，努力使学生形成强烈的创新学习的意识。

1. 尊重学生，创设民主的教学氛围

每个人都有创新学习的意识，但把潜在的创新力转化为现实的创新行为，需要一个环境和氛围。

（1）教师角色的转变。传统的教育观认为教师是教学过程的组织者、领导者，主要任务是传授书本知识、间接经验。随着科学技术的发展，时代、社会的进步，知识经济对人才的要求、对教育的要求在改变。小学语文教学应为人的终身学习打下基础，教师应成为教学的指导者、鼓励者、帮助者，从而点燃起学生创新学习的火花。比如在课堂上，教师可以多运用这样的语言："我们可以怎样学"、"让我也来试着读读课文，大家能不能满意"、"有点难吧，我来帮帮你们"、"我相信你们肯定行"等。

（2）课堂教学主体的确立。吕叔湘先生曾说："教学、教学，就是教学生学。"语言文字训练其实也包含着两层意思：教师有目的、有计划地训与学生积极、主动地练融为一体。而从学习的角度看，学生才是真正的主体，教师的教无论如何都替代不了学生自主能动的学。因此教学中，我们要多研究学生的学：研究学生已有的语言文字水平，研究学生在语文学习中可能存在的问题，研究语言文字训练的形式如何更好地适应学生的个体学习、全体参与。例如有位老师在教《北京》一课时，抓住"永垂不朽"这样展开训练：①让学生自己提出不懂的词；②引导学生先理解"垂"、"朽"的意思，再连起来说整个词义；③指导运用，说说这个词语一般用来说哪些人；④有感情朗读课文中带有"永垂不朽"的句子；⑤背背、默默这一句子。这样的训练较好地体现了以学生为主体的思想。

2. 发展个性，提供开放的学习环境

（1）以大语文教育观为指导。"语文学习的外延与生活的外延相等。"在教学中，教师要致力于将课堂教学向课外活动延伸，将学校教育与家庭教育、社会教育结合。比如在《会说话的灯》一课的教学中，教师首先将指导学习阅读儿童科普文章的方法与课文的教学结合起来，使学生逐步掌握先了解有关灯的知识，再研究课文介绍得生动的方法，然后联系实际懂得各种灯的作用，从中领悟学习此类文章的一般方法；接着提供类似的文章，放手让学生运用学到的方法自学；第三步引导学生先模仿课文的写法将其他两种略写的灯写得具体生动，再鼓励学生观察周围的灯或查找资料搜集各种各样的灯，仿照课文的写法介绍一种或几种灯。这样，学生由仿到创，由一篇带多篇。若他们能将此种学习方法运用到其他课文、其他学科甚至今后的学习中去，这不就是一种创新学习吗？

（2）重视过程的展现。传统教育"重结果，轻过程"。其实，学生从不会到会是一个过程，语言文字训练本身就是一个过程。因此教学中要将训练过程、学生的思维过程展开来，使学生在训练中完善人格，发展个性，提高语言和思维能力，从而有所创造。如《啄木鸟和大树》教学中，有位教师设计了这样的训练过程：①课件显示一组画面内容：刚烂的苹果、烂了半个的苹果、全烂的苹果；刚蛀的牙、蛀了不少的牙、全蛀的牙；刚戴上的眼镜、度数加深的眼镜、厚厚的玻璃瓶底似的镜片。猜猜看，老师请大家干什么。②选一个内容说道理。③请举出类似的例子。④小结课文道理。在这样看看、说说的训练过程中，学生的观察力、想象力、思维力得到提高，而且运用个性化的语言，创造性地说明了课文揭示的道理。

二、探索培养创新学习能力的方法

未来社会是一个终身学习的社会，需要的是"会学习"的人。"会学习"在某种程度上就是个体的创新学习。

1. 鼓励质疑问难，培养积极求知的能力

儿童的好奇心和对知识的主动探索是创造能力形成的基础。有时，发现问题甚至比解决问题更为重要。"对善于教人思考的教师，有谁不怀念他呢？"因此教学中要鼓励学生敢于提问、善于提问。例如靳家彦老师这样教《有一个村庄》：板书课题时靳老师故意少写"这样"两字，引导学生提出问题："这样一个村庄是怎样的？"解决这一问题后同学们在黑板上留下了两幅画："很像样的村庄"、"一无所有的村庄"。由此引发了第二个问题："这样一个村庄为什么会变得一无所有？"最后又启发学生质疑："人们那么勤劳，那么想过好日子，怎么会是罪魁祸首？我们应该怎样做？"这样一步步的读书，一次次地存疑解疑，学生自始至终都热情饱满地学习、探究，从中也悟出了"学贵有疑"、"于不疑处生疑，方是进矣"这样的学习真谛。

2. 凭借语言训练，培养语言文字信息处理能力

(1) 多读多思，感受中理解。多读多思是我国传统阅读训练的基本原则，其主要内涵是读思结合、熟读精思、博学多思。教师在教学中要经常鼓励学生多在读中思考问题、发现问题，再通过读书解决问题，从而举一

反三，触类旁通，独立思考，说出自己独特的理解。

（2）引导发现，比较中感悟。有比较才有鉴别，有鉴别才有欣赏。教学中要引导学生联系生活经验，仔细揣摩和比较语言文字的细微差别，帮助学生培养语感。如《小镇的早晨》第一段的教学，即可通过比较"惊醒"与"唤醒"意思上的不同，使学生体会到城市的早晨有汽车的喇叭声充斥于耳，更为紧张、纷烦；而蚕乡小镇四周河道纵横，木船悠闲的摇橹声仿佛温柔悦耳的晨曲，一切是那么的恬静、柔和。

（3）转换生成，操练中掌握。转换生成的方式主要有删减、扩充、移位等。如在教学课文中含义深刻的句子时，可以先指导学生对句子进行删减或移位，了解句子的内容；再启发学生想象，把重点部分进行扩充，使学生逐步加深对课文的理解，又练习了语言的运用。这样反复多次练习，学生逐渐形成一种语言文字的处理能力，并在处理信息的同时，又锻炼了组合创新的能力。

（4）多读多写，积累中运用。"为学之道厚积而薄发"，"读写结合"也是我国语文教学的精华之一。小学生的语言训练尤应以感受积累为主。许多相关的成果已证明，多读多写对学生语言学习能力的提高有极大的促进作用。况且创新也建立在对传统的扬弃之上，有继承才能有所创造。比如在指导学生读、写的同时，可以有意识地引导学生体悟：多次阅读的内容、方法有什么异同，可选择哪些段落或内容进行对应的写作练习等。从中形成读写的直接经验，促进语言的积累和运用。

3. 重视思维训练，培养创造性思维能力

语言是思维的外壳，思维能力是所有能力的核心，而创造性思维训练则是培养创新学习能力的基本途径之一。

（1）启发多角度思考，进行发散性思维训练。在教学中教师应启发学生运用多种方法思考、学习。例如识字中引导学生用加一加、减一减、换一换等方法记住字形，用看看图、联系生活实际、做做动作或联系上下文等方法理解意思，就培养了学生思维的变通性；句子教学中，创设情境，让学生运用多种句式说话，说出与别人不同的句子，便训练了思维的独创性。

（2）鼓励大胆猜测、想象，进行直觉思维训练。创造性思维常以直觉思维的形式表现出来。比如前文所举的"猜一猜老师请大家干什么"一例，学生有的说看图说话，有的说编故事，也有的说发现有共同点，一个个积极地学，大胆地想。还如，在写作训练中，经常提供续写、扩写、半命题、宽题作文题，供学生自由驰骋想象。这样，在教学中经常鼓励学生大胆猜测，展开合理想象，即兴回答问题，教给捕捉直觉的方法，即可让学生尽可能多地获得解决问题的经验。

（3）发展表象系统，进行形象思维训练。在人的思维发展历程中，形象思维是较初级的形式，但它在创造性思维中却占着主要地位。同时，语言文字又极具形象性。因此在教学中，我们应引导学生多读，展开联想，感受课文字里行间蕴藏的丰富情感、深刻含义；并借助多种感官参与教学活动，听听、看看、想想、画画、写写，提高对语言文字的敏感性，从而促进形象思维能力。

总之，在小学语文教学中培养创新学习能力的方法很多。本文仅举上述几点以供引玉。愿我们每一位教师都具有一种创新的精神，努力学习现代教育理论，掌握学生身心发展规律，探索更多更好的创新教育的方法，使我们的语文教学成为学生欢迎的、充满情趣、富有创造的活动。

敲开小学语文研究性学习之门

现代教育提倡研究性的学习，即在教学过程中创设一种类似科学研究的情境和途径，让学生通过主动的探索、发现和体验，学会对大量信息的搜集、分析和判断，从而增进思考力和创造力。小学语文是义务教育阶段的一门基础学科。而语文学习有其独特的规律，如大量积累，重在感悟，理解运用，与生活紧密相联系等，其许多特点皆与研究性学习有关。因此，笔者认为，小学语文教学中提倡并实践研究性学习是十分必要的。根据小学生学习语文的规律及身心发展特点，我们进行了以下探索，试图在实践中敲开小学语文研究性学习之门。

一、创设良好的研究氛围，获得亲身参与研究的积极体验

1. 问题情境

人的思维是在问题情境中得到激发的，借助于问题情境，人努力地发现、寻求，创造解决问题的新的方式与方法。若学生在学习中面临有意义的问题情境，就会产生一种发自内心的驱动力，全身心地投入语文学习活动。况且语文学科的许多内容是没有标准答案的，这更为问题情境的创设创造了有利的条件。

例《打碗碗花》这篇课文，记叙了"我"经过试验，弄明白了打碗碗花其实并不打碗的探求验证过程，富有情趣。教学中，学生一看到题目，就好奇地问：打碗碗花是怎样的，为什么叫它打碗碗花，打碗碗花到底打不打碗，课文为什么要写这样一个故事……当他们通过自己读课文思考，

小组讨论交流等活动，解决这些问题后，既体会到课文蕴涵的道理，更亲身经历了遇到问题时独立思考、合作研究并有所发现的过程，学得有趣，学得主动。

2. 合作学习

合作学习不同于一般的小组学习。它是一个异质小组，将不同兴趣、学习态度、学习能力、性别的学生组成一组，组内每一个学生都有责任。语文是最重要的交际工具，语文学习更离不开交流、合作。合作学习能促进语文研究性学习的开展。

例如古诗《早发白帝城》的教学中，教师先引导学生回顾以前学习古诗的步骤、方法，接着由学生按自己喜欢的方式组成不同的研究学习小组，可以是以座位组合的四人小组，也可以是关系较好的朋友，还可以是用同样方法学习的几个同学等等。在接下去的小组学习中，学生根据解诗题、知作者、说诗意、诵诗文等步骤，采用各自掌握的方法分工合作、学习探讨，有的查资料，有的观插图，有的读诗歌，也有的逐词逐句探究，说、画、背、写，各显其能。在汇报交流时，许多小组都通过合作研究完成了学习任务。

二、培养初步的信息搜集和处理能力，奠定主体创造学习的基础

小学语文的学习应重在感悟、积累和运用，从中培养学生的信息搜集和处理能力，为学生今后语文学习和其他学科及终身学习奠定基础。在小学语文研究性学习中，我们主要侧重于以下三方面能力的培养：

1. 读书　思考

读书、思考，边读边思，多读多思是语文学习特有的方法和能力之一。在语文研究性学习中，我们引导学生在实践中学习读书思考，学会读书思考，并向课外延伸，培养初步的搜集、处理信息能力。

例如《鸟的天堂》结尾是这样写的："'鸟的天堂'的确是鸟的天堂啊！"在读书时学生发现这句话中两个"鸟的天堂"所表达的意思是不同的，就联系课文内容进一步思考：为什么巴金爷爷会发出这样的赞叹。经过更深入的读书思考研讨后，学生归纳出这样几点：大榕树枝叶繁茂，当

地气候温暖,有树有水有田,适宜鸟类生活,农民不许人去捉鸟,保护了鸟类,因而成为名副其实的鸟的天堂。就这样,学生不断地读书生疑,又通过自己读课文、有目的地思考、合作探讨解决疑问,从中获得一种初步的信息搜集和处理的实践经验,并逐步形成能力。

2. 选择　运用

研究性学习关注学生的学习过程。学习者是否掌握某个具体的知识并不重要,关键是能否对所学的知识有所选择、判断、解释、运用,从而有所发现、有所创造。语文研究性学习亦如此。

例如《少年闰土》一课,学生通过初读课文了解到课文主要写了闰土这四件事:雪地捕鸟、海边拾贝、看瓜、刺猹。怎样更好地引导学生体会课文语言文字的妙处呢?教师放手让学生组成研究小组,选择自己喜欢的学习内容、学习方式研究学习。这样,有的小组用画一画的方法,将雪地捕鸟的过程画成了简笔画;有的小组则采用分角色朗读的方法读了这几件事,还有的编排了雪地捕鸟、刺猹等课本剧,在这样创造性研究课文的过程中,学生的语言文字理解、鉴赏、运用等能力得到了提高。

3. 综合　开放

语文研究性学习是一个综合、开放的系统。语文学科具有很强的综合性,语文教材是一本小百科全书,学生在学习语言的过程中,还会涉及方方面面的内容。因此学生若在语文研究性学习中,养成综合、开放的能力,定能有助于他们的终身发展。

例如《落花生》这一课,学生在课文学习中了解到花生的许多特点:易种易活,味美价廉,可以榨油,藏而不露等,还懂得了"人要做有用的人,不要做只讲体面而对别人没有好处的人"的道理,但他们不满足这些内容的获得。于是教师启发学生运用查资料、交流探讨、联系生活实际等手段,知道了不少花生的好处:果实含有营养,人称"长生果",红衣可以治病,壳可以制成工业用板等;还了解到生活中有许多像花生这样的事物或人,他们默默无闻,无私奉献,受到尊敬;并通过摘研究卡片、仿写作文、写读书感想等形式展现自己的研究成果。在这样的学习过程中,学生不局限于对课文内容及思想内涵的理解，拓宽了知识获得的渠道，还迁移并创造性地发展了多种学习能力。

三、注重全面、发展地评价，促进创造性人格的形成

教育评价具有诊断、激励、导向等功能。研究性学习评价的不是严格意义上研究成果的学术价值、社会价值、经济价值等，其评价的价值取向更重视过程，更重视应用，更重视体验，更重视全员参与。小学语文具人文性，我们认为应重视对学生进行多方面的评价，发展地看待学生的语文研究性学习，以促进学生创造性人格的形成。

1. 激励评价

在对学生的语文研究性学习进行评价时，我们注重激励性评价的运用。因为只有这样，才能使学生不断地受到鼓舞，不断地产生内驱力，去进一步地研究探索。激励评价的形式主要有目标激励、情感激励、榜样激励、信息激励等。如学习活动中，教师常使用这样的语言激励学生："你这个词语学得很认真，这种仔细钻研的精神令老师敬佩。""你们小组团结协作，对这段课文的研究很有创意。""这一小组对这一句的理解过程值得其他各组的同学学习。"……有时教师也可以微笑注视、竖起大拇指、拍拍学生肩膀等以示激励。

2. 主体评价

在注重激励性评价的同时，我们认为培养学生主体评价的能力，在小学语文研究性学习中也是十分必要的。不要以为学生年龄小就没有评价能力，我们相信每一个学生对事物都会有自己的看法，都有一定的评价能力，关键在于教师的恰当引导，言传身教。如鼓励学生参与语文学习评价，评价时多看到他人的优点，中肯评价自己与他人，评价时先说优点再说缺点等等。在这一次次的主体评价过程中，学生不仅学到了语文学习评价的方法，也积累了与人交往、合作探讨的经验，更激发起参与、协作、共同发展的精神。

巧练听写　实中求新

听写是语文教学巩固性训练中一个不可忽视的环节。巧练听写，同样能培养学生的创新能力。除了一般的课后词句听写，本文试举一些听写变式练习以供探讨。

听字写组词　让学生听清楚课文中的一个字，据字写出两三个会写的词语。口头交流后，还可以将听到的与己不同的、最感兴趣的词语记录若干个。这样，既培养了学生的求异思维，还训练了学生的听记能力。

听意思写词语　请学生听清楚一个词语的意思后，将有关的词语写下来。这样，既可以使课堂学习的词语得以巩固，又训练了思维的准确性。有时在听写一些动词时，还可以让学生通过观看、比较再听写。如《小猴子下山》中，就可以让学生运用这样的方法，写一写"掰"、"扛"、"捧"、"抱"等词语，学生学得有趣，记得深刻。

听词语写近义词或反义词　将课文中集中出现的有关近义词或反义词在听写中加以巩固，帮助学生积累词语，温故而知新。如《捉迷藏》一课中，当听写了"全神贯注"一词时，可让学生在旁边写出它在课文中的近义词——"专心致志"，再写一写以前教过的近义词"一心一意"，反义词"三心二意"等。

听写归类的词语　例如《在大熊猫的故乡》一课学习中，让学生听写"油光光"、"隐隐约约"、"流水涓涓"、"缕缕白云"等词后，仔细观察，研究这四类词语的特点，再写出课文中有关"ABB、AABB、ABCC、

AABC"的词语,如"胖墩墩"、"郁郁葱葱"、"鸟鸣声声"、"泉水清清"、"气喘吁吁"等。而这些词语大都集中在课文的第二自然段,学生反复朗读后体会到用上这样的词语,读来琅琅上口,富有节奏感和韵律美,而且使大熊猫的故乡——卧龙山区显得更美了。在此基础上再让学生仿照这几类的词语各写几个,并在课后做一张词语卡片,将教过的或没教过的这几类词语写一写,引导学生有意识地积累词语。

听上句写下句 如《小镇的早晨》一课学习后,请学生注意听三句话:"小镇的早晨是恬静的"、"小镇的早晨又是热闹的"、"小镇的早晨更是紧张的"(这三句话分别是课文分述部分的三个自然段的总起句),然后将这三句话并成一句话写下来。学生有的写"小镇的早晨是恬静的,又是紧张的,更是热闹的",有的写"小镇的早晨既恬静,又热闹,还很紧张",还有的写"小镇的早晨恬静、热闹又紧张"……这样,在具体的过程中,学生既了解了课义的主要内容,体会到句子表达的多样化,还进行了概括性思维和发散性思维的训练。

听写课文中的关键内容 课文的关键内容往往在文章中起到提纲挈领、牵一发而动全身的作用。听写这样的内容,既可以帮助学生巩固、积累一些语言文字,又加强了课文的重点训练。例如在《黄山奇石》一课的教学中,在学完第二至四自然段后,先听写第三自然段中的连接句"仙人指路就更有趣了!"再说说这句话还可以怎样说意思不变;然后启发学生动脑筋,也运用连接句把第二、四自然段连起来;在此基础上,对学有余力的学生还可以让他们仔细观看录像,仿照课文的写法将其余几块奇石写具体。课文中像这样的训练点其实很多,如重点词句、中心句、过渡段、含义深刻的句段等,我们在教学中可以通过听写将其揭示出来,展开过程,落实训练。

上述一些例子也说明,我们还可以调整听写的时机,将其巧妙地安排在教学过程中,采取让学生尝试听写、自批自改、互批互改等多种形式提高教学效益,使我们的语言文字训练在求实中创新。

在交往作文中关注儿童的生命世界

纵观我国近年来的作文教学，形式多样，各有特色。这些教学实践的共同点是显而易见的：凭借各种手段，激发学生的作文兴趣；运用不同方法，提升学生的作文能力；通过多种渠道，提高作文教学的效率。这些作文教学的经验为我们的课题研究提供了有力的实践基础，然而它们大都是通过作文教学的外在形式，来寻求提高作文教学效率的手段及规律的，若就作文教学的本质来说，仅以这些为目标是不够的。

因此我们从交往这一教育教学的核心出发，开展"构建交往作文，关注儿童的生命世界"课题研究，力求探索当前作文教学的新路径。

交往作文从某种意义上说，就是作文教学的一种形式，其本身就是一种交往。我们构建交往作文，目的是使学生：（1）在作文中学会交往：体验情感，交流思想，沟通心灵；（2）在交往中自主习作：引导学生主动把情感语言，体态语言，口头语言等用丰富多彩的书面语言表达出来；（3）交往与习作互动：让学生乐于动笔，乐于表达，关注现实，热爱生活，交流真情实感。

概括起来，就是通过引导学生的生活、交往等实践活动，加强体验、理解、对话，指导学生自主习作，激发习作兴趣，提高习作能力，旨在关注学生的生命世界，丰富学生的学习生活，提升师生的精神生命质量，弘扬个体的生命灵性。

一、交往作文的意义

1. 突破时空界限，构建交往作文的新空间

将教室向校园、家庭、生活延伸，不仅认识身边、周围的事物，认知世界，也理解自我与他人，体验认识，走进学生的心灵。

2. 正确定位习作，构建交往作文的新内容

交往将作文定位为习作，习作的内容可以无限地延展与深入，只要符合表达与交流而进行的运用语言文字的内容都是习作的内容。主要包括自然界、社会生活、心灵世界等三个层面的内容。

3. 改进习作过程，构建交往作文的新方式

教师放架子，鼓励学生放言；教师放手，鼓励学生写放胆文；教师放权，鼓励学生自主评价。

4. 发展评价内涵，构建交往作文的评价标准

评价的角色发生了变化，学生自主参与评价；评价的内容有了丰富，不仅评价习作的表达，更关注学生习惯养成、个性成长及心灵世界的升华。

二、交往作文的主要措施

我们从入学一开始就有意识地进行交往作文教学，并贯穿于教学过程之中。语文课堂上特别关注倾听与交流，激发学生的智慧，体现平等对话、互相尊重、彼此评判、经验共享，有效落实交往作文教学。通过课堂教学、网络平台、日常生活等多种渠道，促进交往作文教学。具体体现在以下三个方面：

1. 拓宽习作天地，注重体验，弘扬生命灵性

拓宽习作天地包括拓宽习作的时空，拓宽习作的内容，拓宽习作评价的标准，由此注重体验——体验生活、体验情感、体验心灵，张扬个性，展现生命灵性。

交往作文在起始阶段放手让学生写话，拓宽了学生习作空间，促进了学生自我意识的培养，并熏陶了崇尚真知、热爱生命的科学态度。

在把习作引向学生的学习空间、生活天地，加强学生的体验时，教师有时再造情境，引导学生通过表演、实验、操作、活动等多种形式让学生

直接参与，体验类似于直接经验的间接经验；有时组织丰富多彩的活动，如鼓励学生进行调查、从事研究性学习、参与综合实践活动等强化亲身体验，激发真情实感。在各种实践、体验的过程中学生主动交往，自由交流对事物、对人生的看法，享受到生活、学习、做人的乐趣，恰当表达自己的情感。教师还特别珍视学生的真情实感，即使有时学生说错了或者有所偏颇，也不将意见强加于他们，从中培养学生追求科学真知、尊重他人、热爱生命的生活态度。

在拓宽儿童习作天地的同时，多写宽题作文、半命题作文、话题作文，放开习作内容的选择权、评价权，特别注意改进对小学生习作的评价标准，多评少改，以激励为主，还鼓励学生自评自改、互评互改。

2. 改变习作方式，加强理解，重构课堂文化

交往作文中的理解主要有两个层面的理解：其一是对习作的理解，包括习作的内容，习作的要求，习作的方式；其二重新审视习作课堂，师生间互相理解，还帮助学生理解他人，理解生活世界，理解精神世界。在交往作文中，笔者改变原有的习作教学模式，如教师指导——学生习作——教师讲评——学生修改等，倡导自主、合作、探究的习作方式，有时让学生尝试习作在前，修改在前，教师指导后置，有时是放手让学生习作或边习作边探讨，有时则是教师与学生一起习作，互相交流，互相讲评修改。

在交往习作教学过程中，教师在课堂上的角色已发生了根本性的变化。教师不再是高高在上的领导者、指挥者，而是善于倾听的学习活动的引导者和组织者。教师把学生当作学习的主人，尊重学生的需要，重视激发学生的学习兴趣，并根据实际情况灵活地运用教学方法，鼓励学生参与习作课堂目标的制定、教学过程的安排、学习内容的选择，巧妙地引导学生乐于写作、自由表达。这样顺学而教，取得了较好的效果。

在引导学生理解了口语交际、写话习作确实是为了表达交流，是发自内心的人的生存的一种需要后，学生自然而然感受到交往习作其实就是生活，"我要说，我要写"成了学生迫切的需求。同时，教师引导学生在交流、表达的同时，观察自然、观察人生，理解周围的世界，了解自我、了

解他人、了解人类丰富的文化，理解人生。

3. 引导习作交往，重视对话，沟通人际交流

在交往习作的教学过程中，教师重视引导学生习作的言语交往（主要有书面和口语交往）及思想交往、行动交往等非言语交往，提高学生与生活对话、与他人对话、与心灵对话的能力，促进人际沟通。

首先积极创设师生间进行交往的情境。学生需要母爱、需要友爱，同样也需要师爱。教师创设了平等对话的情境，学生才能信任老师，在教师的关爱下不断学会学习、学会生活、学会发展。如在课堂上学习书信之后，教师就利用外出学习及寒暑假等机会创设实际情境，进行师生之间通信，交流学习生活、假期活动的体会，促进互相学习、沟通。

其次引导孩子学会与家长、老师进行纸笔交流。比如，当发现学生在生活中或在学校里做了什么不妥之事的时候，引导他们与师长采用纸笔交流的方式说说心里话。这样的形式更容易被年龄大的孩子所接受，因为这既能够解决问题，又保护了孩子的自尊心，促进他们的心理健康发展。

再次，鼓励学生与同伴友好交往。在儿童的人际交往中，同伴交往是儿童最需要、最独特的一种交往类型。同伴关系对儿童发展的影响还表现在早期的同伴交往经验会影响儿童未来的个性、行为的发展以及身心健康。教师在教学过程中，经常对学生相互间交往的方式方法进行指导，如开展班际竞赛、校际通信等活动，有意识地引导孩子讲述自己的事情，讲讲自己和同学之间、自己和老师之间、同学和同学之间、同学和老师之间的事，还组织学生间展开合作讨论或辩论等，以促进同学间相互对话与沟通。

教师借助书信、评语、E-mail、留言等多种形式，激发学生自主交往作文，帮助学生战胜自我性格中的弱点，迈出友好交往的可贵一步，建立了一条良好的沟通之路。这样的纸笔交流也可以利用留言等形式进行，以表达双方的情意。在我国独生子女占相当比例的家庭中，鼓励儿童与同伴、与他人交往，帮助儿童建立良好的人际关系，对他们养成良好的调适人际技能，培养良好的社会适应能力，克服交往不足和自我中心缺陷，以

便于成年后顺利走向社会，显得尤其重要。

三、研究成果

1. 通过实验，学生的习作水平得到真实的提高

学生在进行交往作文的实践后，对作文的兴趣大大提高，并能够自主思考习作的有关内容，有意识地积累、运用习作的方法。仅2004—2005年中，6个实验班258名学生中，就有58人次在全国、省、市各类比赛中获奖，有168人次的习作在《小学生优秀作文》、《未来作家》、《宁波晚报》等多份报刊上刊登。

课题组随意选取了实验班及对照班各一个，一学期后对他们开展交往作文实验情况进行了看图写话检测，请看表1：

表1

调查对象	平均字数（个）	选用平时积累词语人数	有对话、神态等描写人数
实验班（45人）	77.3	37	19
对照班（40人）	58.1	9	1

又如，在一次调查研究活动中，高年级实验班级的学生这样做：（1）确定调查内容。学生根据各自的兴趣、爱好、个性特长及要好程度等分成小组，然后以小组为单位，对周围的同学进行采访，再把大多数同学比较感兴趣的话题集中起来，由此确定调查内容。（2）设计调查问卷，各小组综合组内意见后在班级进行反馈修改。（3）开展调查。分小组运用各种方法，通过各种渠道进行调查。（4）互相学习评议。各组对提交的调查报告进行阅读，互相评议，投票推选出优秀习作。可见，学生通过这样的交往习作过程，不仅了解了撰写调查报告的要求、内容，更亲身体验了调查、研究的过程、方法及乐趣。

2. 学生对自然、社会、人生的认识得以发展，情感得以丰富，精神得以提升

在交往作文的课堂上，学生经常合作观察周围的事物，然后小组交流

讨论，再查资料补充。在各自习作的基础上，小组互相评改习作，然后推荐班级交流评议。

如在一位家长写给老师的书信中有这样的话语："我的孩子向来胆子不大，在幼儿园时曾有一段时间不敢和小朋友交往。我曾经担心她换个环境会不适应，还好从她反映的在校生活来看，她和小朋友交往得不错。我从心底感激你们。孩子也曾不止一次地向我们描述您上课的情景，其中特别喜欢上作文课。记得三年级开学有段时间，孩子特别开心，因为您在课堂上读了她写的文章，同学们热情地评价，并热烈鼓掌……正是这些小事帮她树立了信心。"

为了更好地拓展交往作文教学，课题组在江北中心小学校园网上专门开设了网络平台，实验班级的每个学生都有自己发表作品、展示个性的空间，让学生们在网上发表自己的习作，互相进行点评，以达到更大范围的交流。

同时课题组教师利用江北区教育网构建了各自的博客。《浙江日报》、《宁波晚报》、《东南商报》等对此也作了有关报道。如《浙江日报》记者这样写道："早在两年前，宁波市江北区教育局就在江北教育网上开设了学科专栏，吸引全区中小学教师在网上相互交流……老师写博客，学生怎么看？江北区中心小学学生刘冬妮几乎每天都会登陆语文老师周步新的博客去看看。她告诉笔者，周老师经常会把同学们的作文拿到博客上点评，有时还会将同学们的各种作品扫描成照片，然后传到博客上供大家欣赏、探讨。她说：'每次老师在网上点评我的作文，我都会很激动，学习也更有动力了！'"

3. 学生、教师与家长间的关系更为和谐融洽

由于在交往实践中，特别注重理解，提倡对话，因此实验班级中师生之间、生生之间、孩子与大人之间的交流更为密切，沟通渠道更为丰富，人与人之间更为和谐融洽。如一位学生这样写道："老师，我是江北中心小学601班赵哲。今天，我看见了您的博客网，按捺不住心中的喜悦，迫不及待地进入了。您的诗歌、您的日记、您的文章，我都细细读来，不禁

感叹万分。您能否告诉我您的 E-mail 吗？我希望自己的作文能得到您的指点。谢谢！"

又如一位家长在给老师的 E-mail 中这样写道："我觉得小孩子特有意思。现在每天晚上睡觉前他都有听故事讲故事的习惯，我们出任意两个名词他就编一个故事，然后他出题目我们讲故事。他编得还真不错。第二天早上他再把故事记下来。他现在对写话比较感兴趣，谢谢您对他的鼓励。"

四、反思与探讨

经过前阶段的研究与实践，我们真切地感受到开展"构建交往作文，关注儿童生命世界"这一课题的乐趣，同时认真反思该课题，认为值得探讨的问题主要有：

1. 科学、有效地构建习作的评价体系。若仅用以往的评价标准来测评当前小学作文教学的情况，将不能很好地反映基础教育课程改革以来小学生的习作水平，同时新课程标准实施以来，对小学生习作应该有更为丰富的认识，这些都有待于在今后的实践中加以研究、探索。

2. 扎实、创新地建设习作教学课堂。课堂教学是教学的主阵地，是切实提高教学效益的主渠道，要更好地实践交往作文教学，教学方法、手段的创新发展是永无止境的。课堂依然是我们不断播种、辛勤耕耘的园地。

想说敢说中创新

口语交际训练与以往的听说训练有所不同。这不仅仅是提法的改变，首先是认识上的变化。现代社会需要每个人有较强的口语交际能力，这是一种在交往过程中表现出来的灵活、机智的听说能力和待人处事的能力。口语交际训练的任务是：规范学生的口头语言，提高口语交际能力，培养良好的听说态度和语言习惯。在口语交际训练中，我们同样要培养学生的创新意识和创新能力。

一、鼓励学生想说敢说

小学生在入学之前已经具有初步的听说能力，而且普遍都有想说话、与人交往的愿望。只是有时，我们在教学中不经意间将儿童这种表现自我、勇于交流的欲望给扼杀了，导致学生想说却不敢说，会说又担心说不好。长此以往，学生的创造欲望、创新精神就逐渐泯灭。因此在教学中，我们要千方百计鼓励学生积极主动地投入口语交际训练之中，畅所欲言地进行口语交流。

1. 创设平等、和谐的氛围

心理学研究的成果早已揭示，教学中的民主气氛有助于提高学生的学习效率和学习质量。社会交往说认为"儿童不是在规律的环境中学语言，而是在和成人的语言交往实践中学习"。平等、宽松、和谐的教学氛围，能促进学生自由地交流，使他们的思维处于活跃的状态，从而使创造潜能得到最大限度的发挥。在口语交际训练中，教师更应该树立教学民主观，努力形成良好的师生关系,"从学生面前的讲台上走下来,站到学生的中间去",以真诚的微笑面对学生,以信任的目光期待学生的成长,使学生以良好的心理状态投入口语交际训练,听得专注,学得认真,说得大胆,体验口语能力提高的愉悦。

2. 给予积极、恰当的评价

在口语交际训练中,我们也要充分发挥评价的激励作用,以发展的眼光、动态的评价使学生不断获得成功的喜悦。这是因为,教学评价往往具有很强的导向性,对学生的创新精神、创新能力的培养起着重要的作用。苏霍姆林斯基曾说:"成功的快乐是一种巨大的力量,可以激发学生好好学习的愿望。"著名的"皮格玛利翁效应"也从某种角度说明了评价对于儿童潜能发展的积极作用。对学生口语交际的评价应以肯定为主,恰当地指出不足。对不同层次的学生应有不同的评价,同时引导学生主动参与评价、正确评价自己和他人,评价时还可以配合表情、加上手势等。比如,在教学中,我们可以多运用这样的评价:"你的发言很有创见,请再响亮地说一遍,让我们为他的进步鼓掌","虽然你说得不完全正确,但你的勇气令我敬佩","大家听得这么专心,说得清楚、正确,老师真高兴","会听也是会学习的一种表现,你这样认真地学习,使老师感到快乐,受到鼓励","说话是与别人交流,所以要注意仪态,身要立正,眼要正视对方。对,就这样!年纪越小就越容易纠正不良习惯,养成好习惯","这节课,同学们听得仔细,说得有质量,讨论得也非常热烈,我为你们感到骄傲"……

二、启发学生说异说佳

创新精神包括好奇心、探究的兴趣、求新求异的欲望等。这些素质与生俱来,人皆有之。同时,儿童的好奇心和对知识的主动探索也是创造能力形成的基础。"教师应是儿童创造能力的激发者、培养者、欣赏者。"在口语交际训练中,我们也要想方设法保护学生的创见,使他们敢于表达自己的真情实感,合理发表自己的独立见解,在与众不同中显示自己的机智、灵活与才干,培养创新精神,形成创新能力。

1. 提供丰富多彩的感性材料

小学生思维的基本特征是从以具体形象思维为主要形式过渡到以抽象逻辑思维为主要形式。但这种抽象逻辑思维仍须以具体形象为支柱。感性材料越充足，就越能促进学生思维的活跃运动，从而诱发创造。如口语训练活动课《展开想象的翅膀》教学中，教师首先用多媒体课件展现一组画面：半碗米饭、一盒水彩颜料、一枚中队委员标志、蚂蚁搬家的动画、落叶纷飞的情景；然后启发学生：这些都是我们生活中常见的事物，大家还能说出这样的事物吗？接着请学生选择一种事物，联系自己的生活经历说一件事；进而教师再提高要求，请学生选择其中的几种事物组合起来，可以是两三种，也可以是多种，大胆想象编一个故事。学生求异创新的火花被点燃了，有的编了童话故事，有的编出探险故事，有的则是侦探传奇，还有的将现实与理想结合，创作了科幻小说……由于教师提供了学生熟悉的、可供无穷变化的材料，为学生进行丰富的想象、发散性思维及新颖独特的表达奠定了基础。教学中，这样的感性材料还可以通过实物、图片、声像资料和教师生动形象、充满情感的语言等来展示。

2. 指导思考、表达的方法

（1）多角度思考。多角度思考是思维灵活的表现，也是一种创新能力。在教学中，我们常常可以利用变式、逆序等指导学生从各种不同角度去考虑。如在"把一段话说具体"的口语训练中，教师先投影一幅图画，画面上灿烂的星空下，城市的大街小巷里到处是各种各样的鞋子。学生都想说这些鞋子，于是教师提示学生可以从颜色、形状、大小、数量等各种角度想一想说一说。然后配上音乐启发想象，说说这幅图上画的是什么时候，什么地方，这么多鞋子又会发生什么事。学生各抒己见：有说夏夜，鞋子热得难受外出乘凉的；有说除夕，鞋子一齐上街欢度新年的；也有说节日的夜晚，鞋子王国的鞋子在王国里狂欢的；还有说老鞋匠的孩子们来为它们的老祖宗祝寿了……教师便因势利导，鼓励学生运用总分、并列、因果、顺接等多种段式说话，并由学生自由选择最能表达自己说话内容的若干种段式编一个有趣的故事，不仅求异而且求佳。

(2) 多方面想象。小学生的想象一般由再造性想象逐步发展为以独创性为特色的创造性想象，逐步符合客观现实，其概括性、逻辑性也初步发展。而创造性想象是创新能力的重要组成部分。在教学中，我们要善于启发学生多方面想象，以促进创造性想象。例如听说训练《小猴过生日》一课教学中，说说"小猴为什么不收老鼠送来的礼物"时，大多数学生根据图画意思说是因为这桃子是小老鼠偷来的。教师并不满足，请大家说说理由。学生有的说因为图上画着小猴在摆手；有的说小老鼠常常好吃懒做，不会种桃子；也有的说前几幅图上画着的蚕宝宝、蜜蜂送来的绸缎、蜂蜜小猴都收下了，因为这些都是它们劳动的收获，而这次小猴不收说明这桃子不是小老鼠种的。就在这时，有一个学生站起来说："我有不同意见。课文说小猴不收老鼠送来的礼物，并未说明最后究竟收下了没有。我可以这样说——小老鼠拎着满满一篮大桃子来了。它对小猴说：'今天是你的生日，这是我的一点礼物，请收下。'小猴摆摆手说：'这桃子是你偷来的吧？我不要！'小老鼠搔搔头皮不好意思地说：'小偷小摸是我以前的坏习惯，现在我早就改了。这桃子可是我用省下来的零用钱买的。不信，你去问水果店的老板吧。'小猴听了也难为情地说：'对不起，小老鼠，我错怪了你。请你也参加我的生日晚会吧！'"如果教师不重视展现训练过程，启发学生多方面想象，便不会有这样独特而新颖的创造。

(3) 多样化表达。多样化表达可以说是以上多角度思考及多方面想象的综合体现，也是一种语言文字的创新能力。比如《树叶落了》一课中，第二至四自然段都是运用"树叶落在什么地方，什么小动物怎样做，把它当作什么"的句式来写的，而最后一段却是这样写的："树叶落在院子里，燕子看见了，低声说：'电报来了，催我们到南方去呢。'"教学中，在学生读懂第二至四自然段后，教师先引导学生用这样的句式说第五自然段内容，再用第五自然段的句式说第二至四自然段内容；接着启发学生进行比较，说说课文这样写好在哪里；然后又鼓励学生运用课文的任意一种句式想象说话：树叶还会落在哪里，还有谁把它当作什么。这样学生的思路打开了，说得多样，甚至还用另外的句式来说，情绪十分高涨。在此基础上，引导学生比较选择最好的句式说一说。长此以往，学生便能学以致用。

三、训练学生能说善说

小学语文教学应为学生的终身学习、生活和工作奠定基础。口语交际训练同样也要致力于培养学生良好的听说态度和语言习惯，指导学生真正地能说善说，提高口语交际能力。

1. 组织各种实践活动，引导在实践中学习

实践活动对于能力的培养有着重要的作用。儿童只有自发地、具体地参与各种实践活动，才能获得真实的知识，发展思维，形成能力。而且，实践活动可以激发儿童的好奇心，提高发现问题、解决问题的能力，促进良好的习惯和个性品质的养成。口语交际能力的培养也不例外，要在双向互动的语言实践中进行。训练学生能说善道的实践活动主要有这三方面：一是利用语文教学的各个环节有意识地培养，如学生每一次提问、发言、评价，说的每一个词语、句子，甚至说话时的表情、动作等。二是创设交际情境，激发兴趣，消除顾虑，让学生无拘无束地进行口语交际。三是在日常生活中开展各种活动，如召开辩论会、访问敬老院、成立小记者团、建立校园电视台等，创造条件，使学生得到主动锻炼。例如于永正老师的课就给我们提供了学习的榜样。一次上课前，于老师亲切地说：你们认识我吗？该叫我——你们还想了解我哪些情况？该怎样问我的年龄？一连串平易近人的话语消除了师生间的距离，又学习了对长辈的称呼及询问他们年龄的方法。在课堂教学中，于老师又运用当场板画、背景介绍、招考演员、师生共同表演等多种手段创设情境，使得课堂气氛异常热烈，训练卓有成效。于老师还请学生课后将课堂学习成果汇报给家长听，进一步训练口语交际能力。

2. 提倡主动迁移、得体表达、大胆创造

儿童语言富有创造性，但模仿、学习在语言获得中起着不可低估的作用。"选择性模仿可能是语言获得的重要模式。"我们的语文教学起于口语交际训练，口语交际训练能够带动阅读、写作教学，提高读写训练的效

率；同时，阅读和写作能力的提高又能促进口语交际能力。因此，一方面，我们要引导学生将自己听说读写训练中积累的语言文字合理地运用到口语交际中去。另一方面，当学生能够将自己听到的、看到的、学到的词句用于口语实践中时，我们要给予热情地鼓励，即使有时是错误迁移；而对于那些在正确运用的同时还能进行大胆创造的，则要大加赞赏，大力表扬。

口语交际训练中进行创新教育的途径多种多样，愿我们殊途同归，立足于学生的终身发展，努力提高学生的口语交际能力和各方面素质。

再谈充分发挥学生主体作用

说起要发挥学生的主体作用,也许有人会认为是老调重弹。其实不然,只要对有关情况稍作分析,人们就不难发现,许多教师的头脑中虽有发挥学生主体作用这一念头,然而落实到具体的教学活动中,仍会出现不少不到位的现象。这应引起我们反思。当前阅读教学中在发挥学生主体作用这一方面普遍存在的问题是:

其一,教师以居高临下的姿态出现在教学活动中,以主宰者的身份干预学生的学,不顾学生的心理与认知特点。

例1:在《树叶落了》一课的教学中,学生找到了表示甲虫看见落叶后怎么做的词语,教师请大家把书本当作落叶,把自己当作一只小甲虫,演一演"甲虫爬过来,躲在底下,把它当作伞"的过程。此时学生感到很有趣,正想带着这种乐趣继续学课文时,教师却说:"现在请同学们坐好,我们一齐来读好课文这一段,注意词语连读,并且把这几个词语读重音。"。教师边说边在"爬"、"躲"、"伞"等词语下加上了着重号。

这正如崔峦老师所说的:"我们对学生是主体的认识和实践,还处于一个比较低的水平。在观念上,习惯势力、旧的传统仍有很大影响;在实践上,怕打破定势,引起混乱,不敢放手。"

其二,学生踊跃发言,课堂中热热闹闹,但学生没有得到真正意义上的提高和发展的机会。

例2:《数鸡》一课预习后,上课时教师问:"同学们读了课题,有什么问题?"结果一连有五个学生站起来发言,有的问:"谁数鸡?"有的问:"数鸡的结果怎样?"有的问:"怎样数鸡?"……教师说:"大家都能够读课题提出问题,很好。"

有人说,学生不是在回答问题吗?然而这样的教师问和学生答,其实质仍然是学生被动学习,学生被教师牵着鼻子走。

小学语文阅读教学应该为全面提高人的素质服务,为实现人的个性在更大程度上的自由发展打下基础。这就要求我们在教学中做到以下三点:

1. 尊重学生,创造机会

在阅读教学中,教师首先要转变观念,把自己定位在与学生平等的位置上,支持和引导他们自主学习,切忌对学生横加指责。从某种角度来说:"教学的艺术不在于传授知识,而在激励、唤醒、鼓舞。"(第斯多惠)其次,教师要多创造条件,提供各种吸引学生个体学习、自主参与的机会,还学生以读书、思考、语言实践的自由。如前文例1中,当学生演完了,教师不妨这样说:"小甲虫们,你们一定感到很有趣吧,说说你们为什么把落叶当作伞。""你们也一定很喜欢读这段课文吧,就请每个人自己试着读一读,想一想怎样读才更有趣。"这样引导学生,让他们在读读、说说、想想、议议等过程中,自己实践,自己感悟,学生无疑更易接受,教学效果则会更好。

2. 遵循规律,组织教学

教师既要认真、深入地钻研教材,又要全面、细致地了解学生的心理特征和认知规律,引导学生得到真正意义上的发展。如前文例2中,在明知学生已充分预习的前提下,教师还提出"看了课题有什么不懂"的问题,造成学生无疑而问,为提问而提问,结果表面上看起来很活跃,实质上毫无意义。这样组织教学是违反学生的认知规律的。

3. 重视过程,落实训练

以往阅读教学中,存在着"重结果轻过程"的现象,这不利于学生的发展。要改变这种状况,就要让学生将学习阅读的过程展现开来。比如:(1)划分逻辑(意义)段的教学,划分的结果不应作为教学的重点,而为什么这样划分的过程应该在教学中充分展开；（2）让学生通过自己选定的方式读书，按照一定的组织形式与伙伴交流；（3）在课堂讨论中，意见能够统一的则统一，不能统一的允许保留意见——只要学生能说出理由。

第三辑　上下求索

效率从这里来
——关于语文教学方法的探索

教学方法是为了达到教学目的，师生进行有序的相互联系的活动的种种方式。这些方式的最终目标是使学生掌握知识和技能，发展能力和个性，培养良好的习惯，提高各方面素质。在语文教学中，我们十分重视教学方法的探索，力求以最佳的方法创造最优化的教学效率。

一、创设问题情境

问题情境可以使学生产生心智活动的矛盾，从而引发认知的需要和学习的兴趣，集中注意力。同时，学生的好奇心和对知识的主动探索是创造能力形成的基础。虽然有时学生提出的问题可能是幼稚可笑或无关紧要的，但这些都是学生智慧的火花，应该保护它，并教给一定的方法加以引导。"对善于教人思考的教师，有谁不怀念他呢？"从某种角度来说，发现问题有时甚至比解决问题更为重要。因此我们在教学中想方设法创设问题情境，鼓励学生敢于提问，启发学生善于提问。

1. 在"题眼"上设问

"眼睛是心灵的窗户。"而课题好比是一篇文章的眼睛，"题眼"则是课题中的关键之处。抓住它来设问，常能起到牵一发而动全身的作用。如抓住《狼牙山五壮士》中的"壮"，学生提出许多问题：什么叫"壮士"？为什么称这五位战士为"壮士"？他们的"壮举"具体表现在什么地方……这些问题都能帮助学生更准确理解课文，领会文章中心思想。

2. 就重点词句段设问

一篇课文中,有的词句段往往起提示全文主要意思的作用,这样的词句段就是重点词句段。抓住这些重点词句段,能帮助学生深入理解课文,举一反三地运用语言文字。如《背篓》的教学中,在了解了怎样的物品为"背篓"后,教师便启发学生快速读课文,找到课文的重点段(最后一段)"哦,山里的孩子,背篓里盛着一个勤劳的童年",读后学生便提出这些问题:背篓里怎么能盛童年呢?背篓里究竟盛着什么?为什么山里的孩子背篓里盛着一个勤劳的童年?以后在写作中,学生在结尾之处居然也用上了这样含义深远令人寻味的话语。

3. 就异同处设问

课文的相同之处常常是为了起突出重点、强调中心的作用,而同中有异则是为避免重复,增强文章的可读性。比如《树叶落了》一课中,第二至四自然段都是运用"树叶落在什么地方,什么小动物怎样做,把它当作什么"的句式来写的,而最后一段却是这样写的:"树叶落在院子里,燕子看见了,低声说:'电报来了,催我们到南方去呢。'"教学中,学生读了课文提出自己的发现,并问:"课文为什么这样写",教师抓住这有利的契机,先引导学生用这样的句式说第自然段内容,再用第五自然段的句式说第二至四自然段内容;接着启发学生进行比较,说说课文这样写好在哪里;然后又鼓励学生运用课文的任意一种句式想象说话:树叶还会落在哪里,还有谁把它当作什么。这样学生的思路打开了,说得多样,甚至还用另外的句式来说,情绪十分高涨。

4. 抓住标点设问

标点符号也是课文的有机组成部分,但有时在教学中却常被忽略。抓住有关的标点符号设问,能引发学生的深入思考。如《火警,119》的教学中,我们首先抓课题中的逗号设问,使学生通过朗读、比较体会到:这里用上逗号,说明语言短促,表明火灾发生时情况紧急;当学到第4自然段时投影句子:"119!火警!"引导学生比较,明白:这里用感叹号说明小杰想到这个号码的突然和重要,也说明火警的紧急,来不及多想,从中也进一步体会到小杰的机智、镇定、能干。

5. 在省略处设问

课文的省略处看似空白，却是作者用心所在。如《小蝌蚪找妈妈》中，青蛙妈妈的特征课文不是完整地呈现，而是通过鲤鱼、乌龟及小蝌蚪自己的发现逐步完整，这既符合故事情节的发展，也反映儿童心理的特点。同时，也揭示了小蝌蚪为什么会把乌龟当作妈妈的原因，这些内容在课文中都是省略的。因此，启发学生抓住这些提问，既促进学生读懂课文，又在具体的学习中增长认识：今后，我们也要全面地看待问题。

创设问题情境，促使学生在读书的过程中，一次次地存疑解疑，自始至终都热情饱满地学习、探究，从中不仅悟出了"学贵有疑"、"于不疑处生疑，方是进矣"这样的学习真谛，而且对其以后的学习及其他学科的学习都起着潜移默化的作用。

二、指导主体学习

学生是教学过程的主体，能否保证这一主体是落实语言文字训练的关键。"没有学生的主动性、积极性，教师的一切活动都是毫无意义的。"在教学中，我们总是在把握目标的前提下认真研究学生，预测学生在学习中会有什么困难，我们该怎样帮助他们。课堂上，教师尽量少讲、少说，省下时间让学生多读、多说、多议、多练、多写。

1. 着眼训练

语言学习是一种实践活动，语言表达则是人的一种能力；听说读写既是学习语言的实践活动，又是吸收、表达语言的能力体现，这些都离不开训练。语文学习就是学生的言语学习训练。所谓训练，包含着这样的意思：老师有目的、有计划地训，与学生主动、活泼地练相结合。融情感熏陶、语言训练、思维训练于一体的教学是我们追求的目标。在课时量减少、教学内容相应增加的情况下，惟有加大语言思维训练的力度，才能保证教学质量不下降。例如，教学中，我们常常通过对学生进行语言、思维训练及情感教育的结合点的训练，来提高训练效率。因为这样的结合点往往是某种规律性的语言现象（词句、段落），而这种语言现象是可以迁移，可以概括类化、举一反三的。

2. 展现过程

把教学过程看作是一个不断探索发现、不断解决矛盾和问题的过程，不仅有助于发展学生的认识能力，而且有助于发展他们不断进取和开拓的个性，培养他们凡事精益求精、永不满足的态度。传统教学中存在着"重结果轻过程"的现象，不利于全体学生的全面、主动、和谐地发展。我们努力改变这种状况，重视学生学习过程的充分展开，力求使不同层次的学生在自己原来的程度上有所提高。如《富饶的西沙群岛》"无所不有"一词的教学中，我们是这样展现过程的：

（1）读读这一段（第四自然段）中写贝壳的句子，想想句子中哪个词最能说明"无所不有"，海滩上贝壳的多？（让学生在具体的语言环境中感知）

（2）"无所不有"中的"无"是——（没有），连起来就是——（没有什么没有的），换句话说就是——（先从字面上理解"无所不有"）

（3）这句话中还有哪些词也写出了贝壳的多，为什么？（再联系上下文理解，从中体会到"无所不有"的用法）

（4）正因为许多贝壳的大小、形状、颜色等不同，所以课文用"无所不有"这个词概括。除了这几个方面能说明贝壳"无所不有"，还可以从哪些方面说明呢？比如——（种类、数量等）请把这句话中具体举例部分换成这些内容说一说。（以课文为例，进行语言转换的训练，并注意由易到难、由此及彼）

（5）能否用上"无所不有"仿照写贝壳的句式，说说课文中西沙群岛其他的物产？任意选择自己最喜欢的一个内容写下来，也可写平时生活中看到的、知道的。（读写结合，让学生有自由选择的机会，使训练具开放性）

3. 指引方法

学习的最终目的是自会学习，教学的最终目的是教学生学会学习。"教是为了不教"，"授之以鱼不如授之以渔"。在教学实践中，我们十分重视读、写、思等方法的指导。这是因为，读文章先要读懂用于表现思想内容的语言文字，写文章先要用语言文字把想说的意思表达清楚。语言是思维的外壳，语言训练的深层是思维训练。"语言文字训练是语文教学的主线，但不是语文教学的全部内容。语文教学的深层是思维训练。在语言文字训练的外壳下，包含着思维训练的内核。"我们经常引导学生通过读书学会读书，加大语言训练和思维训练力度，通过习作学会作文，重视形象的感悟、积累，重视规律的指引、迁移，注重扎扎实实的听说读写的训练。这样的学习方法主要有：质疑问难的方法，思考问题的方法，读书解疑的方法，抓住重点的方法，讨论交流的方法，检查错误的方法，总结学习的方法，观察事物的方法，积累语言的方法，选择材料的方法，自改作文的方法，运用工具书的方法……

4. 强调综合

语文学科本身就具有极强的综合性。语文课本是一部小百科全书，知识覆盖面相当广泛。各类体裁的课文既可以作为学生读写的范文、样本，还可以用来陶冶情操、规范行为、促进人格的完善。语文教学的这一特点是其他学科不能替代的。信息时代的到来更加强了语文教学的地位。搜寻、筛选和加工信息成了当代人的一种重要生存技能。语文教学的过程正是一个培养学生信息处理能力的过程。在语文教学中，学生必须学会在涉及不同知识领域的文章中搜寻、筛选和提取自己所需要的、关键性的语言材料，并对这些材料进行加工。从传统语文教学观念来说，这是一个"阅读—写作"或"语言锤炼"过程。而从信息科学的观念来说，这是一个"接收—解码—编码—输出"过程。我们在教学中就常常进行多样化、综合性的训练。如学了《台湾蝴蝶》，就布置选择作业：选择自己喜欢的一种台湾蝴蝶画一画，并用课文中最概括的语言文字说明；向别人介绍自己喜欢的一种台湾蝴蝶；阅读有关写蝴蝶的文章，做一张资料卡片。学了《鸟的天堂》，就一方面鼓励读读巴金的有关作品，一方面还可以组成考察小组，或考察家乡的一种自然现象，或考察有关环境问题，并写成读后感、调查报告等。

5. 培养习惯

阅读是一种从书面言语和其他书面符号中获得意义的社会行为、实践活动和心理过程。由于阅读材料通常是以书面言语为主要形式，也由于阅读心理进程是从对书面言语（文字）的认识达到其所反映的生活内容及表达的思想意义的认识，所以阅读对于训练语文能力具有积极作用。而作文是作者运用语言文字，反映客观现实，表达思想感情的过程，也是由内部言语向外部言语转化的过程。作文与阅读的心理程序有着倒逆的关系，其心理历程是相反的，但两者又有明显的相近之处。读写能力可以说是语文能力的主要体现，阅读、写作也是学习其他学科的基础，不仅是一些人文学科的学习需要阅读、理解、表达、运用，自然学科的学习同样离不开阅读、理解、表达、运用。根据听说读写相互作用的原理，我们有意识地加强读写，重视读写结合，注重读写能力及习惯的培养，取得了较好的效果。在注重读写能力和自主读写习惯的培养上，我们坚持从扶到放，使学生由被动到主动，主要培养学生养成主动质疑的习惯、主动探究的习惯、主动阅读与积累的习惯、主动运用的习惯。

三、运用教学艺术

我们在教学中探索教学艺术的运用，是因为教学方法的实际运用，关系到各类教学方法的方方面面，这便涉及教学艺术。教学艺术包括教学机智、教学幽默、教学语言和教学过程情感交流在内的各种知识、条件、手段和方法的综合。语文教学艺术与其他教学艺术相比，一样具有情感性、形象性、独特性等特征，但它又是一种具有"物态化的审美创造"的特殊形式。

1. 开启人际交往的门户

修订后的《小学语文教学大纲》强调"语文是最重要的交际工具"，"小学语文是义务教育阶段的一门基础学科"。语文教学过程中，师生之间、生生之间密切交往，在交往中掌握知识、发展能力、提高素质，这些又为进一步交往奠定了基础。例如教学中，我们常用这些方法：（1）科学化地处理教材，为学生学习交往服务；（2）用生动形象的语言感染学生，使他们也学会交往时的形象表达；(3) 以多样化的教学手段激活思维，使学生在交往中学会灵活应对；(4) 用发展的眼光评价学生，使他们能尽量客观地评判周围的人或事，促进交往。

2. 经历审美体验的进程

俄国作家赫尔岑曾这样说："一个人通过阅读体验了时代，不像在科学中只摘取最后的、得到澄清的成果，而是像那种一同举步、一同走上曲折道路的旅伴。"运用语文教学艺术是教师借助形象或感性形式使学生通过审美体验获取知识、技能，能力、素质得到提高的过程，而不是直接告诉学生一些现成的结论。因此，我们在教学中，注意运用这样的方法以使学生经历审美体验的进程，陶冶思想情操：(1) 情感化的教学方法，力求最大程度上开发学生的内驱力；(2) "言"、"声"、"像"、"物"等多种媒介，创造情感熏陶的种种形式；(3) 师生共学，引导学生移情入境悟理，强化审美体验；(4) 转换生成，大胆创造，追求审美体验的最高境界。

阅读 对话 共享
——小学语文"共享阅读"教学模式的探索

教学过程是师生对话的过程。教学过程中的认知关系,是一种"我认知你"、"你认知我"、"我认知我"的互动式关系。这样的认知互动会促成教学相长,由此体现教学中的"双赢思维方式"。在教学过程中,师生相互交流、相互启发、相互欣赏,分享彼此的思考、经验和知识,交流彼此的情感、体验与观念,丰富教学内容,共同获得新的发现,共同享受各自的创造,从而达到共识、共享,实现教学相长和共同发展。因此,教学从本质上说是"对话"和"共享"。

语文教育的价值取向是唤醒学生的生命意识。在语文教学中,知识的生成、精神的建构、能力的培养、语言的习得,只有在一种学生想说、肯说、能说的能动对话情况下才能有效地生成、交流、合作与共享。由此,我们提出小学语文"共享阅读"教学模式,其中,阅读是基础,对话是关键,共享是目的。在这样的教学模式中,凭借阅读,教师不再仅仅去教,而且也通过对话被教,学生在被教的同时也在教。他们共同对生命的成长负责。

阅读过程体现了人与人之间的精神联系,这种对话与交流是多向互动,互为依存的。阅读教学(尤其是文学作品的教学)过程是一种共同参与乃至共同创造的过程。一堂好的阅读教学课,通过反复的、多种形式的读,往往能实现教师与作品人物、与作者,学生与作品人物、与作者,师生之间、生生之间关于作品等多种对话,从而达到共享。

一、"共享阅读"基本模式(常式):阅读——对话——共享

该常式中,教师引领学生进行阅读实践,通过学生自主阅读,教师、学生、文本间进行各种形式的对话,共同感悟、积累、体验、习得,学会搜集和处理信息,共同认识世界、发展思维、获得审美体验、受到情感熏陶,共同促进生命的发展,从而体现生命存在的意义。

进行此模式教学时,要注意:

1. "阅读是学生的个性化行为",因此教师要珍视学生的独特感受、体验和理解,积极引导学生潜心会文本,自主启思维,主动求发展。

2. 这一模式中的对话,包含着这样几种形式:教师与文本的对话,学生与文本的对话,教师与自己及学生的对话,学生与自我及他人的对话。一方面是师生通过课文与作者进行的精神对话,另一方面又是学生与自己,学生与学生之间围绕课文进行的多元对话。从某种意义上讲,阅读教学的目的就是要让学生获得与各种文本及其作者进行对话的能力。正如《语文课程标准》指出,"阅读教学是学生、教师、文本之间的对话"。

3. 这一模式中的共享,是信息的交流,思想的碰撞,更是师生的互动,心灵的共鸣,最终达到共同进步,促进生命的发展。

4. 在具体操作时,教师引领阅读实践,适时点拨方法,充分保证阅读时间,特别要做到:

(1)激发兴趣奠基础。"兴趣是最好的老师。"所谓阅读兴趣,关键就是要变他人(老师、家长等)"要我读"为"我要读",并且喜欢读,渴望读,甚至达到不读不快、不读不乐的境界,真正将阅读视为自己精神发展的需要,成为自我生命的内在要求,而不是外在的不堪承受的负担。其实这样的愿望,是每一个人与生俱来的,对孩子来说尤其强烈,只是有时可能因为家长、父母的疏忽而逐渐泯灭了,因此更需要教师的价值引导。比如利用学生阅读期待心理,故事引路,吸引学生开展阅读,开展师生同读、家庭"亲子阅读",共享阅读之乐;组织"知识竞赛"、"成语接龙"、"朗读比赛"、"故事演讲赛"等,以赛促读,给学生提供施展才能的机会,

激发阅读的兴趣；通过游戏、表演等情景再现，以演促读，加强学生的积极情绪体验，调动学生自读文章的兴趣；组织读书信息发布会，每天十分钟，让学生围绕一个专题内容将自己通过各种途径获得的知识，运用自己的语言表达出来，促进学生自主阅读互动交流。

（2）放手实践促发展。语文是实践性很强的课程，应着重培养学生的语文实践能力，而培养这种能力的主要途径也应是语文实践。语文又是母语教育课程，学习资源和实践机会无处不在，无时不有。正如叶圣陶先生所说："阅读一些文章，斟酌一些文章，都是实践。凡是能力，总要在实践中锻炼，才能增长，空谈怎么读，怎么写，都是无济于事的。"只有让孩子亲身经历阅读实践过程，通过其自身的阅读实践活动，才能身临其境般地感受到读书的快乐。如鼓励学生多读书，读好书，读整本的书，读一系列的书；在高年级，相信学生，尽可能地满足孩子心理需求，让他们自主选择自己喜欢的读物，在大量的阅读实践中学会阅读，学会表达，学会交流，学会共享，从而促进终身发展。

（3）保证时间重开放。语文课堂义不容辞地要为学生开拓一个展望的空间——可持续性学习。教学中，老师要创设读的情境，给足读的时间，为学生提供读的帮助，让学生自由地读、充分地读、读中体会、不断感悟。特别要重视朗读默读，也要逐步学会精读、略读和浏览。采用多种形式的读，想尽办法引导学生反复地读：品读、评读、诵读、表演读、竞赛读、分角色读……营造浓厚的阅读氛围，吸引学生主动融入阅读情境，感受语言的独特神奇，体会内容的丰富多彩，领悟意蕴的悠远深长，与作者心灵相通，唤起对阅读的无限喜爱与美好享受。同时，还要拓宽阅读的时空，拓展阅读的内容与形式，将课堂阅读引向无限宽广的生活，阅读书报，阅读电子读物，阅读各种文字信息。如告诉家长给孩子一个房间，房间内可以有一些玩具，更重要的要有一个书架，一个书桌，一些有用、有趣的好书。每天让孩子坚持阅读课外书半小时，坚持诵读5分钟诗文。又如在教室里开辟图书角或者带孩子去学校的阅览室、图书馆每天读30分钟，背3分钟……这样一生就可能读1000本书、背1000首诗，甚至更多，由此将阅读融入学生的生活，成为一种习惯伴随他们的一生。

二、"共享阅读"变式例举

1. 在熟读成诵中对话、共享——朗读感悟式

诵读是达成对话的一种途径。《语文课程标准》明确指出，要"注意加强对学生平日诵读的评价，鼓励学生多诵读，在诵读实践中增加积累，发展语感，加深体验与感悟"。其实以对话为主要特征的阅读教学中必然包含对言语声音的感知，而学生对言语声音形态的感知能力自然是其语感素质不可缺少的组成部分。人们在学习诵读中学习对话，在学会诵读中学会对话，在诵读中达到"物我回响交流"。当学生在教师的引领下，以饱满的激情、恰当的语调，抑扬顿挫地朗读课文，不断丰富自己的个人情感，一遍遍地感受语言文字的魅力，深切地体会文本中蕴含的生命价值，这便达到了以诵读促对话助共享的佳境。

2. 在质疑探究中对话、共享——自主探究式

教育学理论及实践经验告诉我们，没有学生的主动性与积极性，任何教学都不能成功。学生通过自主阅读，自然会产生许多疑问，有的是课文中的疑难词句，有的是相关的知识点，有的是课文选择的特殊的表达形式，也有的是课文思想内容上的质疑。这时引导学生再读课文，同时在自主感悟的基础上与同伴交流，教师也作为"平等中的首席"一起参与探讨、研究，使语文学习提升为一个动态的"生成性"过程——不断探究，不断质疑，不断发现，不断收获，师生共同享受成功的乐趣。如《小蝌蚪找妈妈》中，关于青蛙妈妈的特征，课文不是完整地呈现，而是通过鲤鱼、乌龟及小蝌蚪自己的发现逐步完整，这既符合故事情节的发展，也反映儿童心理的特点。在教学中，教师先不必刻意地问学生，而是放手让学生充分地读，在此基础上，学生就不由地自主质疑："小蝌蚪开始找不到妈妈，后来为什么又找到了呢？"又通过自主读书、互相交流，自然就领会课文蕴藏着的内涵，这样既促进学生理解感悟，又在具体的学习中增长认识：今后，我们也要多动脑筋，仔细观察，全面思考。

当然，特别要注意的是，采用这一变式时，教师首先要善于创设问题

情境，充分发挥学生的主体能动性。正如赞可夫所说，创造一种推心置腹地交流思想的氛围，孩子们就能把自己的各种印象和感受，怀疑和问题带到课堂中来，展开无拘无束的谈话，而教师以高度的机智引导并且参加谈话，发表自己的意见，就可收到预期的教育效果。其次，教师有关文本的解释并不存在最高或最终的权威，这为学生对文本的解释提供了一个开阔的想象与创造的空间。师生在阅读对话中，相互碰撞思想，共生智慧，引发创造，甄别真善美，提升精神品质，共同健全美好人格。

3. 在合作交流中对话、共享——合作交流式

合作学习是一种极其有效的教学理论与策略，是以小组活动为主体而进行的一种教学活动，是一种同伴之间的合作互助活动；它基于"人多智广"这一哲学思想，在教学上运用小组合作，使学生共同活动以最大程度地促进自己以及他人的学习。例如《少年闰土》一课，学生通过初读课文了解到课文主要写了闰土的四件事：雪地捕鸟、海边拾贝、看瓜、刺猹。怎样更好地引导学生体会课文语言文字的妙处呢？教师放手让学生组成研究小组，选择自己喜欢的学习内容，以各自喜欢的学习方式研究学习。这样，有的小组用画一画的方法，将雪地捕鸟的过程画成了简笔画，有的小组则采用分角色朗读的方法读了这几件事，还有的编排了雪地捕鸟、刺猹等课本剧，在这样创造性地研究课文的过程中，学生的语言文字理解、鉴赏、运用等能力得到了提高。学生们享受着合作、创造的快乐，教师则享受着成功教学的乐趣。

4. 在读写运用中对话、共享——读写结合式

朱作仁先生在《读写结合理论和实践》中说："从心理学角度看，有阅读就要有表达。学习者如不以口头或书面的方式把自己阅读收获表达出来，就难以知道他是否完成了阅读任务，培养了阅读能力。"而在这样阅读、表达、写作的过程中，不正进行着充分的对话与共享吗？例如《落花生》这一课，学生在课文学习中了解到花生的许多特点：易种易活，味美价廉，可以榨油，藏而不露等；还懂得了"人要做有用的人，不要做只讲体面而对别人没有好处的人"的道理，但他们不满足这些内容的获得。于

是教师启发学生运用查资料、交流探讨、联系生活实际等手段,知道了不少花生的好处:果实含有营养,人称"长生果",红衣可以治病,壳可以制成工业用板等;还了解到生活中有许多像花生这样的事物或人,他们默默无闻,无私奉献,受到尊敬。这样,学生主动萌发了写作的念头,通过仿写作文、写读书感想等形式表达自己的感受,丰富课文寄寓的思想,实现了与文本、与自我、与他人的对话与共享。这时的读已经不单纯是对课文语言的忠实再现了,而是能够表达自己情感与理解的"二度创作",达到了"你中有我,我中有你"的读书最高境界。通过再次交流,师生不断共享阅读、对话的乐趣,获得成功的喜悦。

三、反思与探讨

进行小学语文"共享阅读"教学模式的理论研究及实践探索,我们深感有不少可取之处:

1. 培养习惯,促进可持续发展

今天的语文学习是为了明天的人生。语文学习从发展的角度看就是终身学习,就是生活学习。因此"授人鱼不如授人渔",良好的学习习惯必将使人受益终身。阅读的习惯可以有很多,比如阅读的姿势、阅读的方法、阅读的喜恶、阅读的风格……但也可以很简单,阅读的习惯主要就是乐意阅读、有效阅读、享受阅读。笔者在近 20 年的语文教学过程中,一直致力于培养学生良好的学习习惯,尤其是阅读习惯的培养,因为从自身多年的阅读经历及他人的不少成才经验出发,我坚信,阅读能力是一个人学习能力的核心,"腹有诗书气自华",阅读一定会给孩子一生的帮助,一个热爱阅读的人面对自己人生的许多挑战,一定可以承担更多的挫折与压力。

2. 联系生活,构建大语文环境

"世界即课本。"语文是语言、文学、文化的综合,语文学习的外延与生活相等。正如陶行知先生提出的:"生活即教育,社会即学校。"我们的阅读教学若能充分联系学生的生活,引导学生运用自己的生活经验来解读课本,用"人本"来参悟文本、补充文本、超越文本,实现课本与生活的对话，知识与人生的融合，心灵与心灵的共鸣，这必将使我们的学习充满生活的气息，闪现生命的灵动。只有这样，语言才是活的，课文才是生动的，学习才是愉悦的。

3. 这一模式可供探索的方式还有许多，比如为生活和命运而阅读的挑战性阅读，就是一个很诱人的阅读理念。又如电子、网络等手段的结合运用，利用影视作品营造阅读氛围，以及如何利用由于经历上的差别，家庭文化背景的不同和个体在情绪、兴趣、注意、思维诸多方面心理差异对文章产生感悟带来浓重的个性化倾向，做到既张扬个性又能兼顾对话促进共享等，这些都是值得思考，有待于进一步实践探索的问题。

课堂上怎样做最好的自己
——小学语文教师个性化教学发展轨迹的叙事探究

一、问题的提出

当前教师常常采用的在职教育形式主要有短期课程培训、单元式工作坊、教学观摩和研讨会等。但是研究表明，大部分教师参加了这类培训后，仍然感到很难把所学到的知识和技能运用到日常的教学中[①]。

教师劳动有着明显的个性化倾向，又由于教学是一种复杂的、多方面的活动，教学知识的主要源泉是教学本身活动的经验和基于这些经验的反省。因此，充分发挥教师的教育智慧，使教师变成教育教学的积极参与者、研究者和实践者，才能使教师的专业发展逐步走向独立自主的轨道，这也是教师专业发展的最佳境界。[②]

教育叙事是相对于以往所谓科学化的研究而言的一种质的研究，它强调与人们教育经验的联系，并以叙事来描述人们的教育经验、教育行为以及作为教育群体和教育个体的生活方式。因此，对小学教师个性化教学发展轨迹进行叙事研究，对于更加全面、深入地认识小学语文教师专业发展

---

① 顾泠沅、杨玉东. 教师专业发展的校本行动研究 [J]. 教育发展研究，2003 (5).
② 何善亮、许雪梅. 把握教师专业发展特征 在实践中提高教师的专业化水平 [J]. 教育科学研究，2003 (1).

问题具有一定的理论与实际意义。

二、研究过程

在具体实践中,我们主要采用行动研究法,如调查、访谈、个案分析等,通过叙事研究形式,如"教育日记"、"个人传记"、"讲故事"、"研讨—同行对话"、"参与式观察"等;阅读文献法,如关于教师专业化发展,关于个性、特质方面,关于教育科学研究方法,关于语文教学方面等文献展开研究。

1. 研究对象

我们选取以下人员作为叙事研究的对象:

(1) 当前全国著名的小学语文特级教师,如于永正、支玉恒、王燕骅、张化万、窦桂梅、王崧舟、薛法根等,他们是全国小学语文教师的带头人,在他们身上集中表现了优秀小学语文教师的特质,他们的专业发展之路值得研究。

(2) 浙江省教育厅举办的第一期"中小学骨干教师高级访问学者"培训班学员。其中有小学语文教师22名,分别来自浙江省11个地级城市,既有城市中心学校,也有乡镇农村小学;既有教研员,也有一线普通教师。这22名教师中,有浙江省特级教师13名,中学高级教师16名,各市名师20人,可以说这些教师在语文个性化教学专业发展上具有一定的代表性及研究价值。

(3) 宁波市有关县区的青年、骨干教师,同时有关研究结论还可以在他们的专业成长之路上加以验证,得到进一步运用,使之更具普遍性、科学性。

我们着重研究上述小学语文教师在其专业发展过程中形成个性化教学的一般轨迹,试图从时间、空间(专业发展的外因),内涵、特质(专业发展的内因)等因素维度来展开探索。

2. 特质研究

我们采用卡特尔16种人格因素问卷(16PF),调查研究对象的一般特质,发放问卷27份,回收问卷24份,其中有效问卷23份。同时搜集了上百份教学故事或教学案例、课堂实录。

请看浙江省小学语文高访学者班 20 名学员综合人格因素情况（见表1）：

表1

编号	心理健康	专业成就	创造因素	适应能力
1	34	64	89	22
2	22	64	98	30
3	24	64	98	30
4	25	65	97	27
5	27	63	89	26
6	26	54	93	23
7	25	59	78	20
8	25	57	86	23
9	26	66	96	28
10	20	52	70	22
11	25	54	84	22
12	27	61	81	18
13	24	58	87	23
14	25	63	85	24
15	24	61	104	27
16	27	60	86	23
17	27	62	82	21
18	24	62	93	24
19	26	62	85	22
20	26	71	105	27

经过分析比较，我们不难发现高访学者班学员作为优秀的小学语文教师，具备以下一般特质：

（1）具备良好的个性品质，心理都比较健康。20 名教师中仅 1 人心理健康在均值22分以下。由此可见优秀小学语文教师的个性、思想、情感、态度、意志、性格能够对受教育者起到示范作用。

（2）优秀的小学语文教师相比其他学科教师，情感更为丰富，也必须具备基本的语文素养。如在回答"我所喜欢的音乐多是：①轻松活泼的；②介于①③之间；③富于感情的"这一题时，20名教师中仅有3人选择了②，其余都选择了"富于感情的"。而回答第178题这样的语言素养题，"望子成龙的家长往往_____苗助长：①揠；②堰；③偃"时，20名教师无一例外地选择了"揠"。

3. 叙事研究

分析搜集的诸多优秀小学语文教师的案例，我们清楚地看到，每一个教师的个性化教学发展都有明显的轨迹可循，其特点主要体现在：

（1）在时间上，呈现阶段性发展特点。

例如王崧舟回忆自己从教的20年，粗略分为四个阶段，基本上是每五年一个阶段，前后大概误差一两年。请看案例：

第一个五年，我叫"崭露头角"阶段。最主要的因素主要靠机遇。这是我成长的第一阶段。

第二个五年，我把它叫"孤独沉潜"阶段。这个成长的阶段是我最低迷最孤独的阶段，对我的发展起主导因素的是什么？我想是志趣。这五年我读了大量的书，读书的动机也非常单纯。如果没有这五年时间的沉潜，那么就不可能有后面的一鸣惊人。

第三个五年，我叫"一鸣惊人"阶段。就在这个阶段，我以个人的名义第一次举办了"王崧舟语文艺术教育展示周"的活动，这个阶段，既有机遇的因素更有才气的因素，我认为是才情啊，因为听过我的课我的讲座我的报告的老师都认为我特别有才情。

第四阶段，我把它叫作"开创流派"阶段，这个阶段，我跑遍了全国二三十个省区，一百多个城市，开过观摩课500多课、讲座120多个场次，在实践里逐渐形成了"精致、和谐、大气、开放"的杭派语文教学风格，并在中国小语界扯起了"诗意语文"这面大旗。这个阶段，机遇已经不再起任何作用，发展的主导因素是使命。从这个阶段开始，我对语文有了庄重的承诺，有了道义的担当，有了价值的坚守以及浪漫的追寻。①

（2）在原因上，主客观因素都起到作用。

如特级教师盛新凤，在总结自己个性化教学的过程时，曾概括为这样的三个阶段：无视、外视、内视，三个阶段步步为营。

1987年，盛新凤从师范毕业，她先后师从郭钦平、周静英老师和校外的邵起凤、穆慧华、徐德真老师。但那个阶段，她没有自己的思想，只顾复制师傅的东西，不会自己思考，不会理性分析，更不会自己创造。盛新凤把这个阶段称之为"无视"阶段。当盛新凤在湖州的教坛上崭露头角后，便有幸参加了省跨世纪骨干教师培训班。于是，她开始广泛阅读，多方吸收，潜心研究名师的优秀案例，并"移花接木"巧加利用。在这个阶段，她一会想学王燕骅老师的严谨丰厚，一会想模仿支玉恒老师的洒脱自然，一会又沉迷于张化万老师课中的创意纷呈——她眼中只有别人，惟独没有自己，那是一个"外视"阶段。2000年，盛新凤参加了国家级骨干教师培训班，在北京学习的三个月期间，她沉下心静静地读书、思考，对自己前期的一些课例进行了分析总结。她开始努力认识自己，发现了身上很多长处和短处，她开始整理自己，试图在课堂上找到真实的自己。在一次次对自己的严厉审视中，她努力寻找属于她自己的课堂感受、课堂状态了。这个阶段，她把它称之为"内视"阶段。②

（3）理论学习对优秀语文教师的专业成长起到了重要作用。

如东阳市外国语小学副校长、特级教师卢雁红在回顾自己的成长经历时，发现一个人的发展是分阶段，有轨迹的，若要有一个飞跃，就需要不断地寻求自我超越的平台，而理论学习是超越的翼翅。

（4）小学语文个性化教学有一定的内涵指标。

---

① 王崧舟. 剑气合一，在语文的家园里安身立命[J]. 人民教育，2006（7）.
② 言宏. 从平凡到灿烂——探索优秀教师的成长之路[N]. 教育信息报，2006-5-23.

全国优秀语文教师李镇西曾说过:"教学个性绝不仅仅指某一项教学技艺的'别出心裁',而是指一位教师整个的教学风格。富有个性的风格的形成,需要我们在多方面进行努力。"小学语文个性化教学指的是在语文学习实践中,教师以个性化的教为手段,满足学生个性化的学,从而促进学生语文素养全面提升与个性的和谐发展的教学活动。教师要个性化地教,充分相信自己的学生,实施个性化的教学,为学生创造出具有个性化发挥的条件。学生要个性化地学,学会从不同的角度看问题,学会运用不同方式来表达,学会运用联系的方法进行思考与表达。

请看一些优秀语文教师对小学语文教学的个性化阐释吧:

基础知识与阅读的关系很复杂,但必须从读开始。我们的语文教学应提倡少做题,多读书。——于永正

语文教学应该是真实、朴实、扎实而又充满教学智慧的教学。——崔峦

语文学习无非就是八个字"读读写写,写写读读"。——张庆

如果用我的想法去理解,也是一句话,一句不是十分新颖的话:简简单单学语文,简简单单教语文。——陆友松

……

分析诸多案例,我们发现优秀的小学语文教师在实践个性化教学中都能够做到:

①明确树立教育理念:心中有人。

教育理念换言之就是教育目标。"人是一切教育的出发点和归宿。"正确的教育理念,应该是心中有人。请看案例:

"大家有解手的吗?"这是在为我国小语界德高望重的袁瑢老师庆贺八十大寿,袁老师和小语界的多位专家领导,以及来自全国各地的上千名教师,都正襟危坐,准备听支玉恒老师讲课的时候,支老师说的第一句话。此语一出,几乎所有在场的听课教师都为之一怔,连学生也都愣住了。谁也没有想到支老师会在这样的场合说出这样不敬不雅的话。但在支老师看来,学生在开幕式之前便坐进了会堂,接下来还要继续几十分钟的课,这

个时候让学生去一趟厕所，解一解手，这很需要，也很正常，教师真正做到了"目中有人"。

支老师就是这样在课堂上和学生平等对话、聊天，做到眼睛向下，关怀向下，爱心向下，从而让学生们走上讲台，心力向上，情怀向上，精神向上。①

②科学整合教学内容：目中有本。

语文教学的内容是广泛而丰厚的，《语文课程标准》指出，语文课程资源包括课堂教学资源和课外学习资源，例如：教科书、教学挂图、工具书、其他图书、报刊、电影、电视、广播、网络、报告会、演讲会、辩论会、研讨会、戏剧表演、图书馆、博物馆、纪念馆、展览馆、布告栏、报廊、各种标牌广告等等。面对浩如烟海、不断产生的语文学习内容，教师要把握住语文课程"工具性与人文性的统一"的基本特点，进行科学地整合，让学生在语文课上不仅学语言，还得到精神的发展，语言与精神合二为一、共生共长。

著名特级教师窦桂梅为了让学生在较短的时间内，有效地积累智慧和情感，立体建构一个教学体系，在主课堂上做到合理高效，追求教学最优化，使教师和学生以整体的生命，而不是生命的某一方面投入到课堂活动中，从而更好地为学生的生命奠基。她由西方统整课程理论，联想到了比较文学中的母题研究，于是就提出了"主题教学"。

③恰当选用教学方法：传承创新。

语文教学方法，指的是语文教学的具体方法。教同一篇课文，可以有不同方法，如教朗读方法、教词语理解方法、教点评方法、教续编故事等，语文教学方法的选择随着教学内容而转移。正所谓"教无定法，但教要得法"，在继承传统的基础上不断创新。

葛银铨老师在教学《詹天佑》一文时，一改过去教案集中的教学思

---

① 清月寒箫. 感受支玉恒[EB/OL]. http：//www. blogms. com/blog/CommList. aspx？BlogLogCode=1001684222.

路，以"新闻发布会"的形式引导学生在自主、合作、探究中学习：

1909年8月，京张铁路提前竣工了。这一消息，给饱受帝国主义欺凌的中国人民以极大的鼓舞，全国人民无不感到扬眉吐气。铁路竣工当天，当时一家影响很大的报纸，在头版头条登出了这样一则征集铁路路名的启事（出示启事课件）。让我们穿越时空隧道，一起来参与这次活动。要求以4—6人小组为单位，每小组完成一张"路名设计稿"，写清铁路名称，并从课文中找出语句写出命名理由。①

④努力追求教学艺术：术而无痕。

优秀的语文教师既要关注学生的发展，也要努力追求，匠心独运，在语文教学实践中，不断提升自己的教学水平，从而达到"道法自然，无为而治"、"胸中有招而手中无招"的艺术境界。

请看薛法根老师教学《卧薪尝胆》的一个片段：

师：（在黑板上画"仆"字的象形文字。边画边解说）这是一个侧身站立的人，有人在他头上戴了一个"羊"的标志，表示这是一个战俘或罪犯。在他的屁股后边还要插上几根尾毛，让他走在大街上。（边说边画，众大笑）如果是你，会觉得怎么样？

生：（略）

师：不仅这样羞辱他，而且还要他整天干重活！（师画图形）这样的人过着怎样的生活？

生：（略）

师：（脸色凝重地）这样的人就是"仆"！这个字就是"奴仆"的"仆"！

师：勾践夫妇到吴国当"奴仆"，他们又会遭到怎样的磨难呢？

---

① 葛银铨.《詹天佑》教学实录［EB/OL］. http：frjy.cn/Html/Article/24103.html.

……①

可见，小学语文教师个性化教学的形成是多种因素和谐统一的整体优化。不仅有针对课堂教学各个环节的个性化教学手段的运用，如制订教学目标，调用教学策略生成教学机智，实施教学反馈与评价等方面，还有小学语文教师个人语文素养的全面提高等。当我们具备优秀语文教师深厚的理论功底、文学功底、艺术功底时，同时也应该执着追求，安下心来教学，静下心来读书，达到除却功底与机敏之外的一种做人真实到极致的勇气与自信，这才是语文教学应有的更高层次的追求！

三、实践、研究的启示

1. 优秀小学语文教师的培养要遵循其专业化发展的一般规律

优秀语文教师个性化教学的发展每一个阶段都有一定的持续时间，第一个阶段为刚从事教学的一至三五年，第二个阶段三五年至十年，第三个阶段是十至十五年，甚至更长，然后是工作二十年左右。发展的原因既有主观因素，包括个人的自觉、自省、自悟，读书经历、教学经验的积累增长等，也有客观原因，如机遇、名师指点等起作用，其中理论学习更是小学优秀语文教师达到质的飞跃的基本点。

培养优秀的小学语文教师在时间上有一定的阶段性特征，不能操之过急，既要注重主体自身的学习、反思、积累、提高过程，也要在思想上、行动上给予引领、指导，要注意理论与实践相结合，个体学习与同伴合作、专家引领相结合。相关部门要在客观上创造条件，以促进主体的个性化教学成长。

2. 个性化教学是教师专业发展的最高境界

教学个性化是教师个人在教学实践活动中逐渐形成的具有个人（个性）特色性的教学能力，是教师个人气质、性格在教学活动中的反映和表现，使教育者表现出不同的教学风格，教学具有鲜明的个性。张扬个性化

---

① 薛法根.《卧薪尝胆》教学实录［EB/OL］. http：frjy. cn/Html/Article/6655_P3. html.

教学旗帜,在自己热爱的语文教育教学事业上体现生命的张力和价值,这是语文教师必然的选择,是优秀的小学语文老师的幸福与追求,也是当今语文教学发展的必由之路。

小学语文问题教学基本模式的探索

我们采用行动实验法，按照学生的分年级要求，运用问题教学的基本模式，开展教学实践研究。

一、分段要求

低年级着重培养学生的问题意识，培养学生主动提问的习惯。中年级注重引导学生对所提的问题进行筛选，提出有价值的问题，从而培养学生善于提问的能力。高年级侧重于启发学生选择适宜的方法、策略自主地解决问题，并不断地提出问题，解决问题，全面提高能力。

二、基本模式

小学语文问题教学的基本模式为：受到启发—提出问题—阅读求解—解决问题创新发展。

1. 启发学生提出问题

一是了解学生的原有知识，在了解学生原有的语文知识背景和现有语文学习水平的基础上，设想学生会提怎样的问题，并以此作为依据，思考教学的策略，选用恰当的教学方法及教学手段，为学生的解决问题及进一步学习服务。二是创设必要的问题情境。在一次习作时，教师先让学生看一组画面：半碗米饭、一盒水彩颜料、一枚中队委员标志、蚂蚁搬家的动画、落叶纷飞的情景。学生不禁问："这些都是常见的，老师为什么让我们看？""这每一个情景也许都有一个动人的故事吧？""我们能不能把其中的几个情景组合起来编一个故事呢？"三是以发展的眼光动态评价。评价学生的提问以肯定为主，适当指出不足；用表情、手势等无声语言相配合，对不同水平的学生给予不同的评语；引导学生正确评价自己和他人的提问。如："你的发言很有创见，请再响亮地说一遍，让我们为他的进步鼓掌！""虽然你说得不完全正确，但你的勇气令我敬佩。"四是逐步提高学生的提问水平。以《找骆驼》一课为例，教师先让学生读学习提示，知道预习时可以对不理解的词语、句子和课文内容提问；接着鼓励学生自己预习课文，提出不懂的问题；然后教师指导学生筛选问题，如"商人是怎么得到这只骆驼的"、"骆驼又是怎么走失的"这些问题，偏离了课文内容，可不必提；而像"老人没有看见过骆驼，为什么却对骆驼的情况知道得那么详细"、"老人为什么要指点商人顺着骆驼的脚印去找骆驼"这些问题就提在点子上，学生学习时带着这些问题读读想想，就可以更快地学好课文，促进思维发展。

2. 指导学生求解策略

一是分类求解：先把不懂的词语进行分类，如"驮"、"果然"是过去学过的，只要复习就能解决；"骆驼"、"商人"是专用名，可以找工具书或联系生活实际理解；"跛"、"啃"等可以用找近、反义词和动作演示解决；还有些与课文内容联系紧密的词语，可以联系上下文，读课文理解。二是阅读求解：①边读边想。读一句话想想这句话讲什么，读完一段、一篇时要想想这一段、这一篇连起来告诉我们什么知识、方法和道理，这样才会不断进步。②多读多想。碰到不懂的地方，多读几遍，可能就会读懂。读到自己喜欢的词句，可以用多种方法理解意思，体会含义和内在感情。三是比较求解：在《树叶落》一文中，第二至第四自然段都是运用"树叶落在什么地方，什么小动物怎样做，把它当作什么"的句式，最后一段却这样写："树叶落在院子里，燕子看见了，低声说：'电报来了，催我们到南方去呢。'"学生读了课文后提出疑问："课文为什么这样写？"教师抓住这有利契机，先引导学生用第二至第四自然段的句式说第五自然段的内容，再用第五自然段的句式说第二至第四自然段的内容，启发学生比较一下课文的不同写法好在哪里。四是讨论求解：讨论求解按"个体学习

—小组讨论—汇报交流"这样三个步骤进行。教师既是学生的指导者，又是学生的伙伴。

3. 鼓励学生创新发展

如在《树叶落》一课的学习中，我们鼓励学生运用课文的任意一种句式提问：树叶还会落在哪里？还有谁把它当作什么？这样学生的思路打开了，情绪显得特别高涨。在学《航天飞机》一文时，不少学生在预习时使用看报、看电视、听广播、上网等各种手段，搜集我国首次发射载人火箭"神舟号"的信息，搜集航天飞机及其他空间飞行器的资料。在教学中我们增加了选择写话：①把课文有关内容串联起来介绍航天飞机；②运用拟人化手法介绍航天飞机；③运用课文的写法介绍一种航天器。学了《台湾蝴蝶》，学生很想进一步了解蝴蝶，我们就布置了选择作业：选择自己喜欢的一种台湾蝴蝶画一画，并用课文中最概括的语言文字说明；向别人介绍自己喜欢的一种台湾蝴蝶；阅读有关写蝴蝶的文章，做一张资料卡片。

通过一个阶段的实验，学生的问题意识强化了，提问的水平提高了，带着问题阅读课文、搜集资料、求索答案的欲望迫切了，信息处理、信息整合的能力得到培养了，自问自答、自学自答的习惯养成了，学习的自信心、主动性树立了。学生把提出问题、分析问题、解决问题作为自己的需要。这些都标志着学生学习能力的整体提升。

台湾康轩版小学国语课本与
大陆人教版小学语文课本之比较

20世纪90年代,台湾与大陆的学者、有关人士不约而同地对各自的语文教材提出了尖锐的批评,涉及了教材选编的基本原则及存在的弊端。进入新世纪,两岸又颁布了新的课程纲要和课程标准,并对教材重新进行了编写。对台湾与大陆的小学语文教材进行比较,可以使一线的语文教师更全面深入地了解教材,感受当前时代背景下语文教材编写的一些规律,正确把握教材的意图及文本的基本价值取向,创造性地使用教材,让教材在促进学生发展、促进教师专业发展的过程中发挥作用。

2007年9月,本人有幸得到宋庆龄教育基金会的赞助,作为以著名特级教师张化万老师为团长的浙江省中小学语文教师教育考察团的一员,对台湾进行了访问。短短一周时间,我真切地感受到两岸同根同源,无法割舍的文化渊源,也体会到台湾同胞与大陆之间浓浓的血脉亲情,以及来到台湾宾至如归的亲切自然之感,尤其看到了当前台湾小学中最多使用的台湾康轩文教事业股份有限公司出版的九年一贯国小国语课本(以下简称为康轩版),联系到目前我们大陆普遍使用的人民教育出版社出版的义务教育课程标准实验教科书小学语文课本(以下简称为人教版),发现存在着许多相通之处,也有不少差异,值得比较。通过研究两者的整体编排结构和各篇课文的编写体例,从古今中外文章的选录比例、课文主题的构成比较,分析教材内容的文化构成,从教材文后助读系统比较,分析识字、写字、阅读、习作及口语交际等各种语文综合能力的构成，由此得出在当前情况下，创造性使用小学语文教材的一些启示。

一、教材结构比较

1. 各册教材的整体编排

台湾康轩版小学国语教材编排时依据的基本理念是：

（1）以学生为主体，教师为主导，学习方法为主线，整体发展为主旨，透过字、词、句、段、篇的训练，听、说、读、写、思、作的教程设计，把知识传授、能力培养、思想陶冶有机地结合起来。

（2）有效提高语文教学质量，改变语文"高消耗，低效益"的缺点。

（3）落实九年一贯课程统整的时代精神。

（4）以单元组织方式进行。

（5）特别重视学科体系的规划、统整，和与其他领域横向课程的设计、整合。

（6）循环反复，循序渐进，逐步加深，螺旋上升，教材不只呈现了工具性的规律特点，也凸显了科学性、时代性的进步要求。

在具体编排时，康轩版教材采用单元组织方式进行编排。单元主题的构成一般都与学习内容相关，有的是文本体裁的相同，有的是文本内容的相关，有的是写作方式的相近。主要分为"主题单元"和"阅读单元"。一般每个单元有4篇左右的课文，一个学期有5单元左右的课文。

考虑到学生的年龄特点及各年段学生的学习特征，康轩版国语课本一共编排了包括首册及一至十二册共计十三册的内容，其中首册主要供学前班或一年级新生前十周说话及学习注音符号使用。一年级上册只安排了2个单元8篇课文的学习内容，下册安排了4个单元14篇课文的学习。二年级每册都安排了5个单元15篇课文的学习，三、四年级编排了5个单元14篇课文，第5单元均为动态阅读学习。五年级及六年级上册也都安排了5个单元14篇课文，第5单元则是阅读点线面内容。六年级考虑到小学毕业全面复习，则安排了4个单元12篇课文。一至六年级，每一册课本开篇都有写在前面的话，然后是全册的内容目录，每一单元在课文学习前都有写在前面的话提示单元学习的主题,在课文学习的基础上均安排了统整活动,最后还安排了本册的生字汇集、相关的复习内容,还编印了编辑要旨,对教材的编排作了一定的说明。

人教版小学语文教材一共有12册,其编排的基本指导思想是:

(1) 致力于全面提高学生的语文素养。

(2) 教材内容体现时代特点和现代意识。

(3) 教材编排符合语文学习规律。

(4) 呈现方式有助于教与学方式的转变。

(5) 努力构建开放的、富有活力的教材体系。

在具体编排上,人教版教材围绕重点或专题组织教材内容整合语文学习活动。根据学生不同年龄特征及语文学习规律安排教学内容,除一年级上册安排了入学教育、汉语拼音各1个单元,识字2个单元8篇课文,课文4个单元20篇课文,共计8个单元28篇课文的内容,二年级至六年级上册均编排了8个单元,共计32篇精读或略读课文,及每个单元各1课合计8课选学课文。六年级下册也考虑到小学毕业全面复习的需要,编排了6个单元,其中1个单元为综合性学习内容,共计32篇课文,另外还安排了1个单元9篇课文的综合复习。一至六年级每个单元后都有语文园地,包括四个栏目:"我的发现"——鼓励学生探究发现,掌握学习方法,低年级主要是发现识字的方法;"日积月累"——引导学生积累妙词佳句、优秀段篇;"口语交际"——与专题联系,在双向交流中培养学生的口语交际能力;"展示台"——给学生提供展示学习所得,特别是课外所得的舞台。自三年级起,每个单元在课文前都增加单元学习提示,在略读课文前增设了导读提示,口语交际与习作进行整合。自四年级起,在语文园地增加了"读读写写"、"读读记记"词语及回顾拓展栏目,以促进学生温故而知新。自五年级起,其中1个单元改为综合性学习活动,加入了语文基础知识、基本能力及中国传统文化的了解及学习。每一册教材后面也都有生字表。

通过比较,我们不难发现,两套教材在编排上有不少共同点:

(1) 都是以单元组织形式来编排教学内容,基本结构相似。如一年级都安排了相应的汉语学习辅助系统——注音符号或汉语拼音的学习，识字与写字都从减轻学生负担、扩大识字量出发，遵循识写分流的原则，安排了要求认识的字（认读字）及要求会写的字（习写字）。每个单元围绕主题，都有相应的课文及语文学习活动。

（2）都兼顾了听、说、读、写等语文能力的培养，注重了语文素养的全面提升。如在康轩版的语文统整活动及人教版的语文园地中，都安排了相应的语文基础知识、口语交际及习作实践等内容，以促进语文知识的积累与语文能力发展的结合。

（3）都提供了可供选择补充的参考内容，给教师及学生一定自主选择的权利。如康轩版在统整活动及教师用书中提供了丰富的阅读材料，供教师在教学中引申应用及讨论游戏，把握情意及思考教学，以丰富学生的人文素养。人教版则增加了选学课文及阅读链接、资料袋、宽带网等拓展内容，供学有余力的学生继续学习；但因为人教版没有具体的指定篇目，供教师创造性地理解和使用教材、开发课程资源的余地较大。

同时两者也有不同之处：

（1）康轩版在整体编排上更侧重以儿童为中心，依据学生生活经验及兴趣原则编写，尤其是每册教材写在前面的话，与儿童进行对话交流，起到了提示一个学期的学习要求，不断激发学习兴趣的作用。人教版没有这一内容。而在单元提示的安排上，康轩版既有单元主题的解说，又有本单元每篇内容、体裁的简介，还有问题与讨论的设置，对学习的内容、知识、能力及方法都做了指点。而人教版则只有一个导读提示，重在学习内容的领会及学习步骤的指点。

（2）康轩版在统整活动内容的编排上，侧重于有关字词句段、修辞、阅读等语文基础知识的传授，而人教版的语文园地学习内容的编排则蕴含教育价值，侧重于语文的能力的提高，促进学生语文学习的规律性知识及口语交际习作能力的培养，体现了知识、能力、方法、情感之间的联系。

2. 各篇课文的编写体例

康轩版国语课本每篇课文的编写由"题目"、"作者"、"课文"、"注解"、"插图"等组成。1—4年级均采用全文注音的方法。

人教版语文课本每篇课文的编写也有"题目"、"作者"、"课文"、"注解",另外文后还增加了练习。一年级采用全文注音的方法,其中的选学课文也有完全不注拼音的,供学有余力的学生自读自悟。

在有关古诗文课文的编写上,康轩版更为详尽细致。如古诗,康轩版由"原诗"、"注释"、"语译"、"赏析"四部分组成,人教版则只有"原诗"与"注释"两部分。又如古文,康轩版由"题解"、"出处"、"原文"、"注释"、"语译"、"赏析"六部分组成,而人教版依然只有"原文"及"注释"两部分。这样的编排,可见康轩版更注重于让学生了解中国古代传统文化的传承,注重古文学习能力的传授;而人教版更注重让教师创造性地运用教材,引导学生自主学习,但也极有可能由于教师专业技术能力薄弱及学生学习能力的欠缺而导致教学目标不能更好落实。

在课文篇目数量上,人教版课文的篇数远远多于康轩版,见表1:

表1

	一上	一下	二上	二下	三上	三下	四上	四下	五上	五下	六上	六下	总计
康轩版	8	14	15	15	14	14	14	14	14	14	14	12	160
人教版	28	32+8	32+8	32+8	32+8	32+8	32+8	32+8	32+8	32+8	32+8	32+9	469

同时在每篇课文的平均字数上,人教版也普遍多于康轩版。这大大增加了学生的阅读量,丰富了阅读内容,促进读写能力的提高。但也极易造成在低年级尤其是起始阶段学前教育缺乏的学生及教育条件相对落后地区学生的阅读障碍。同时教师在教学中因为忙于赶进度,也较易导致语文能力训练的落实流于形式。而且据了解,台湾地区小学语文教学平均周课时为5—6节,另有1节选学地方语,可选闽南话或客家语,但每节课一般50分钟左右,因此与大陆小学的周课时数基本相同。这样相比之下,学生学习人教版教材的负担较重。

在整体印制上,康轩版教材采用16开本,竖式排版,行间距更大,插图较多，所占位置也较大，总体颜色较为鲜艳醒目。人教版采用32开本，横式排版，更注重实用，便于携带，插图的比例少，占位也较小。因此在外观上，康轩版课文比人教版更易于吸引儿童的眼球，引发学生的阅读兴趣。

二、教材内容的文化构成比较

1. 教材选文内容组成比例

（1）古诗文所占比例。

康轩版12册国语教材合计只有寥寥可数的4首古诗及4篇古文，占所有课文的5%。

人教版每册古诗文具体篇数情况如下，见表2：

表2

	一上	一下	二上	二下	三上	三下	四上	四下	五上	五下	六上	六下	总计
人教版	1	2	2	2	2	2	4	3	3	3+3	4+1	10	42

合计人教版选录古诗文42篇，占所有课文的8.96%。

尽管康轩版所选的每一篇古诗文都有详尽的注解、语译及赏析，但无论数量及质量上都是不够的。

（2）海外作品所占比例。

康轩版中只有两篇课文，三下《巨人的花园》改编自王尔德的童话，六上《模仿猫》由海伦·波顿原著改写，占所有课文的1.25%

人教版共选编了41篇，占所有课文的总课文数的8.7%。选用课文的各国情况分布见表3：

表3

国家	前苏联	俄国	朝鲜	日本	丹麦	波兰	意大利	法国	英国	美国	希腊	奥地利	其他
篇数	6	7	1	2	2	1	3	2	3	5	2	1	6

可见，与以往的教材相比，现行人教版教材在教材内容的时代性、国

际化趋向及在建立开发化的教材体系上都有了长足的进步。

（3）当代对岸作品所占比例。

浏览康轩版教材，发现12册国语课本中仅选录了大陆地区叶永烈写的《昆虫迷——法布尔》一文，占所有课文的0.625％。

人教版选录了杏林子《生命　生命》，林清玄《和时间赛跑》、《鞋匠的儿子》三篇台湾作家的文章，占所有课文的0.64％。

上述两者基本持平。可见对岸的作品在两岸教材中数量都极少，在当前形势下，两岸文化的沟通交流还是比较狭隘的，有待于进一步拓宽、延伸、加强。

2. 选文内容的价值倾向比较

浏览康轩版教材，我们不难发现，它们以精美的图画为背景，优美的文学为基础，透过轻松活泼的方式，注重让学生在自然、快乐、有趣的情境中学习语文情意，欣赏文学之美，也不乏语文基础知识与综合能力的传授。

人教版教材在注重工具性与人文性统一的基础上，尤其凸显人文性，力求在学生面前呈现一幕幕引人入胜的生活场景，一个个栩栩如生的人物形象，一幅幅情景交融的审美意境，一段段跌宕起伏的精彩故事……引导学生在形象的再现、意境的体验、韵味的品评、情绪的感染的过程中，体察、玩味和领悟描绘场景形象、述说故事的语言形式，积累语文经验，学习表达技巧，掌握语文规律，从而达到课程标准所说的"受到情感熏陶，获得思想启迪，享受审美乐趣"的境界。

现将康轩版与人教版的单元主题呈现如下，见表4：

表4

	康轩版	人教版
一上	快乐的玩，甜蜜的家	汉语拼音，识字，课文
一下	我长大了，花草的世界，我喜欢你，快乐时光	多彩的春天，家庭生活，保护环境，快乐的夏天，动脑筋想办法，我们的生活多么幸福，我们都有好品质，有趣的自然界

二上	新的开始,美丽的世界,班级风光,欢乐的节庆,动态阅读(语文游乐场)	美丽的秋天,丰富多彩的学校生活,热爱祖国,怎样看问题、想问题,友好相处、团结合作,关爱他人,保护环境、爱护动物,热爱科学
二下	人与桥,好听的故事,绿色的大地,左邻右舍,动态阅读(小书迷俱乐部)	春天里的发现;奉献与关爱;爱祖国,爱家乡;用心思考,勇于创造;热爱自然,了解自然;培养优秀的品质;要正确看待问题,善于思考;走进科技的世界
三上	时间的脚步,走过老地方,健康停看听,感谢在我心,动态阅读(动物小剧场)	多彩的生活,名人故事,心中的秋天,细心观察,灿烂的中华文化,壮丽的祖国山河,科学的思想方法,献出我们的爱
三下	春回大地,创意与发明,打造新小区,心情组曲,动态阅读(童话花园)	感受大自然的美好;爱护周围环境;怎样看问题、怎样想问题;丰富多彩的儿童生活;可贵的亲情、友情;神奇的科技世界;国际理解和友好;神话故事、传说
四上	大地之美,生活点滴,探索与发现,人间有爱,动态阅读(看板走廊)	自然奇观,观察与发现,中外童话,作家笔下的动物,我国的世界遗产,人间真情,成长的故事,科技成就
四下	心想事成,生活的艺术,节日与民俗,开创新世界,动态阅读(小小读书会)	走遍千山万水,以诚待人,大自然的启示,战争与和平,热爱生命,田园生活,执著的追求,故事长廊

五上	机智的故事,生命的光辉,走进大自然,人间有温情,动态阅读(与作家有约)	我爱阅读,月是故乡明,学习说明性文章,生活的启示,遨游汉字王国,父母之爱,不忘国耻,振兴中华,走近毛泽东
五下	珍爱时光,美丽窗口,问题与答案,艺术人生,阅读点线面(阅读历史会)	走进西部,永远的童年,语言的艺术,他们让我感动,中国古典名著之旅,走进信息世界,作家笔下的人,异域风情
六上	成长故事,文学万花筒,文化行脚,思考的重要,阅读点线面(媒体与报道)	感受自然,祖国在我心中,心灵之歌,珍爱我们的家园,初识鲁迅,轻叩诗歌的大门,人与动物,艺术的魅力
六下	人间角落,海天游踪,拥梦飞翔,告别童年	人生感悟,民风民俗,深深的怀念,外国名篇名著,科学精神,难忘小学生活

在比较分析中,我们发现两者共同的主题有:珍爱生命,了解自然,保护环境,关心社会生活,重视激发人间真情,注重培养发现问题、自主探究的能力。

其中,康轩版教材更贴近儿童生活,体现了以学生为主、以生活经验为中心、以学生能力发展为重心的建构理念,呈现出较为鲜明的文学性、生活性、趣味性、统整性。在选用本土化内容上尤其突出。除了在小学每周开设一节地方语选学课外,在教材内容上,每个年级都选编了一个单元的课文,介绍了台湾地区的自然风光、风土人情、节庆习俗等,生动浅显,图文并茂。而人教版教材的主题更加丰富多元,更具时代性,另外也增加了培养爱国主义思想,提倡奉献与关爱精神,了解中国古典名著、现代著名作家、著名领袖和英雄人物及外国名篇名著等专题内容的学习,并且把语文学习看成是一种人文积淀的过程,以语文点燃精神,以精神立人。重视语文学习是在不断的、大量的语言刺激、冲击之下习得的,在不丢弃适当的分析、讲解的前提下,更重视吟诵、感悟和积累。

3. 教材助读系统比较

我们知道,语文学习不应以掌握知识系统为价值取向,而应以培养学生运用母语进行交际的能力为己任。因此分析教材的助读系统，并加以比较，有助于我们进一步了解教材的价值追求。

康轩版的教材助读系统主要有这些内容组成：写在开头的话，单元导读，课文内容简介，问题与讨论，统整练习，统整活动。人教版的教材助读系统主要有：单元导读，略读课文导读，课后练习，语文园地。

先重点比较分析康轩版的统整练习与人教版的课后练习，以一上册为例。

康轩版在一上册每篇课文后都编排了统整练习，主要有以下四部分组成：（1）我会写字；（2）我会认字；（3）听、说、连、画等练习；（4）念一念词语或句子。

人教版一上册课后练习一般也是这样几部分组成：（1）我会读；（2）我会写；（3）我会连；（4）动手练习，如拼拼读读，读读画画等。

两者的基本内容一致，编者的意图也类似，都体现了语文听说读写综合能力的整合，并以"我会……"的话语暗示，鼓励学生自主学习。

至三年级，康轩版将一、二年级每篇课文后面都有的统整练习取消，保留每一单元后的统整活动，更具整合性。人教版依然保留每课后3至4题的练习，主要有读读、想想、理解词句含义、小练笔等内容。每个单元课文后则有语文园地。现以三上册为例，对两者进行比较。

康轩版每个单元的统整活动内容一般有：（1）辨认形近字；（2）辨认同音字；（3）认识标点符号（词语、句子、部首、修辞等）；（4）我会作文。

人教版每个单元的语文园地形式一般为：（1）口语交际与习作；（2）我的发现（主要是词语、句式、修辞等规律性知识）；（3）日积月累；（4）成语故事、趣味语文等。另外每两个单元还加入了"展示台"这一栏目，以鼓励学生大胆展示自己的学习过程。

通过比较，不难发现两者的练习内容基本相同，康轩版更侧重于语文基本知识的传授，可供学生细致地了解相关的学习过程。而人教版更善于以学习伙伴的身份或"平等中的首席"的角色引领学生自主发现，自主感悟，自由表达。同时还增加了中国传统文化知识的内容，鼓励学生在故事性的、生动有趣的情境中了解成语等知识。显然后者的教学理念更容易被学生接受，也更符合学习过程的基本规律。

三、收获与启示

康轩版与人教版在教材编排上虽有不同，但总体的结构、体例是相似的，所谓"和而不同"，都是秉承从自昭明太子萧统编《文选》以来中国沿用了一千五百年的文选型教材的体例，以单元主题组合内容，并辅之以恰当的练习。这说明文选型的教材编写在当前时代依然具有其存在的合理性与生命力。

两者的比较分析研究也告诉我们，在小学语文教材的呈现形式上，贴近儿童生活，针对儿童身心特点及语文学习规律的教学内容更受儿童的欢迎，有助于学习效率的提高。同时语文教材的选编要严格遵循语文学科的性质特点，作为教师在创造性运用教材时要坚持工具性与人文性的统一，注重全面提高学生的语文素养。

在教材的文化主题上，人教版教材相比康轩版更具开放性、包容性与时代性，让我们看到中华民族在改革开放的今天，立于世界文化之林的信念与气度；而康轩版教材凸显本土化的特色也体现了对于"民族的也是世界的"这一理念的思考与坚守。

总之，两岸在教材编写、教学实践等研究上还有待于进一步加强交流、探讨与合作，弘扬中华民族的优秀传统文化，运用当前时代发展的先进成果，共同促进中华民族的发展。

第四辑 思绪飞扬

做个"无知"的老师

苏格拉底曾说:"我只知我对这个世界一无所知。"人是靠"不知"引导着去认识世界并从事创造的,只有永远保持着对"不知"的好奇心,人才会不断地去探究,才会知道自己该做什么和能做什么。这样,生命的潜能才会不断地被发掘,一切才会不断地进步……

可是,在我们的课堂上,教师对于做一个无知者,或者说让学生在教师"不知"的引导下去探究,去求知,还是很不愿意的。请看下面的案例:

一年级学生刚入学不久,学完了单韵母,便学习复韵母。这天在课堂上,老师投影出示卡片,带领同学复习刚学的复韵母 ai、ei、ui,同时复习了四种声调的写法,接着告诉学生:今天我们要学习一种新本领——给复韵母标调,先听老师念儿歌:"有 a 先找 a,没 a 找 o、e,i、u 并列标在后。"

然后请学生跟着老师念了三四遍。

老师一边带学生念,一边在黑板上给 ai、ei、ui 标上了第一声的声调,问:"谁会念这个儿歌了?"

有几个小朋友举起了手。老师便叫其中的三个站起来念了一下,肯定了背得好的同学,并为个别出错的同学纠正了错误,就又请全班学生一起念这个儿歌。

念完后,老师在已标了第一声的 ai、ei、ui 边上写上了相同的三个复韵母，请学生说说该怎么给它们标声调。老师或请学生开火车，或请各个层面的学生回答，并加以评价。

声调全部标完后，老师又带着小朋友用各种形式读标着四声的这些复韵母。

这则案例中，老师也有多媒体技术的运用，也注意采用多种教学形式调动学生的学习兴趣。但还是惟恐自己讲得不够多，学生不明白，担心一年级的学生学习能力不够强，便越俎代庖，将本可以由学生自己体悟、自己建构的标调方法，通过教学生背儿歌来代替了。这样学生没有自己的理解、体验，学到的只是死记硬背。要改变这种现状，教师应该做到：

1. 相信学生。教师要坚信，没有不可教育的学生，只有不善教育的老师。最主要的是给予每一个学生充分的选择机会和发展空间。在上述案例中，老师完全应该相信学生有自己的观察、理解、判断、分析的能力，放手让学生自己去发现标调的规律。比如教师可以先让学生观察一组标调的复韵母，然后说一说，声调一般标在什么地方，再启发学生把每个小朋友的意见统一起来加以归并，自己试着想好办法记住。

2. 平等交流。教师还应明确，课堂教学不仅是学生知识的建构，更是生命的对话；课堂不是教师表演的舞台，而是师生之间、生生之间平等交流、互动促学的天地。在上述案例中，教师只是将要学生了解的标调规则通过指导学生念儿歌的形式来教给学生，教师还是固守课堂的主宰地位，以自我为中心，认为只要自己讲了，学生就会记住了。在这样的过程中，学生是机械地读、背，被动地接受，被迫地学习，毫无个性张扬的机会，因此根本不可能展现他们的精彩。

3. 激活经验。建构主义理论认为，教师要千方百计地联系原有的知识背景，激活学生已有的知识经验，促进学生知识的能动建构。在上述案例中，教师也注意了知识的前后联系，让学生复习了教过的有关复韵母和声调的写法，为标调学习作了一些铺垫。但是这些知识背景与本课学习内容的联系还不够紧密。因此不妨做这样的调整：先让学生看看单韵母组成的音节，进一步明确标调要标在韵母上。然后复习教过的复韵母后，再启发学生思考：有两个韵母组成的复韵母标调又有什么要注意的地方呢，请大家仔细观察，想一想，说一说。另外在学完这一课后可以联系以后的学习加以延伸：除了今天小朋友的发现，在标调时还有什么规则呢？等下节课学习后，大家又会有新发现的。这样当学 ao、ou、iu 时，就可以一边巩固已经发现的规则，同时进一步完善"i、u 并列标在后"的要领了。

微笑着问一声好

一年级很重视小学生的日常行为规范养成教育，教师、家长都告诉孩子们见到老师要主动问好，学生也都明白这个道理。可是快一个学期下来，学生却并未养成习惯。这是什么原因，应该怎么解决这一问题呢？

一天在学生的写话作业中，我发现包菡小朋友的一篇短文："早上天气好，我高高兴兴背着书包上学校。见到老师，我有礼貌地问声好。老师夸我做得好，我也眯眯笑。"

在这段话中，孩子表达了自己真实的想法，那种得到老师表扬后高兴的心情跃然纸上。况且孩子才学了一个学期，能够写这样的短文，我看着自然高兴。

在班上读了这篇短文后，我又说了一番话："包菡同学做得多好，让我们向她学习，希望有更多的小朋友见到老师能主动问好。"然而接下去的几天，情况仍然没有根本改变。

我不由地反思其中的原因，这究竟是为什么？主动向老师问好是一种细节，从中也折射出孩子的一种心态，不能做到这一点，是行为规范的欠缺，也是教育的一个失误。作为教师，我不光晓之以理，也运用了正面引导的方法，为什么收效甚微呢？回过头再去看那篇短文，又反观自己的言行，我猛然感觉在教学与日常生活中，自己仍然只是作为一个道德的灌输者，或者说是一个行为的命令者要求学生去做。对学生的行为教育我还能做些什么，难道仅仅是表扬的举动吗？

第二天一早，我来到学校，走进教室，发现到了的学生不多，我微笑着说："小朋友们早，你们比老师到得还早，都是爱学习的好孩子！"

学生开始一愣，转而很快喊起来："周老师早，周老师好！"稚嫩的童声传达着他们的喜悦。

接下去陆续有学生进教室，有的主动向我问好，我也笑着回答："你早！"或者摸摸他的小脑袋说一声："你真懂事！"有的忘了问好，我就跟他打招呼："同学，你早！"有的孩子马上想起来了，有的稍一迟疑，也跟着说了；还有的经边上同学略加提醒，立刻也知道了。

第三天、第四天……一星期左右，班上的同学与老师之间形成了主动友好的交际问候：早上，老师一进教室，师生之间互相问早、问好；放学了，大家互道再见。一切是那么的自然、平等、和谐。

由这件小事，我真切地体会到：师生的平等应该体现在每一时每一处。即使是一句轻轻的问候，为什么不能由老师先发出呢？老师，请放下架子，作为一个平等的人，出现在我们的学生面前吧。

故事游戏中的成长路

孩子上幼儿园了,回家时却不愿上楼,因为家住在六楼,他说走上去太累了。说真的,走上楼去不要说孩子,大人也会感到累;但是如果抱他上去,不仅大人会更累,而且孩子也失去了极好的锻炼机会。怎么办呢?答应这不恰当的要求,无疑是纵容孩子找借口逃避付出努力;用武力强迫,只会适得其反,今后他会更讨厌自己走楼梯。对,何不这样做!

"小杰,还记得妈妈给你讲过的《龟兔赛跑》的故事吗?"

"当然记得!"

"故事中的小白兔和小乌龟,你喜欢谁?"

"当然是小乌龟了,它坚持到最后取得了胜利。"

"现在,我们来表演一下这个故事,你想当什么?"

"那当然是小乌龟了。不过你可是小白兔,别赖皮哦!"

"好,拉钩!"

"一、二、三,开始!"

小小的楼道里,便开始了"龟兔赛跑"表演——

"妈妈,现在你要走快一点,因为小白兔开始比小乌龟跑得快。"

"好,你可不要泄气停下来。"

到五楼了,我看到孩子落在了三楼,便故意大声说:"快到终点了,可是,小乌龟在哪儿,连个影子也看不见,一定慢吞吞地在后面了,不知他什么时候才能赶上来呢。唉,反正离终点也不远了,睡上一觉也不迟。"

边说边装出打瞌睡的样子,脸朝墙壁,站到了一边。

孩子听到这些,便哎哟、哎哟地加快脚步赶上来了。快到五楼了,他悄悄地踮起脚,轻轻地从我身边超过了。

"我赢了,我赢了!"他在家门口欢呼着,脸上露出胜利的喜悦。

从这天起,他便爱上了登楼梯,每天一打开电子防盗门就说:"妈妈,我们再来演《龟兔赛跑》吧!"

不过,孩子也有玩厌的日子。于是我们就再演《龟兔赛跑》的故事新编,交换角色,这一次是孩子当小白兔帮助小乌龟一起取得了胜利,那一次是小乌龟动脑筋想出好办法赢得了胜利。有时,我们边登楼梯边编演自己的龟兔故事。我们还演出了许许多多稀奇有趣、富有创意的故事:"黑猫警长捉小偷","孙悟空探路","蓝猫淘气寻宝","孙膑与三十六计"……这些故事,都是以孩子平时看到的、听过的、喜欢的故事做蓝本,再根据楼道里的实际情况和孩子的一些想法加以适当的改编。就是这一个个故事,已伴随着孩子登上了10万多级台阶,我想也将伴随着他走上漫漫的人生旅程。

工作着是美丽的

最早看到这句话，大概是在我的初中时代吧。父亲喜欢买书，也经常从图书馆里借一些书来看。我记得其中有一本书，作者是陈学昭，一个中国女作家，题目就叫"工作着是美丽的"。

书的内容已经随着岁月的流逝，渐渐淡忘了，只依稀记得好像是这位女作家的自传体长篇小说，分上下卷，上卷是解放战争时期写的吧，下卷写自己解放后的工作经历，好像做了"右"派，还经历了"文革"等挫折。有些文字或者含义以我当时的阅历是不大理解的，那时只是根据书的内容大致很快地翻一下浏览一番，现在看来，能够记得这些已经是不错的了。然而这书的题目——这句话，却不知怎么的居然就牢牢地记住了，并且好几次在自己的工作总结或者在早些时候给其他老师做遵命性质的美其名曰"报告"中引用过。可能是因为这个句子的形式新颖，也可能是因为它的不同一般的内在含义吧，就像一粒看似平凡的沙掉进了蚌的体内，经历了许许多多日子的揉磨，竟然成了珍珠！

今天早上，我又一次看见了这句话：

工作着是美丽的。

其实这也不是我第一次在这面墙上看到这句话了。大概在两年前这座桥建成不久，一个早上赶着去一个小学听课，骑车经过这里，我就看见过这句话。

今天，一个同样普通的早晨，坐在下乡的车上，乘坐的小型巴士在这座建造于姚江之上的桥上如往日一般经过的时候,我突然感觉我生活的城市在这样一个平常的早晨呈现出一种不同一般的美丽：

春来了。

桥下江水正显出清亮的柔情，让我的心也在骤然间柔软了起来。

不远处江边上是正在兴建的宁波市形象工程之———宁波大剧院，临水，淡青而洁净的外壳，好像一架无比庞大的钢琴，静静地卧在一片巨大开阔的场地上。剧院的前面呈弧线状连着宽敞的不断抬升的台阶，仿佛钢琴演奏出来的音阶一般，又宛如春风中不断漾开的水波似的。正对着正门的台阶中间栽种着来自远方的高大的海枣树，两边各有一排矮矮的花木作衬托；剧院的后面是沿江公园、绿地，江流宛转，自北向南又向东淌去……工程还未最后竣工，早起的赶工程的建筑工人已经在劳作了。

江的这一岸，也是大片的沿江绿化带，然后隔着马路，就在这面墙的边上，是一大片一大片的居民住宅区，这里是宁波市最早的居民住宅区之———高塘新村（共有四村），新村的边上是前几年兴建的在当时算漂亮时新的高塘花园住宅区；再远一点是近两年建造的前几天住户们刚拿到钥匙的"东方威尼斯"小区。

早晨的阳光照在这句话上，深深的字色，庄重的字体，工整地书写于这面墙上，有一个瞬间，毫无思想准备、没有丝毫过渡的，我的耳边居然隐隐地响起了那首歌："太阳啊太阳像一把金梭，月亮啊月亮像一把银梭，交给你交给我，看谁织出最美的生活……"

生活——

是啊，生活，有多少人能参透生活的真正的意义呢？

而工作，工作又究竟是为了什么呢？

记得年轻的时候，大概参加工作没几年吧，我何尝不是热血翻腾、激情澎湃；也记得随着时间的流逝，我也常常为了一个个在别人看来应该达到的目标，步步努力，尽良心做事；还有不少时候，每天朝五晚九，日出而出，月出而归，就不免感慨蝼蚁人生，工作劳累……现如今，我照样早出晚归，四处奔波，却不知为什么，心态居然平和了许多。

也许是年龄的关系？也许是经历的原因？

这便使我想起前几天在区里举办的一个新课程中小学骨干教师研修班上，对那些比自己年轻许多的培训班学员所说的几句心里话：

"回眸逝去的年华，生命就这样在看似平淡其实也真的很平常的日子间流逝了，仿佛就是指间的沙。说不上奉献，说不上超越，不过随着年龄的增长，对人生的感悟倒是不断地丰富，因而日子也就格外地充实。我们或如空谷幽兰，或若灿烂烟花，可我们的生命价值就这样因为所从事的工作、因为自己曾经付出的努力而得以升华！"

我觉得自己说不上什么高尚，更谈不上崇高，对生活的感悟，也远没有达到超凡脱俗的深邃境界，但是今天早晨又看到了这句话，我依然为之感动——工作着是美丽的。

顿　　悟

　　在这个春天过去之际，要谈谈自己对新课程的理解，似乎突然有了一种顿悟。

　　也许是因为战争带来的影响，也许是因为 SARS 的缘故，也许还因为一些人的离开——人们似乎比以往的任何时候都更为关注心灵世界，关注自身的生命存在形态。

　　于是，在上下班的途中，在匆促忙碌的间隙，春日的花树，春日的雨声，春日的风影……较往日更为入心，感动或许就在这时涌上：人，也如同这景、这物一般经历着生命的过程，如何让别人、让世界观照更多的美丽？顿悟就来自这样的瞬间——

　　教学过程也应该成为个体生命成长的一段历程。就让我们与学生一起共度一段美好的人生，美丽或许就会常驻于我们的生命。

　　教学中应该多一些理解。比如师生之间的理解，读者与文本、与作者之间的理解，人对于生活、对于生命、对于心灵的理解……尽管学生有学生的理解，我有我的理解，我们不可能重合，但我们都会将各自原有的认识不断深入、延伸，不断丰富我们的学习生活，不断提升我们的生命精神质量。

　　作为一个语文教师，也许更可以为之自豪。因为其他学科的教师可能再也不会比我们拥有更多的来自心灵深处的一种感悟了。语文就植根在我们的生命之中，伴随着我们的母体跟我们一起来到这个世界。当我在课堂上和学生一起读着那些古诗美文的时候，我们就好像一起触摸着一个个曾经拥有过世界的鲜活的灵魂，他们承载着我们人类丰厚深沉的文化，让我们感念，让我们终身受其影响；当我与学生一起探讨着自己对语言文字的独特理解，尽情发表自己观点的时候，我们更能体验个性阅读带来的美好享受，并因而热爱语文，热爱学习；当我欣赏学生的作业如写话或作文，在他们的本子上肯定、赞赏、激励他们运用语言文字等形式表现自己对生活对世界对生命的观察、理解、思考、创造的时候，我们在那一刻或许能够"心有灵犀一点通"，我们又将语文进行了最好的提升……

我们理解着新课程，实施着新课程，生成着新课程，完善着新课程，并且凭借着新课程引领学生认识自我、完善自我，与世界交流，与心灵对话。

"千江有水千江月，万里无云万里天。"

纳帕海上的孩子

高原的人们将湖泊等都称为"海"。它们其实是一些高山之下的草原沼泽，很开阔，雪山上的融水多了，就成了一片海子。

去年暑假，我们去了香格里拉的纳帕海。我们去的时节，水不多，只是在远远的草原深处有水，湿润着一片碧草。近处，是一大片的草地，草色是那般的鲜嫩。

一下车，我就跑着扑向草甸……

气温只有10多度。大草原在迎接我的同时，让我猛然间打了个冷颤：太痛快了！多么干冷、新鲜的气息！

这时，我才看到近处有不少藏民拥了过来，手中牵着马，不高，但壮实。

我忙着一路跑，也没有顾上，虽说是海拔3000多米，感觉却好得实在说不出来。在草地上，我突然双手撑地，身子翻转，打了一个虎跳（这是我从小就会的，已经有10多年没有练习了，现在30多岁了，居然在云贵高原上来了这么一下），啊！随行的一个50多岁的女老师看呆了，大声喝彩，不料脚一歪，竟踩在了一堆马粪上，大家不由欢笑起来……

看了草原，拍了照，心静下来，就发现近处草原的边沿上，有许多藏民和马，同行的老师早有骑上马的，在草原上奔跑，一直往前，往前，跑到草地上还不是很湿的边沿处……

看我注视奔马，就有一两个藏胞牵马靠拢。他们有的还是半大不小的孩子啊！

一问，跑一趟马来回的价钱，竟然要30元，就这么几分钟，跑千把米。不过想来一趟也不容易，于是就在他们的帮助下上了马。牵着我的马的是一个女子，开始她在我坐上后跟着骑在后面，看马跑得还稳的，她又跳下来在后面跟着。跑了不一会儿，马就自然地慢下来，在草上啃啊啃。她也跟上来了。我问："妹妹，你今年多大了？"

重复了两遍，她大概明白了，用生硬的汉语答："14岁。"

我惊奇地看了看，更惊异的是，一个14岁的女孩，让我怎么会感觉她已经快30岁了！从身材看，她应该是这样的年龄，但是那一张脸，却分明告诉我：有多少风霜在上面肆虐。脸型挺好，大大的眼睛，弯弯的眉毛，可是却有那么多的刀刻般的皱纹。

"你读中学了吧？"

"早就不读了。"

"读到几年级？"

"小学四年级。我们这里都这样。多读也没用。"

"怎么会没用？！"

"就是这样的，大人也说的。"

给同行的两个老教师牵马的也是两个孩子，比我的这个似乎还小，一个男孩、一个女孩。老师问他们，情形也是一致。

"每天这里都有人来骑马吗？"

"这些日子很多的，从早到晚，都很忙。"

"你们每天都在这里牵马，可以挣多少钱？"

"不多，钱都给那些人挣了。马是他们的。"

唉……无边的感慨，就这样升起，在顷刻间，弥漫我心头——刚下车时的喜悦与轻松早就烟消云散了。

直到现在，当我打以上这些文字时，我的眼前仿佛又依稀地看到了那张与年龄极不相称的脸，还有沉重。

支教的点点滴滴
——在支教总结会上的讲话

今天能够坐在这里，回顾一学年来自己的工作、学习、生活，向各位老师汇报、交流，感觉很荣幸，也很激动……记得去年8月，局领导决定要我参加区里第一批的支教活动，我便选择了这里。毕竟人都是有丰富的感情的，这里是我的母校，也是我童年的乐园；是我参加工作的第一站，也是我成长、发展的起点；这里有多少生命的歌吟，有多少记忆的积淀，也有太多太多的足迹……今天，本着评价就是对话、交流，从而达到价值提升的目的，就让我选取这一年中的点滴思绪，向在座的每一位老师袒露一下自己的心声吧！

◎下乡支教的第一天——

回到了曾经度过我整个小学阶段的母校——后来又在这里开始走上最初的三年工作时光——往日的情境似乎还在眼前，可是一切的一切已然不惟一再，惟一剩下的就仅有一位教过我又一起工作过的老师。乍一见面，她是何等的美丽动人，颀长的身材，白皙的皮肤……似乎岁月不曾在她身上驻足！也许常跟学生在一起不会老吧，也许在孩子的心里一切都是美好的，也许是自己心头的那些记忆给我这样神奇的感觉！

与搭班的一些老师进行了接触，感觉好像面对着18年前那个刚刚踏上工作岗位不久的自己，觉得自己也是这样走过的，当初也是一样的淳朴、执着；看着那母校惟一留存下来的半座旧楼，想起最东边自己曾经坐过的儿时的教室早已化作了尘烟;大操场比过去高了,边上新添的儿童游乐器具也有了几分时代感;教室比过去的新了,也添了电视与投影仪等设备,虽然还远不能与市区的学校相比……上了两节课,不过中午和下午放学后还得给学生改作业、辅导功课,忙不完的事情。

一早出发(6点半不到),一路风尘,到学校却已经是7点半多了点。走到要承担教学任务的一年级(一)班,与年轻的班主任老师进行了交谈,感觉生源确实不尽人意。上了两堂课后,觉得这些学生是无辜的,是可爱的(他们尽管出生在不同的家庭,家庭所在的文化氛围不好,家长的教育水平不高),也跟市区的学生一样的天真、纯洁,但要把他们教好,需要付出比平常更多的心血。据说,班上有两个学生一点都听不懂怎么上课、学习的要求(其中一个智力有障碍,站的时间长了就会倒下,说话也含糊不清……),有将近20个孩子的家长都是外来的民工,他们在这个小镇上有的骑三轮车,有的为别人卖力,有的在工地上找活干,还有的摆一些小摊子,经营一点小商品……更多的孩子,父母或者是小镇上的农民,或者是小厂子里的工人。这个镇子上原来的居民许多都去宁波或者其他更好的地方了。很想跟这些孩子的家长谈一谈怎样进行家庭教育、怎样创设良好的教育氛围……便跟其他几位平行班的老师商量,却说可能效果不好。想到即将开展的新课程教学,想到现实的这些学生以及他们各自的家庭,忧心忡忡……回到家已经是傍晚6点多了。

◎教师节即将来临——

事情更多。这几天感觉很不舒服,嗓子哑了,说话很难听,给学生上课很吃力。孩子们上课的精神也不太好,真累啊。也许是昨夜修改一篇案例太晚入睡了吧,早晨在车上就想睡觉,下午在办公室趴了一会儿,又在回家的车上闭了一会儿眼睛,依然感觉有点吃力。回家还得烧饭、做菜,生活真累啊!

不过作为教师,在哪里上课都是上课,想到那些一直以来都在落后地区工作的老师们,想起在座的各位老师,你们付出的更多更多,与你们相比,上天却给予了我更多的机会。如果没有孩子、没有家庭的牵挂,我真愿意一辈子呆在一个个落后的地区，静心教好那些学生——尽管他们自身的条件差一点，各自的家庭学习环境落后些，但是他们同样有权利享受教育带来的命运的改变。

◎下乡半个学期后，我们去了下面的几个完小听课——

在崇本学校，校园前是一个小池塘，校园背靠着一座小山。记得10多年前，我曾到这里上过一次课，那一天正好刮着台风下着大雨，那一排教学楼前的小水泥操场还是一片黄泥地。上完课回家的时候，身上几乎没有干的地方了，脚下的鞋里也灌进了不少泥水……这次听课，发现校舍有所改观，风景依旧美好，孩子依然可爱，更有了许多感慨。一边听着课，一边就突然想起了《美丽的大脚》那部感人的片子——因为这天下午第二节上课的是一位怀孕八九个月的女老师，当她挺着大肚子，在讲台上读着课文，那清脆、标准、动听的普通话音在教室回响，飘向窗外的山坡、树林、秋日的天空的时候，我想起了"大脚"老师（倪萍扮演的角色）在黄土地的学校里上课的情景；当年轻的准妈妈念着课文《大自然的语言》，那文中我也曾教过的句子反复出现的时候，我好像听到了苍穹上白云的轻吟……

云湖——多美的一个名字，风景更似世外桃源。清风拂面，我们的车子绕过了几座山，爬上了水库，翻过了一道小坡，停在山腰上的时候，眼前豁然开朗，"云湖小学"四个字出现在眼前。走过水泥操场，看着那一横两竖的两层教学楼笼罩在秋阳下，孩子在操场上自由玩耍，我觉得这就是山村孩子的理想乐园。坐在教室里听着课，不经意间目光被清风牵引，突然看见隔着一座山头，从一片片绿荫之中袅袅升起一缕炊烟，思绪也随之飘了起来。当目光转向右边窗外的时候，发现山上一棵柿子树上挂起了一个个小黄灯笼，虽已中秋过后，山上还是层层叠叠的绿，教学楼下的那棵桂花树还未飘香，但心中已无限美好。在这样清纯得似乎不染一丝尘烟的地方，我仿佛觉得身外的一切都不足挂齿了。

……

在这一年中，这样的感触很多很多，它们时时都会涌上我的心头。不是吗？每日里相处的每一位老师都是那么的朴实无华，他们上的课也是那么真实，不做任何的粉饰、装点，生活是实实在在的生活，日子就这样实实在在，却又匆匆忙忙地走过了。

回想临出发前，局长对我们提出的要求："教一个班级的一门课，带两个徒弟，上三节公开课，做一次讲座，听四十节课"——在数量上是超过了，至于质量，则由各位老师评说。

现在，请允许我再次表达一下心中的感激之情吧，尽管诉诸言语的表达是那么的苍白，但我还是要说：各位老师，你们过去是我的老师，今后也将是我教书育人、立身处世的一面面明镜；感谢各位领导、老师对我生活、学习、工作上的帮助、照顾。

一本孩子手工自制的小书

10多年前,第10个教师节来临的时候,我像往日一样上班去。那时我已经工作了近10年,教语文当班主任,对工作已经比较适应,但也会经常感叹教好学生是很难的。

9月,正是初秋,早晨时一切还是很清爽的。虽是教师节,走进学校的时候还是感觉那天与往日没有什么不同。我到得有点早,来到办公室,打开窗户,放下提包,坐在办公桌前,正要准备打扫卫生,突然发现桌上有一小叠纸,仔细看却不是纸,是一本看上去装订得很粗糙的"书",三寸见方,手工做成的,边上钉着两枚订书针。第一页上有不很平直的稚嫩的笔迹,用铅笔书写着这几个字:给周老师的故事。看那熟悉的字迹,我认出了是他——小岑写的。

小岑,一个可爱的男孩子,聪明、肯动脑、喜欢辩解,可是做事情动作特慢。上一年暑假里去新生家进行入学前第一次家访,就他跟爷爷在家,他的伶牙俐齿让我记住了这个小人精。谁知道一开学,课堂上教了有关内容,开始做作业了,尽管我把握笔的要领及方法讲清楚了,他却无从下手,柔软无骨的小手一把抓着笔,怎么也画不成字。看来是手指小肌肉群发育得不好。我握着他的小手一笔一笔地把着他写,他依然写得满头大汗,更没想到的是我的手一放开他就又不知道怎么把握了。放学后,我让他坐在我身边继续练习书写,虽然费了很多力气,可是进步依然不大。跟他妈妈谈了之后,知道父母工作很忙,一直由爷爷奶奶带他,空的时候就让他看看电视，讲个故事，最多就是带他到各处走走，握笔、做事情是从来没有过的。

这之后的每天放学，我都让他晚走几分钟练习写字。慢慢地，他能够握笔了，然后也把字写得有点样子了。可是一到课堂上做作业，他总是跟不上其他同学的速度。别人只需做5分钟的作业，他往往要写上半个小时。渐渐地，他就拉作业，甚至不做了。有时，我让他留着补上了；有时，就让他选择说给我听；有时，望着他无奈的眼神，我就说算了，今天就先写这些别的不做了，这时他也似乎松了口气。可是每次考试，他又要用比全班同学至少多做一倍的时间才能完成……还是顺其自然吧。

今天，他会给我一个怎样的"故事"呢？翻开第一页，我就惊喜，里面不光有他的一行字，上面还有一幅小小的画，以后的几页都是这样的——这是一本他自己绘画写作的连环画小人书啊！

"周老师是我的老师。

她每天辛辛苦苦地教我读书、写字。

老师就像园丁，我们就像花儿。

今天是您的节日。

老师，我祝您永远健康、幸福！"

……

看着这一幅幅并不精美的画，读着这一句句异常朴实的话语，我的心颤动了：这是我收到的最珍贵的礼物，这分明是一个孩子用他赤诚的童心在倾诉天底下最美好的祝福与情感！我只是做了一个教师应该做的，他，一个孩子却告诉我，爱是付出，也是回报！

在我已经过去的近20年的教学生涯中，发生了许许多多的故事，虽然都像这件事一样看似平凡，却时时提醒着我不断反思自己的教学行为，时时激励着我尽心尽力做一个教书育人的好老师。

爱 在 细 节

前些日子收到一位家长给我的 E-mail：

"遇上好老师对孩子来说是一件最幸运的事了。我家宁宁的运气真好，幼儿园时老师教会了他遇到问题要自己去寻找答案。现在又碰到了您。他真的很崇拜您，总是跟我说您上课有多好，自己读懂课文时的感觉真有趣，春游后回学校的路上老师带他们朗诵诗歌时心情有多爽……"

读着家长的信，没想到自认为平常的一些事在孩子的心目中是这样的诗意，这让我不由地想起了自己当小学生时的那些情景，尽管已经过去了近30年。

那一天下午活动课的时候，老师说带我们去登山。

"啊！好！登山去了！"

"老师还从未带我们去登山哪！"

"哈哈哈哈……"

全班同学排着队出发了。一路上我们说着唱着笑着，走不多远，来到小镇的西北角，沿着蜿蜒的小路上山。这时候老师掏出不知什么时候藏在口袋里的一条长绳，让最强壮最有力气的几个男同学走到队伍的前面，要求同学们一个个牵着绳登上山去，老师走在队伍的中间看着我们。因为山虽然不高，不过百来米，却有点陡，那时候，我们才念小学二三年级。

快到山顶，有一处平坦的草坪，老师看我们有些累了，就说在这里休息一会儿吧。于是大家都挨着老师坐下了。山风轻轻吹拂，老师一会儿为这个擦擦脸，一会儿为那个梳理一下小辫。山的那边是一大片广阔的农田，农田的边上有明镜般的湖，有我们生活的小镇。远处有几条公路直直又弯弯，突然更远处铁轨上开来了一列火车。有同学惊喜地叫了起来："火车来了！"

"火车怎么变小了，变细了！"

"火车就像一条蛇！"

老师看着我们微笑着。

老师说："我们来唱唱歌，或者背背诗歌、课文吧。"一个同学起了头，其他同学就跟了上去，山间飘荡着我们稚嫩的童音，和着阵阵的松涛……就这样，瞬间定格为永恒。

以后的几年中，老师又多次带我们登山、做游戏、搞活动，这些都成为看似平常的小学生活中最美好的回忆。

是的，随着时光的流逝，老师在课堂上说的一些话、做的一些事似乎淡了更淡了，而另外一些看似平常的情景却在不知不觉间浮了上来，在某些特定的时候突然让我们感动。很多时候，这样的感动来自于细节，教育更应该于细微处见精神。如前面的故事，老师没有使用多媒体等教育辅助手段，没有做任何刻意的铺陈，仅是背一些诗文，仅是登山、春游而已，但其间蕴涵的人文内涵，对于学生精神领域的影响是深广的。作为小学教师，如果我们热爱工作，热爱每一个孩子，我们就会每天尽自己所能做好一些看似平常的事情，或许就在这样的平淡之中创造了伟大。

由石榴想起……

初夏，天气依然还不热，大树底下、高楼屋檐前阴凉宜人。

公园里，马路边，校园中……远远望去，已经是一片浓荫。不过别以为太单调了，就在那万绿丛中，有白的夹竹桃，粉红的杜鹃，最抢眼的自然是那火焰般的石榴。

说起石榴，无疑是这一季节最亮丽的风景之一。印象中最深的莫过于郭沫若曾写过的关于石榴的散文，当初还会背，那是初中时候读过的，可惜现在已经记不全里面的句子了。

如今，课余、下班的路上，就在放眼远望之时，我又看见了石榴，于绿肥红瘦之际，照亮了我的心田，也令我不由不怀念起过去的时光。

在那个有着渊远历史的中学，在那个背山面湖的校园里，我曾经是那样自然地生活，毫不掩饰自己的缺点，活得真实，活得率直。

记得校园里有一些古迹，也有许多或名贵或平常的各色花木，它们与周围的景致极其和谐地融合，点缀了我少年时经常漫步的一条条校园小径。夏日里，梧桐浓荫如盖；秋季时，银杏金叶翻飞；冬雪中，腊梅馨香入心；春光下，香樟幽然吐芳……也有优雅的女贞，精致的黄杨，挺直的山毛榉……排球场边那棵高大的雪松，都超过了四层的教学楼，亭亭的华盖下，有多少少男少女的身姿翩跹飘逸……校园的后面就是山，沿着小路上山，那里是错落深幽的竹林。一阵春雨之后，一个人走在石径上，耳际不时回响起竹笋拔节的毕剥声……

也记得那一幅幅隽永无比的水墨画。江南多雨，每逢雨前，或者雨后的时光，天地之间还留着许多的水汽，于是就在山边，弥漫起一幅幅浑然天成的画卷。有一次，正与同学走在湖边上，甩着书包，漫天漫地地讨论着一个话题。一回头，便惊呆了，一时无语，就这么傻傻地看着，同学见了也不知什么原因，好奇地打量，却并不笑。待都回头时，也不声响了。接下去的回家路上，几个同学似乎都失了言语，好长的一段路，大家都不愿意打破这心底的宁静，就这么走着走着……现今，这些朋友大多在一个城市里，虽然不常联系，但是我知道他们心底的一隅，一定也藏着那一段段美好的回忆。记得去年11月，在北京，刚出机场，突然手机响了，不是熟悉的号码，接通之后，居然是一个初中同学，真没想到。

远远地看着那万绿丛中的点点滴滴的火红，少年时代的事就这样不知不觉地凸现了，这多少得益于多年来的学习经历。不由感叹：一个学校，一定要有良好的环境，无论是自然的，无论是人文的，也许这一切在多年以后都会在曾经的学子们的心中激起层层涟漪。

当初的校园里也很有几幢建筑，最悠久的当数大礼堂边，那不起眼的一个小亭子，据说是唐代的遗迹（这里曾经是旧时书院的所在地），虽然呈风雨飘摇之势，但经历了"文化大革命"，居然还风骨依稀，不能不说是一个奇迹。然后还有四九楼，五三楼，五四楼（从楼名中可以清楚地知晓他们经历了悠远的年代）……在百年校庆之前，这些楼又恢复了原名，如其中的四九楼又改叫抹云楼，大概就是取自秦观的词《满庭芳·山抹微云》："山抹微云，天连衰草，画角声断谯门。暂停征棹，聊共引离尊。多少蓬莱旧事，空回首、烟霭纷纷。斜阳外，寒鸦万点，流水绕孤村……"虽说内容上没有什么联系，可能因为词中的那些风景，那种意境与眼前的有几分接近，便取了这名字吧。

校园中的人更是别具一格，一位位老师都很有一些故事，可以说每个人的故事都能成为一本书，一部传奇——他们中有的出自北大哲学系，有的出自复旦数学系，也有浙大、北师大……当然以后也有工农兵学员，还有新一代大学生，一时三刻也说不完，就不提他们了。早些年，在我读中学的时候，他们有一些是住在学校里的，就在那山腰上，学生宿舍的后面，依着山，有许多院子，院子后边有田，院子边上有树，院子里就是他们的家。也有的在镇子里的各个院子中生活，记得我家的隔壁也有两家老师。一个是工农兵学员，后来成为这所中学的校长，现在已经退休了；一个是从新疆回来的上海支边队伍中的一员，后来是学校里的后勤工作者……

突然就想起了《围城》的故事，呵呵，感谢钱钟书，留下那么好的作品。

人生剪影

记得小学时候，课堂上，老师给我们讲四个现代化，谈未来的日子，也让我们谈理想，想到21世纪，想到那时候自己该有30多岁了，看到周围同学们个个眼睛亮亮的，充满着希望，满含着憧憬……我也很激动。热切之余我又觉得一切都似乎离自己很遥远很遥远。

现在回望昔日的时光，仿佛还在眼前，可自己已经40多岁了，日子过得真快啊！曾经畅谈的未来已经成为过去了。小时候不敢想、想不到的事情许多已经实现。未能实现的似乎并不觉得十分后悔，更多的事情或许逐渐淡忘了，但总有些事有些人却并未随着岁月淡去，在某些时候，会突然跃入心头，让我深深触动并为之感动。

只读过中班的幼儿园

我的童年是在一个江南古老的小镇度过的。小镇是一个历史文化名镇，设治始于吴越勾践时，已经有两千多年的历史，是个人杰地灵的地方，千百年来出了不少名人才子学者。镇子三面环山，北边有一个明镜般的湖，南边有江，镇上还有小河穿过，不过后来逐渐填平了，建了水泥路。

我的父亲是一个中学教师，他很喜欢看书，除了从学校图书馆借书，他也经常用微薄的工资积余买些书。所以，尽管那时候我们跟许多人家一样生活条件都并不宽裕，但家中的书却不少。假期里，尤其是暑假里，晚饭后，院子里邻居们坐在一起拍着扇子乘凉时，父亲若有了兴致，也会给我们讲一些书上的故事。我印象最深的是《水浒传》，父亲用夹杂着浓厚异乡方音的普通话述说着鲁智深倒拔杨柳树、林冲雪夜上梁山、武松打虎三碗不过冈等故事。小伙伴们听得手舞足蹈，我也按捺不住的很想早日自己看懂这些书，把故事结果弄清楚。

当时邻居家许多孩子并不上幼儿园。但父亲希望我们喜欢读书，读好书。因此一天看到镇上幼儿园招生的告示，便决定让我去学习。那时我已经6岁，只能上幼儿园中班了。

我也很想上幼儿园。因为我很想骑小自行车。可是自行车太贵了，连大人都没钱买便于上下班用的自行车，更别说给我们孩子买用来玩耍的小自行车了。但是我偶尔从幼儿园外墙边经过，看见里面的小朋友在活动的时候骑着自行车，高兴地转来转去，别提有多神气、多吸引人了。于是，我也盼望着自己也能够骑上自行车，踩动踏板，向前、拐弯——多帅！谁知，进了幼儿园，才知道只有大班的小朋友才可以在活动课时骑自行车。这样，我又急切地盼着早点长大。

然而，才读了一年幼儿园的中班课程，过了暑假，在去上大班的那天早上，父亲带我从小学门口经过（幼儿园就在小学的隔壁），看到了小学招生的通告，意识到我的年龄已经符合了上小学的要求。于是，下午就牵着我的手，拿了户口簿来到了小学。负责招生的学校教导处的老师问了我几个问题之后，当场就同意了我上小学。

在念了半天幼儿园大班之后，唉！可怜我没有骑上自行车，就直接进入小学读书了。

快乐的小学

我们当时按所住的地段入学。我念的小学在镇上属于办学水平比较高的。一个年级有三个班级，我念的是甲班。我们的班主任是蔡老师。这是一个工作非常认真负责的老师，对学生也很关心。

　　蔡老师给我留下深刻印象的事情不少，对我今后从事教育工作或许也有着潜移默化的作用。

　　蔡老师是我们的班主任，低年级时，既教我们语文也教我们数学。她鼓励我们认真写字，告诉我们写好字的重要性。那时候每天中午总有10分钟左右的写字课，低年级练铅笔字，中年级练钢笔字，高年级练毛笔字。

　　蔡老师的普通话并不非常标准，但她要求我们注意发音规则，用各种方法鼓励我们正确流利有感情地读书，因此我们班的朗读水平不错。

　　每次活动课时，老师总会给我们讲些故事，读课外书，跟我们一起做游戏，或者准备参加学校比赛的项目。于是，《高玉宝的故事》、《雷锋的故事》、《红岩》等故事就进入我们的心田，润泽我们幼小的心灵。每天同学们都有了盼头，尽量抓紧时间学习，因为不要耽误听故事等活动啊。而老师跟同学们一起玩的时候也是大家最痛快的时候，我们一起抢球，一起跳长绳，一起练习广播操……最吸引我们的是偶尔老师还会带我们利用活动课的时间走出校门，去镇北的小山上玩。老师走在我们队伍的中间（前后都能够照看到），带着大家登上山坡，坐在山顶，看脚下的田地，看近处的村镇，看我们住的地方，看远方蜿蜒的公路。长绳般的铁轨上偶有火车开过，引发我们美好的遐想；清风吹拂着我们，将我们的歌声笑声朗诵声飘散……有时候，老师也会让我们说说自己的理想甚至梦想，于是小小的心底更对未来充满了无限的向往。

　　除了蔡老师教我们，小学阶段印象特别深的事儿还有不少。比如自己养蚕，拔草送到学校饲养场喂兔，比如在学校小农场里种菜、收番薯，秋天举办收获节，大家一起烤番薯吃；比如假期参加夏令营，学游泳，学习为向日葵授粉；比如参加春游秋游，采决明子、摘橡子去支援国家建设……记得有一年，我们学校种了一棵特别大的油菜，有一人多高，一棵菜就收了几十斤油菜籽。因为我个子长得矮，老师就让我和一个同学与大油菜合影。我们踮起脚使劲向上伸手，还够不着大油菜的枝头——据说这张照片还参加了北京的某个成果展览会呢。

小学时代，我无忧无虑地成长，那些学习、活动的内容现在想来还是挺有趣的，也觉得当时学校老师的不少做法还是比较符合教育教学规律的。

中考，我上了师范

1983年6月初中快毕业了，老师告诉我们可以参加三次考试，一次是初中毕业考，一次是参加中专考试，还有一次是考高中。

三次考试成绩都不错，我顺利毕业，并且被当地高中快班录取，参加中专考试的分数线也超过了录取资格线。

于是，冥冥中人生路上的第一次选择出现在我的面前：上高中，还是念中专？若上中专，该选择什么专业？

我想上高中，我觉得以往的学习并没费很大的劲。因为我喜欢读书，只有进入高中学习，才有可能考上大学并继续读下去。那时候我天真地想着，若考上大学就报考北京的大学，去祖国的首都看看。至于专业，我喜欢语文也喜欢地理历史生物等学科，我想当地质队员让山谷的风吹动红旗，我也想学好历史当考古学家，我还想研究生物的变化……就这样想着也是一件很开心的事。

父亲尽管一再说让我自己选择，但他还是让我填报了中专志愿，说先填着试试看吧。

当时符合我们女同学填报的志愿大致只有两类，一类是师范类的，一类是护理类的。究竟选什么呢？

我的祖母从故乡来信劝我千万别选报师范，因为她自己就是小学教师，深知做教师的辛苦与劳累。她疼爱我，不希望我太辛劳。父亲说是尊重我的选择，让我自己决定。

究竟选什么呢？我思来想去，小学时代教我的老师的形象一一浮现在眼前——蔡老师亲切的面容、负责的态度，还有其他老师带着我们一起快乐学习的情景……最后终于将师范专业作为第一志愿填上了。

于是，体检，面试。在面试时，师范学校面试的老师认为我用普通话朗读课文发音准确，提笔用毛笔写字书写规范（这也得益于父亲的教导。他让我们在假期里每天一定临帖练写至少半小时——他自己虽然教的是理科，但喜欢读书，也喜欢舞文弄墨）。而卫生学校的老师也似乎很喜欢我，因为我的视力不错，他曾问我的报名号，并确认我是否已经报了他所在的学校。但终是无缘了。

因为第一志愿填的是师范学校，所以录取通知书如期而来，这时候高中正要开学了。我就跟父亲说想到他所在的那个高中快班读书，但父亲却借口师范的录取通知书已经来了。他尽管说尊重我的选择，但是我隐隐地明白了他希望我读中专，原因可能主要因为一方面我的底下还有个弟弟，另一方面家境毕竟也不富裕。如果我上高中前途未定，而选择读中专的话，不仅有了职业，平时生活还有助学金……我说那就让我念几天高中试试吧，因为录取通知书上写着师范开学的时间是9月15日，我至少还可以试读半个月，不能上高中做半个月的高中生也好啊。父亲不同意，我也没办法。于是我便进入宁波市师范学校学习了。

师范学校的几位老师

在师范的学习，倒是很符合素质教育的要义，而且有几位老师确实不错。

（一）微笑的蔡老师

蔡老师是大家传说中公认的非常优秀的老师，在当时的师范学校里，学长们已经将他夸得神乎其神，让我们天天叹息：怎么不教我们！——他教比我们高一年级的同学的《文选与写作》课。我真希望有这样的好老师教我们啊！在一天傍晚，看到校园公告栏上贴出海报，说晚上有蔡老师做宋词的文学讲座，欢迎同学前去聆听。于是那天晚饭前就开始兴奋了，早早地吃了饭，带了笔记本就去抢位置。没想到的是，已经有许多同学慕名而来，教室里水泄不通，尤其多了那些未能得到蔡老师耳提面命教诲的同学们。

我终于看到了那位神一般的老师。

他没有天神那么的威严与庄重，他也不具有那种有棱有角的方正，他一直微笑着，和蔼地看着我们。高高的个子，圆圆的脸，不大的眼睛，并不因为微笑而失去内涵，却因为微笑，让我们更感觉他的温暖平和与亲切，真切地感到他就是温文尔雅的敦厚长者。凭借渊博的学识，一手俊秀洒脱的行楷，丰厚的学养，循循善诱，蔡老师让我第一次知道了关于宋词的一些基础知识，让我见识了还有人可以这么熟练流利地背诵那些我从未读到的名家名篇。这绝不亚于今天看中央电视台百家讲坛的那些国家级的专家讲座——在我们这些学子的心目中，蔡老师也是国家级的，只不过那时候没有这样的评定标准罢了。他出身世家，兄弟多人都是学有所长，其中特别有名的一个是当代著名的红学家之一。可是蔡老师因为"文化大革命"的影响，未能进入大学深造，便靠自学达到今天炉火纯青的学术造诣。

以后看到蔡老师，更觉得微笑便是他最大的外貌特征。但算来，三年师范学校的学习生活，真正与他接触的只有两三回。

第一次面对面接触，就在宋词讲座后不久。因为教我们《文选与写作》的邱老师发现我作文写得还可以，便叫我参加学校的《春泥》编辑社。第一次担当学生责任主编职责，便被告知与教师主编见面，了解这一期编排的要求，同时接受指导，这才知道蔡老师原来还是教师主编。

正是春天，吃过午饭，走在校园小道上，香樟正在换上新叶，清香在校园里弥漫，一切是那么美好。我按要求走进了学校语文教师办公室，蔡老师已经在那里等待了。他一看见有人进来，还未说话，微笑已经在脸上漾开。听了我的自我介绍后，更是笑着说，他已经听邱老师介绍过了。然后就将这一期编写要求做了说明。当我说起自己是第一次担任责任主编，担心会因为没有经验编不好时，他一再鼓励我，相信我能行。

再一次接触蔡老师，是在邱老师生病的时候吧，他代课。虽然只上了两节课，但我们都为自己能有这样幸运倍感高兴。两节课中有一节是作文课，蔡老师跟我们一起探讨了习作要求后，就让我们自己写了。作文交上去了，我们都盼着能看到老师的评语。果然很快就发下来了。一拿到作文本翻开来，我简直不敢相信——蔡老师居然在上面写了整整两页，而且每一个字都用行楷书写得俊秀飘逸，没有一处涂改甚至写错的痕迹，这该花费老师多少心血啊！其他同学的作文本也是如此！天啊，怪不得高年级的同学会这样地尊崇蔡老师。读着蔡老师的评语，我又仿佛看到了他微笑的神情，小小的眼睛，圆圆的脸，高高的个子——老师的形象又浮现在眼前。蔡老师就是这样教书改作的。这一本作文本我视若珍宝，可惜的是搬了四五次家，后来不知怎么不见了，深感遗憾！

（二）亲切的刘老师

刘老师教我们《语言基础学》。她个子不高，说话的声音非常清脆动听，就像播音员一样。

跟刘老师在一起，总感觉非常自然，因为她有特别的亲和力。同学们都说每一次看见刘老师，经常还没等我们叫出来声，她已经打招呼了，丝毫不摆架子。谈话开始，她总会说一些熟悉的话题，转瞬之间就摆脱师生相处的一些尴尬。而且她说话时特别会想着别人，那么自然，让人并不感到她是刻意而为的。

即使毕业工作后也有好几次见到刘老师，但她总能够清晰地叫出我的名字。开始我以为一定是自己的名字有些特别，或许还因为那时候语音成绩还可以的缘故吧，才让刘老师记住的。谁知毕业20年的那次同学会上，刘老师将我们全班同学的名字差不多都叫出来了。要知道她并不是我们的班主任，只在我们入学那年教了我们一年啊！跟一些校友在一起，谈到刘老师的时候，大家都有同感——可见，当一个老师能够清楚地记得学生的名字及读书时的一些小事，这样的老师一定是很用心的。

（三）顶真的林老师

刘老师教了我们一年，接下去由林老师教了。他中等个子，身材瘦削，脸也很瘦，但看上去总是精神矍铄的样子。他跟我们交流时，总是用眼睛专注地看着我们，跟我们对话后，又不厌其烦地为我们正音，直到我们吐字正确到位了为止。当时在学校里，林老师还负责"推广普通话"这事，是学校的推普老师。

我们所在的地区属于吴方言区，许多同学说话都带着方音，比如平舌音翘舌音不分、前鼻音后鼻音混淆是普遍现象。林老师总是一一指正。比如每次看见林老师，我们打招呼："林老师好！"他便笑着应声，然后就为某一个同学纠正"林"与"师"的发音，直到同学说正确为止。

不仅如此，他还十分严肃地要求我们在学校的任何地方说任何话语都要主动运用普通话，并帮助督促周围的同学说普通话。比如在食堂排队买饭菜的时候，平时玩耍锻炼的时候，即使是上厕所的时候，林老师也不放过——不仅举例男生的，有一次还说了听到隔壁女生的说话——于是大家即使在内急的时候也会想起林老师的提醒，呵呵。

不过当时，我们正处于青春期，这个时期的青少年都有一点逆反，老师这样要求，有些同学有时候就偏不这样做，于是也就不免受林老师的批评，便对他有些意见。但他并不在意，依然看见我们就主动问候，趁机为同学纠正发音。

毕业后，我们还得知林老师牵头办起来了宁波市第一家民间普通话学校。

师范生活留给我的还有许多许多，比如18个女生同住一个寝室，故事自然很多，又如每一年中秋晚会、元旦迎新联欢会，又比如早起练跑步、夜出校园看电影的故事……现在想来三年实在是很短的。

走上从教之路

参加工作了，我回到了自己上小学的地方，担任班主任，还教语文数学。我认真地对待这全新的任务，父母也一再告诉我，第一印象很重要。其实并不因为要给单位领导、老师留好印象——我年轻，我有热情，我得对得起那些将孩子交给我的家长们，还因为我在母校，我曾经的老师们现在成了同事，我也得对得起教过我的老师们。

老师们认真负责的工作态度再一次影响我。我也很虚心地向他们请教工作的问题。这样，工作的第一年，我就被评为学校先进工作者，第二年被选为区优秀班主任。

我也认真上好每一节课。区教研室的语文、数学教研员来到学校做常规性听课调查，都挺喜欢我的，都想培养我。于是校领导就征询我的意见，以后想侧重数学还是教语文？我也没有多想，想着自己平时喜欢读书，也相对更喜欢语文些，就说语文吧。

于是，在开了几次校、镇的公开课后，参加工作的第三年上半年吧，区教研室将一次说话课的观摩研讨活动放在了我们学校。其中一节公开课教学任务就交给了我，要求上二年级的《能干的大象》一课。

为了上好这一课，当时的区语文教研员叶昂龙老师几次听课，每一次听完都耐心指导，启发我展开预设，引导我思考，并指导我根据学生的回答进行恰当的评价，尝试随机调整自己的教学过程。叶老师反复帮我磨课，一句一句地分析。我认真听取，虚心请教，学到了许多。

那天下午，当我带着学生走进学校大礼堂，第一次面向全区老师，礼堂里已经坐满了人，我并不害怕，学生们也充分发挥出平时的训练水平，他们精彩的发言博得听课老师的好评。这堂课取得了成功，叶老师高兴地笑了。

不久以后，叶老师退休了，但他依然笔耕不辍。相继主编了《小学生听说训练100例》、《小学生快速作文100例》等多本书。一次，他打电话约我一起编写《小学自主式作文教学设计》一书，我把这当成一次极好的学习机会。从约稿到编写提纲、撰写体例，从选稿到反复修改，叶老师事无巨细一丝不苟，连他夫人都被他调动起来一起抄稿。拿到稿子后，他再三叮嘱要改得仔细些，并注意严格锤炼语言，力求表达准确清晰。就这样，在叶昂龙老师的言传身教及悉心帮助下，我有幸担任副主编的这本书出版了，而且反响也不错。

叶昂龙老师，我心目中耐心指导、严谨治学的好老师。

第五辑 真情讲述

听得花开的声音

金感芳

曾经有位老师向我描述了这样一个情景："星期天早晨，我带女儿去公园，无意间发现公园的一角，枝叶茂盛的大槐树下，一个瘦小的女子，身着一袭青灰色的长裙，手捧着一本书，静静地在那里阅读。我心头一颤，在尘世喧嚣、人心若浮云的今天，居然还能够在现实中看到一幅这般恬静，这般超凡脱俗的'油画'，我便情不自禁地走近她，然而，更让我吃惊的是，你猜她是谁，她是周步新呀！"我听后会意地笑了，不由得想起于谦的话"书卷多情似故人，晨昏忧乐每相亲"。是的，阅读对于周步新来说就是生命中的阳光呀！

周步新师范毕业后，起先回到了湖光山色的第二故乡慈城任教，3年后她脱颖而出，在当地教坛中已经小有名气。当时我任职的区实验小学正进行一项重要的改革，周步新便作为骨干力量充实进来。初见这位清纯秀美，透着聪颖，却又十分瘦小的女孩子，我心想：这样一位站在六年级学生堆里都不会扎眼的女孩子，难道真的是一块教书的好材料？

都说周步新身上有着许多矛盾之处，这话一点不假。周步新做事从来一丝不苟，当班主任，如果学生们在操场里拔河，她站在边上，定会挥着拳头，脸涨得通红，所花的力气，绝不会比亲自参战用得少。学生要是赢了，她没准比谁都跳得高，学生要是输了，立马可以看到她眼里噙着泪水，边安慰孩子们，边说："下次，下次我们一定能赢！"带班教语文，她的学生朗读课文字正腔圆，书写的作业工整清洁。给学习困难的学生作辅导，她可以一遍又一遍地讲解，一次又一次地修改，不厌其烦。她教过的学生自信心强，语文功底扎实，深受中学接班老师的好评。按理这样一个做事十分认真的人，可能会给你比较拘谨的印象，但是周步新对生活的热爱却又是人所皆知的。外出听课间隙，你还在犹豫去哪里寻找古迹，去何处浏览风景，周步新却早已凭借准备好的各种当地资料穿梭在大街小巷，不久，便会带回来当地的名胜简介，兴致勃勃地给你看一张张多姿多彩的写影。当夜深人静时，有时候还软磨硬泡地把几个女教师叫过来，围坐在一起，让大家一一"交代"恋爱史，而且约法三章，不许"偷工减料"。

她是贤妻慈母，每每提起爱人和孩子，言语中流露出的温情足以将她的幸福暖暖地传递给你，让你实实在在地感觉到做女人真好。但是记得有一年学校计划选送优秀教师去杭州上城区进修学校学习，当时周步新的孩子不满3岁，当她得知这次学习将师从著名特级教师张化万、王燕骅时，毅然决然地安排好孩子，处理好家务，出发去了杭州。我真的无法想象，像她这样一个柔情似海的母亲，在吻别还充盈着浓浓奶香味的孩子时的心情。在整整半年的学习中她如饥似渴地读书，不停地听课，做了十几万字的笔记。冬天，当地的生活设施也非常简陋，可是她却乐在其中，直至今天每每回忆起那段经历，她都会嚼橄榄似的，回味无穷……也就是在这次学习之后，她北上大连（参加第三批国家级骨干教师培训），南下广州（完成宁波市名教师学习考察），全国著名的师范类大专院校几乎都留下了她孜孜不倦的求学足迹，她的教育理论功底也因此日见丰厚。我有时候想，这样一个瘦小的身体内，怎么会蕴藏着如此大的能量？

这些年，作为分管教学的副校长，指导年轻教师，为他们搭建成长的平台，成了她义不容辞的责任。作为省特级教师、市名教师，她又带了很多徒弟，精心为他们安排听课，一字一句地帮他们修改论文，为他们寻求各种学习途径，这些都成了她乐此不疲的分内事。周步新对年轻教师关爱有加。有些有经验的教师听年轻老师试教，一两遍不对还有耐心，可两遍、三遍达不到要求，一般都难免要说几句"重话"，可周步新却从来不怨不火，不舍不弃，总让你感觉到只要努力，失败也是美好的。然而，记得当年她上公开课，试教如果达不到要求，她对自己的那份"苛求"的劲头，却是让你不可小觑的呀！

今天周步新成功了，她成了区域教学的一面旗帜，成了宁波教育这片土地上绽开的一朵令人瞩目的花。是的，我分明听得那花骨朵一瓣一瓣绽开的声音，我分明也想到了"成功的花，人们只惊慕它现时的明艳，然而当初它的芽儿，浸透了奋斗的泪泉，洒遍了牺牲的血雨……"

（金感芳，浙江省宁波市江北区教育局教研室主任、浙江省特级教师）

印象周步新

王燕骅

1998年9月，周步新在宁波江北区教育局教研室金感芳主任的亲自带领下，来到了我们上城区进修学校，要求挂靠在我工作室脱产培训一学期。虽说挂在我名下的外地学员（或者说徒弟）也为数不少，但如周步新这样，由双方教育局及教研室出面正式签约，亲自陪同上门拜师学习的学员并不多见。直觉告诉我：小周一定是棵好苗子，不然当地领导是不会花那么多精力，下这么大决心重点培养她（后来的事实也有力地证明了这一点）。一个学期，瞬间即逝，1998年，至今已相隔十年之久，但小周留给我的印象，并没有随时间的流逝而淡薄。她那甜甜的微笑，浓浓的爱意和久久的深情，一直让人难以忘怀……

甜甜的微笑

小周比较内向，平时话不多。乍来初到时，连跟老师们打个招呼都会脸红。可是，就这么少言、腼腆的她却很快与大家熟悉起来，并得到了大家，尤其是我们语文组老师的一致好评。这除了她的谦虚谨慎、勤奋好学，还因为她那一脸甜甜的微笑：当向你请教时，她带着甜甜的微笑望着你，真诚得让你生怕说得不到位而对不起她；当你指出某些问题或不足时，她照样带着一脸笑容看着你，感悟与感激全都融在了那甜甜的微笑之中；即便是在看书时，你也可以从她专注的神情中捕捉到那种恬淡的笑意，就像勤劳的蜜蜂，陶醉在采花蜜的快乐之中一样。其实，培训的日子生活很艰苦：住的是集体宿舍，吃的是盒饭，上下班没有直达的汽车，步行的话，至少要半个小时……但小周并不在意这些，每日笑意融融地来到进修学校，用她那平静而淡雅的微笑，表达着对生活、工作和学习的享受；用她那平静而淡雅的微笑传递着对周围同仁的友好。

我的同事们很快喜欢上了小周，包括门卫和工友，他们亲热地称她为"你那位宁波徒弟"，夸她说"很和气，有礼貌"；语文组的老师更是对她关爱有加：有老师主动把自行车借给小周，让她好免受每天一大早挤车或步行之苦；有老师从家里带来了电饭煲，想让小周能自己动手吃上热饭热汤；还有老师特地从家里烧了小菜给小周送去，让她能稍微改善一下伙食，增加点营养……小周俨然成了我们语文组老师共同的徒弟，甚至是组内的一个成员……

当然，很难说这一切全是微笑的力量，但那甜甜的微笑，的确起了不小的作用。那甜甜的微笑让我们感受到的不仅是小周为人的谦和，对人的友好；透过那甜甜的微笑，我们真切地感受到的是她对生活的一种态度。就是这种积极乐观的生活态度打动了大家，难怪乎在这么短的时间里，会有那么多的人关注和关爱她。进修学校的老校长、数学教育专家张天孝，老书记、特级教师张化万，浙江省小语会会长、杭州市教育局教研室特级教师沈大安，还有好多老师至今都还记得这位笑容可掬的"宁波徒弟"周步新的名字——小周那甜甜的微笑留给我们的印象之深，可见一斑。

深深的爱意

看了周步新写的文章，留给我们印象最深的是什么？也许不是哪一个课例，或者哪一个观点，而是她对事业，对孩子的执着的爱。

为什么在设计教学过程时，她常常会自问：孩子们可能会怎么回答？为什么在课堂教学中，她总自觉地"把精彩让给学生"？为什么她能写出那么多、那么生动的教育故事？答案只有一个：她心中有学生，她深爱着他们。

小周的个性比较文静，她很坐得住。在杭培训的时候，只要不是外出活动的日子，你总可以看到她静静地坐在办公室里看书、做笔记。半年中，她除了自己在天长、胜利等名校上研究课外，还跟着我差不多听遍了整个区所有小学的课。半年里，她整理的听课、评课笔记有56节之多，精读了教育专著12本，摘录了数十万字的笔记，还写下了3万多字的教学和学习心得。我们学校与美丽的西湖近在咫尺，可小周没有舍得花时间去走一走（写到这里，我心怀一份歉意），她把所有的时间和热情都交给了学习。

记得那天在小学执教《瑞雪》，虽然教案已经反复修改过好几遍，而且事先已在别处试教过一下，应该是"胸有成竹"的了，可是追求完美的小周还是早早地来到教室，一丝不苟地做着课前准备。在她眼里课堂是神圣的，学生是她的最爱，值得她去付出全部。课上得很成功，陪伴她走过全过程的我，很满意，也很兴奋，反倒是小周清醒又冷静。她带着她甜美的微笑，不止一遍地问："还有什么地方要注意，要改进呢？"问了个萝卜不生根，我不禁暗暗赞叹："哦，小周真够执着的啊！"

还有，那次我和小周应邀一起去南浔讲学，小周上的是《台湾蝴蝶甲天下》。那时她还没有被评为省特级教师，外出上课的机会相对较少。为了让学生形象感知台湾蝴蝶的多和美，小周漏夜上网查找图片，那时的网络资料远没有现在丰富，不知熬了多少个夜，好不容易才把课文中重点介绍的几种名贵蝴蝶照片（图片）基本找齐。工夫不负有心人，教学中体会甲天下的蝴蝶"奇美、繁多"这一环节取得了特别好的效果。当学生发出"哇"的一声惊叹之时，一切辛苦劳累全都烟消云散，小周觉得学生有所收获就是对她最好的回报，一切都值了！

……

细读着著作中一个个小故事，回忆着这一件件往事，我们能真切地感受到小周对小学语文教学以及孩子们的挚爱，正是这深深的爱，支撑着她十几年如一日孜孜不倦地研究教学，追求优质，全心全意地服务于孩子！

久久的情怀

小周的事业心强，做事认真，学习勤奋刻苦，是有目共睹的，然而对小周的另一面——对人情真意切，非常温柔体贴，恐怕别人了解甚少。可我，却是特别特别的有感受。

小周在杭学习期间，我身体不是很好，血压常常偏高。小周得知后，几乎每天看到我都会关切地问："今天血压还好吧？"让人心头暖暖的。有一天中午吃饭，小周轻轻打开了一盒菜，那是一道色香味俱全的香干炒芹菜，她轻声细语地说："高血压吃芹菜很好的，您多吃点，看看口味怎么样？"看着那切得纤细如丝，炒得碧绿如玉的芹菜，我感动得差点掉泪。那绝对是我这辈子吃过的味道最好的一盘芹菜！以致以后每每吃到芹菜，我都会情不自禁得回忆起那香味，那翠色，那温馨的一幕。很感动，也很幸福！

美好的时光往往会让人觉得过得特别快，离别的日子不由我们的意愿如期而至，大家都有些伤感。出人意料的是，就在告别的那一刻，小周突然过来抱住我，伏在我肩上哭了，而且哭得十分动情，边哭还边念叨："王老师，谢谢了。您一定要多保重！"我一时都不知说什么话劝慰她才好，只好一手搂着她，一手在她背上轻轻拍打着，那一刻涌动在胸中的那份温情已经不只是师徒之情，而是犹如血脉相承的母女深情了！

而让我对周步新的真情实意有进一步的了解，那还是在我们1998年杭州一别之后。

我们不乏这样的经历：有些情感，尽管当时也许非常强烈，但随着时过境迁，慢慢地也就淡化了。可是小周没有，她对人的情感是真挚而久远的，是经得起时间的考验的。从1998年到现在，逢年过节小周的贺卡祝福、电话问候，从未间断过。无论走到哪里，她的心里总会存着一份牵挂。暑假外出旅游，她会想起你，记得那年她去了云南丽江，在世外桃源般的香格里拉给我寄来了长达3张信纸的、散文诗般的信,信中详细描述了圣洁雪山的天气、环境和她的感受,与我分享那份神奇、纯洁和幽静;到外地参加国家级学科带头人班学习,她会想起你,不时寄来厚厚的信,与你交流学习的心得体会;去年她出访美国,行程安排十分紧张,但她照样不会忘记你,当我收到印有高举火炬的自由女神像的明信片时,我真是感慨万千,久久凝视着明信片上的祝福语,念着小周的懂事,小周的好!

前段时间,在小周的牵线下,我应邀去宁波洪塘中心校讲课(周步新是该校的导师,在那里有她的工作室),其间,学校的校长、书记和老师们对小周赞不绝口,我很开心。因为在我看来,老师们的认可比什么都重要。小周成熟了,她正在展翅腾飞,我由衷地为她高兴!晚餐后,校方安排好了车,准备送我回酒店休息,可我和小周不约而同地坚决要求步行去酒店——我们都很珍惜能有一起走走的机会。当我们迎着晚风,挽手走在洪塘荪湖畔时,我想起了小周在杭培训半年我都没有陪她到西子湖畔去走过一回,心生无限歉意,心想:这次就权当弥补吧,我真希望到酒店的路长点,再长点……

哦,往事如酒,愈久弥香,让人难忘!

小周,就是这样一位耐读耐品的优秀教师。在与小周同龄的年轻人中,像她这么刻苦,这么懂得感恩,这么不功利,可以说是非常难得的。承上启下的桥梁,年轻一代的脊梁,就需要靠这样的人来担当!

(王燕骅,浙江省杭州上城区教师进修学校特级教师)

仰之弥高　钻之弥坚

陈跃旭

2005年，对我而言是个难忘而幸福的一年。得益于学校的引荐，从此我就有了师傅，一个教育工作上的引路人，一位学习生活上的良师——浙江省特级教师周步新老师。

"没有耕耘，没有收获"，一句耳熟能详的话，周老师用语文教学将其演绎得淋漓尽致。在她身上，我看到的是一个行者坚定不移的姿态。一路淡定，却步步深刻。

周老师对语文教学有着自己的思想和理念，课堂上凸显着真诚、深刻和丰富。她用自己的睿智解读文本，用自己的理念决定设计，带给学生认知的冲突和理智的挑战，分享着语文学习的快乐。记得2005年第一次聆听她的《风娃娃》，心中时时泛起一种难言的激动，去年再听她的《第八次》，愉悦舒坦之情充溢心房。宋代青原禅师说参禅有三种境界：参禅之初，看山是山，看水是水；禅有悟时，看山不是山，看水不是水；禅中彻悟，看山仍然是山，看水仍然是水。或许就是这个道理，周老师的课堂教学艺术不仅仅是"返璞归真"，更是"已臻化境"，学生的心灵氤氲在博大、温暖的氛围之中，自主地对话、唤醒、碰撞与交融，徜徉在生命化的语文学习中。尤其一提的是她那堪称一绝的课堂评价语言，看似不经意的一句或是一词，往往或引领生发，或点拨小结，或起承转轴，表达轻松自如，游刃有余，表现出了让人敬佩的教学机智和深厚的文化底蕴。诚如杨再隋先生说过：名师们的成就，主要不是教学技巧的娴熟，主要是源于他们对事业的执着追求和不懈努力，主要是源于他们对教学的痴迷和对儿童的关爱。的确，课堂教学研究已成为周老师生活中不可分割的一部分，深入骨髓，溶于血液。幸运之至，我在周老师身上读出了名师"成如容易却艰辛"的厚实与凝重。

周老师对教育科研也有着自己的境界和执着。她着眼学生生命化的语文学习，关注大语文观在实践中的引导与探索。她的科研成果，宁波出版社出版的《小学自主式作文教学研究》等专著、课题引领一线语文教师立足课堂教学主阵地，不断提高有效教学的力度。她认为学术研究一定要严谨，要一丝不苟、博学精专。如《激发自主阅读的探索》、《充分发挥学生主体作用的再认识》、《小学语文问题教学的探索》、《构建交往作文，关注儿童的生命世界》等等，每一篇学术论文皆是她在科研道路上孜孜不倦探索的结晶。

她主张"教而不研则浅，研而不教则空"，在专题式的教研活动中，围绕语文教学问题而探讨，心无旁骛地研究并实践，追求语文教学的生命意义。无论是宁波市基础教学课题"儿童交往作文的实践研究"，还是浙江省名师课题"小学语文教育中的人格教育"、浙江省中小学教师高访学者课题"小学语文个性化教学发展轨迹的叙事研究"等，她都乐此不疲，遨游在卷帙浩繁的理论体系中，驰骋于语文教学研究的沃土上。苏霍姆林斯基说："如果你想让教师的劳动能够给教师带来乐趣，使天天上课不至于变成一种单调乏味的义务，那么你就引导每一位教师走上教学研究这条幸福的道路。"此话在周老师身上得到了生动的诠释。从严格意义上讲，我的科研探索也正是从拜师后起步的。当然，受惠泽的还有我的师兄妹们，跟着周老师走上了教学科研之路，教学生涯由此充满生机。

周老师的教育素养彰显大家风范，令人心仪并油然而生敬意。

她的讲座，永远充满活力和内在的感染力。在听了"读书，为人生奠基"、"阅读、对话、共享"等讲座后，我惊讶于她深厚的学术功底和丰富的教学经验，感叹于她对教育的领悟。教育不是简单的操作性行为，而是基于信念的行为。只有基于信念的言说，才具有打动人心的力量，才具有感染力和感召力。因而她的讲座常给人以醍醐灌顶、豁然开朗的感悟。

她的教育博客，分明让我感受到行路人的充实与快乐。她用特级教师专业的眼光，剖析教育现象并从教育案例中提升为理论知识；她用蕴涵哲理的清新文笔，分享与学生一起学习的幸福；她借助手中的相机，图文并茂地描述了她国内外游学的心得。她往往在喧嚣忙碌之余平静自己的心灵，让历久弥新的记忆浮上心头，细细回味感动。她的博客体现了她高尚的人格和高雅的品位，再次印证了荷尔德林的诗句：人需要诗意地栖息在大地上。

她的谦和、大气的品行教诲着我，她的睿智、敏锐的教育思想引领着我，她的求索、追寻的态度感染着我……她时常激励我们自觉地去充实自己的学术储备以待厚积薄发，而她也正是在身体力行的躬亲示范中，向我证明着不懈实现自身价值的真理性。

颜渊称赞孔子之语："仰之弥高，钻之弥坚；瞻之在前，忽焉在后。夫子循循然善诱人。"我想，或许这也是对周步新老师最好的诠释。

（陈跃旭，浙江省宁波市江东区骨干教师、新城实验学校副校长）

给周老师的一封信

赵 虹

亲爱的周老师：

您好！

谢谢您给我写邮件，我还一直担心您没有看到留言呢。如果真是那样的话，我就找不到更好的方式来"打扰"您了。

真的谢谢您还记得我。就像您说的，您教我的时间并不长，准确地说只有一学期多点儿。那时候我们许老师生 baby 去了——前几天还见过那小丫头，都上一年级了——在此之前，您还在我们班上过几节公开课，似乎有一堂是《捉迷藏》，就是讲李四光那篇，您应该还有印象吧，从那时候起我就很喜欢您了。

一直觉得，能在您的班里学习是我的福气，都过去七八年了，我依然记得当时您的课，也许我对语文的兴趣就是那时您埋在我心里的。我记得您很重视课堂上的提问和回答，但是您又不给我们固定的答案，让我们发挥想象，自圆其说；您不会很直白地告诉我们答案，而是慢慢儿引导我们，让我们自己发现问题的答案；您每周都会布置一篇周记，说实话那时候我可没好好写。如今看看您班上那些稚气未脱的孩子写出的一篇篇美文，简直就是经典啊！不仅文笔可圈可点，更让我佩服的是他们看待周围事物的角度，和我们大不相同，思维很活跃，想象力很丰富，我自叹不如啊！

您对我还有印象吗？不会是"疯疯癫癫"吧！哈哈！在小学的时候，我可没少挨批评呢！都怪年少的我太轻狂不羁了，看轻周遭的一切，还自以为是。今天和这个顶嘴，明天和那个吵架，于是父母常常被"请"来，回去之后一顿"暴打"……现在想想，真是可笑啊！

时光荏苒，当初天不怕地不怕的小丫头，今天已经成为一个在学海中苦苦挣扎的高中生了。随着年龄的增长，阅历的增加，在我的性格里少了一些自大，多了一些谦逊；少了一些轻狂，多了一些稳重；少了一些天真，多了一些成熟……这就是成长吧！这一路走来，也有磕磕碰碰，酸甜苦辣，但越是布满荆棘的路，就越能磨练人的意志。我坚信成功的大门总是会为有准备的人而开，我一直保持着那份热情、认真和执著。

真怀念小学的时候，可以有自己的时间，做自己喜欢做的事。说来也庆幸，我有过一个无拘无束的童年，而且遇到了像您这样循循善诱，又真心地爱每一个孩子的好老师，让我每每回忆过往，都是那么甜蜜，真的谢谢您！

有一种恩情是要放在心里去感激的，到我有能力来回报的时候，再来对您说吧！

祝身体健康，工作顺利，家庭幸福！……没想到写着写着就那么长了，该休息了，晚安！

您的学生：赵虹

周老师的手向哪儿一指，哪儿就开花了

伍清仪

如果说妈妈的手给我温暖，在跌倒时把我扶起，那么周老师的手给我自信，给我鼓励，让我爱上了语文。

有一次，我排队等老师修改作文。队伍可长了，可老师还是细心地为同学们批改，还时不时地抬头给同学们讲解。轮到我了，老师仔细地看过我的本子后刷刷几下，就改好了我的作业，然后打好五角星，亲切地对我说："嗯，有进步了！"说罢，看了我一眼，顺手将我早上来不及梳理的几缕头发撸到耳后。我突然间觉得，周老师的手仿佛像母亲的手一样温暖，还给我信心。从那时起我爱上了语文，也喜欢上了周老师。

每次考完试，周老师都会为我们细心讲解考试的题目。有一次考试后，周老师照例批改好了试卷开始讲解。只见周老师翻着试卷，抽出了一张当作示范，我可高兴了——因为那是我的试卷！周老师还拿着笔在这里画个圈，在那里写一点评注。她讲解时是那么亲切，时而用鼓励的眼光望着我们，时而用动人的话语提示我们，我当然听得格外认真。一节课下来，我的试卷上开满了朵朵红花。周老师的手啊，是我心中的魔术棒，她向哪儿一指哪儿就开花了！

周老师的手还带给我很多很多。她温暖的手牵着我们在语文的王国中学习各种知识和做人的道理。周老师的手啊，在我幼小的心田播下了文学的种子！

附录：

问卷——我的自我审视

对我做人处世影响最大的三句话：
1. 老老实实做人，认认真真做事。
——从小父母、长辈就教育我要老老实实做人、做本分的人，尽自己努力做好应该做的事情。在学校里，老师们又带给我这样的印象。因此，这句话不再是一个言语表达上的概念，早已化作了骨子里的血液与筋脉，时时提醒我为人处事要真诚，要坦诚。尽管有时可能会因之而失却一些人情世故，但江山易改，秉性难移。

2. 读万卷书，行万里路。
因为喜欢看书，尤其是看各种杂书，自然也有不少"杂念"。但有一点十分明确，人生莫大的快乐是享受阅读。通过阅读，体验自己无法亲历的生活，获得各种知识，更感受人类普遍的情怀。因为喜欢读书，也向往能够游历世界，带着简单的行囊，用自己的心灵，去领略自然的伟大，感受人性的温暖。

于是，也希望能够跟我的学生一起读书，一起在课堂上享受阅读、习作、对话、交流——自主学习的快乐。

3. 瞬间永恒，顺其自然。
回顾自己的成长之路、教学之路、人生之路，当初经历的过程似乎很长、很累，回过头去察看，一切都是瞬间。个人如此，人类进步、历史发展的长河何尝不是如此。弹指一挥间,逝者如斯夫。

曾经因为工作上的压力,别人的不理解而苦恼。但是在那一年有了转变——那是2001年9月至12月,在大连辽宁师范大学参加第三期"跨世纪园丁工程"国家级中小学骨干教师培训。一次讲座上,一位老教授,深入浅出地对我们阐释了什么是瞬间永恒,他还讲到了儒道释三教及禅学的一些基本思想,也讲到了王国维的三重境界说。突然之间,如同醍醐灌顶,于是一切都放下了。

对我的教学理念影响最大的三本书:

1.《爱的教育》(亚米契斯)

当我读着这部令夏丏尊先生感动得泪下的书,我的心灵也在经受着圣洁的洗礼。每一次读,都让我更加明确:每一个孩子的心灵都是纯洁的,稚嫩的,需要我们用心呵护、悉心引导。

2.《育人三部曲》(苏霍姆林斯基)

再也没有比苏霍姆林斯基带给我更多的震撼了。他是一个教育家,一个校长,更是一个教师,一直在一线从事教育教学工作,笔耕不辍,思考不止,把一生都献给了教育事业。是苏霍姆林斯基,让我进一步懂得了"没有爱,就没有教育","爱,首先意味着奉献,意味着把自己心灵的力量献给所爱的人,为所爱的人创造幸福"。

3.《素质教育在美国》(黄全愈)

这是一位旅美教育学专家将自己的所见、所闻、所思加以记载,以一种质朴的文风、叙事的方式向国人介绍自己及其孩子在美国感受到的教育,从中让我们认识到中国目前教育中存在的问题、中美教育的差距。

这本书虽然不是什么教育理论专著,书中说道理的地方不多,但是一个个生动有趣的事例却说明着一个个震耳发聩的道理——这自然离不开作者深厚的理论积淀及透过现象抓本质的学术敏感。其实在某种程度上也引发了以后不少教育专家关于教育叙事的研究,告诉我一线教师可能更适宜做这样的实践研究工作。

我平生最崇拜的三位教育大家：

1. 孔子

两千多年来，他的言行、思想影响着一代又一代的中国人，甚至外国人。比如他提倡的有教无类、因材施教、启发诱导、为人师表等教育思想都值得我们继承发扬。

2. 叶圣陶

敬佩他的人格，也实践着他的教育理论。

有人这样评价："1894—1988年中国文人风雨飘摇，翰墨人生的叶绍钧享年九十五岁，位及全国政协副主席，人品、文品以至官品恒无诟也，名副其实的'圣陶'。"作为一代文人，他经历了晚清、北洋、民国、共和国四个朝代，经历了过去百年间中国知识分子所经历的一切。他为三个儿子取名至善、至美、至诚，可见他的理想与追求。他的教育思想、教学理论在当今依然有现实意义，他对语文教育更有着自己的理解。

3. 苏霍姆林斯基

他通过自己一生的实践，写就伟大的教育人生，代表作《给教师的一百条建议》、《把整个心灵献给孩子》、《巴甫雷什中学》、《公民的诞生》《失去的一天》等。他的"蓝天下的学校"，是我心中的梦想。

对我启发最大的三句教育名言：

1. 知之为知之，不知为不知，是知也。

2. 有两种东西，我对它们的思考越是深沉和持久，它们在我心灵中唤起的惊奇和敬畏就会日新月异，不断增长：这就是我头上的星空和心中的道德律。

3. 教学有法，但无定法，贵在得法。

我的语文教学观中最基本的三点：

1. 爱。

2. 无限相信书籍的力量。
3. 教给学生一生有用的东西。

我心目中理想的教师：
有高尚的人格、良好的师德修养，有优秀的教师专业素养；对知识充满着好奇探究的热情，博学儒雅；无论幽默，无论严谨，都要有自己的个性特点。

我心目中理想的学生：
乐学、善学，知书达理，健康向上。

我写过的最满意的教学论文：
尽管写了不少关于教育教学的文字，在编这本书的过程中，也一次一次地或浏览或审视，但还是深感遗憾，觉得让自己满意的论文依然没有。好的教学论文既要有理论上的创新，又能书写自己实践中的创意。

略感满意的是：

《小学语文问题教学的探索》——在对相关理论学习的基础上，通过分析比较，提出在当时有新意的观点：鼓励学生主动质疑，选用策略，自主解决语文学习中的问题。

《小学"自主式"习作教学策略》——放手习作，大胆为文，恰当引导，自主习作。

我通常这样战胜挫折和困难：
也会心烦，也会叹气，思忖一下还是要做的，就只有想办法行动了。

实在太累的时候，就休息一下，看看书，想想心事，听听音乐，看看花儿，到外面走走，或者干脆睡觉——放松放松，然后继续做。

我取得优秀成果的主要经验和体会：

学习，思考，行动，及时记录……以此循环往复。

自我评价我的性格特点：
血型是 O 型，个人认为也是属于比较典型的 O 型血——参看百度百科。一条一条地对照，符合程度挺高的，不过出入也是有的。
对于 O 型血总评——"重信用，理智客观，遇事冷静，精力充沛，有实干能力，浪漫又现实的人"，感觉基本符合。呵呵。

我的业余爱好：
看书，旅行，摄影，种花……以后退休了，还想写字（除了练书法，还指在电脑上码字），学绘画……

我的人生格言：
学无止境。
山在那边。
瞬间永恒，顺其自然。
悦纳自己，帮助别人，做喜欢的事情，让人生变得更有意义。

我最想对教师说的话：
敬业乐群，一切为了学生。
做最好的自己。

后记：享受语文，幸福人生

一直以来，都觉得读书是极为有趣的事。

记得小时候，没有电视，也不常看电影，但是家中总有一些书，即使停电的夜晚，点一支蜡烛，打开收音机，让音乐隐隐响着，然后翻开书，这样的夜便格外安详。累了，打开窗，沿着绵延的黛黑瓦屋顶看向远处，小镇北边如水墨渲染的朦胧山影在星空下蜿蜒肃穆，生动无比……有书可看的日子实在是无比充盈。

家中的书看得差不多了，就去镇上的图书馆、阅览室借着看，还跟着同学、邻居去他们父母所在单位的图书馆借阅。上世纪七八十年代，尽管流传的好书不多，但还是有些书可看的。没有系统的书单，大致偏爱看故事情节丰富的长篇小说；也根据父亲的指点，看一些他认为在当时那个年纪可以看的书，比如一些经典的中外文学作品，一些适合我阅读的各种书籍。但更多的时候，凭着自己的感觉与喜好选书。空余时也会坐在阅览室里，看一些文学性比较强的期刊杂志，还有就是百科知识、生活指导、学者评论等方面的，比如《十月》、《收获》、《诗刊》、《文学评论》、《作品与争鸣》、《读者文摘》、《电影文学》……随着时光的流逝，许多书现在回想起来大都记不清了，甚至遗忘了情节，但会突然在某个夜晚，书中的某个细节会如同高空的闪电惊现，发出炫目的光。

我的童年生活、少年时代就这样变得无比斑斓、无比生动。

我的母亲是个贤妻良母，家务事几乎都是她做的，中国劳动妇女的优点她似乎都有，当然难免也有一些缺点。父亲不善家事，但喜欢读书，也喜欢用维持日常家庭开支后剩下的很少一些钱用来买书，这也常引发母亲的埋怨。但这些琐碎家事，随着时光的推移，现在却似乎褪去了往日的苦涩与烦恼。日子真的很奇怪。

或许是因为看了一些书，我在悄悄发生变化。

记得一年级刚刚入学的时候，我不是所谓的好学生。第一学期，许多同学都能够得到100分，甚至双科100分，而我经常不是这里错了，就是那里少写了。但成绩似乎也并不很差，都能保持在90分以上吧。因为小肌肉群发育不太好，写字速度不快，连算盘也拨不快，偶尔还被老师留下来补课。有一次，甚至因为害怕拨不好算盘，我再也不想去上学了。父亲硬拽着我，把我推进了学校的大门。无助的我最终还是无奈地走进了教室……

一年级过去了，二年级有点改观，从三年级开始，我似乎一下了进步了。因为看了一些书，所以头脑里也会冒出一些奇怪的念头，比如想走遍世界，就是漫无目的地走走看看，什么也不想——其实并非没有想法，而是做一个自然的人，不受任何的约束；还有在没有看完书之前，猜故事的结局，想人物的遭遇。偶尔在习作时用上一些看来的词句，被老师画了圈或给予表扬，便暗暗高兴。自然而然，语文成绩就特别好。

现在我知道，这一切都得益于读书。

因为喜欢语文，也就选择了教语文。那是刚参加工作不久，区教研员到各个学校听新分配的教师上课，当时我教一年级，包班，数学、语文都教，还担任班主任。两门学科的教研员听了我的课，都认为我是可以培养的苗子，学校领导就征求我的意见。我觉得读师范的时候，文科成绩相对比理科的要好些，而且自己平时也挺喜欢语文的，再没有多想，就这样决定了教语文。

从1986年9月起，我一直没有离开小学语文教育的第一线，在跟学生共享语文学习的过程中，我深深地感到，能够跟孩子们一起学习语文，分享快乐，共同成长，实在是人生极大的幸福。

就这样，二十多年的教育实践，留下了这样一本文字的记录，也算是对曾经的语文教育过程做一个简单的小结。全书分为五个小专辑，第一辑"我的课堂"，由"教学设计"、"经典课例"、"教学艺术"三个方面组成，涉及小学语文教学各个层面的内容：拼音教学、识字教学、阅读教学、口语交际与习作及综合性学习，也有通过经典课例的实录、点评及反思，对语文课堂教学实践进行小结（课例中所用教材均为人教版）。这样的编排考虑到一线教师的需求。第二辑"我的观点"，摘取了我近年来对小学语文教学的各方面实践思考，涉及的领域有阅读教学、口语交际、习作教学，也有听写练习，还有对发挥学生主体作用的再认识。第三辑主要是我对语文教育科研课题研究的实践反思。第四辑则摘取了我平时撰写的有关语文教育的一些随感。第五辑选编了我的师长、徒弟、学生们对我的评价，让大家能更全面客观地了解到我的一些本性吧。

这些教学设计、课例反思、教学论文、课题报告、教学随笔是我近年来学习工作之余书写记录的。编辑出版此书又差不多经历了整整一年。我想结果如何已经并不重要了。重要的是，从事语文教学时，我跟我的学生们一起享受了并正享受着这样的快乐——我的学生因此爱上语文，由此奠定一生的幸福；有的学生甚至也选择了从事语文教育，启迪更多的人为幸福人生奠基。

感谢语文，感谢教育，感谢生活；感谢我的师长们、领导们、朋友们、同事们、学生们，比如引领我成长的金感芳、王燕骅、励汾水、张化万等老师，为此书欣然作序的肖川老师——尽管只是几面之交，但他阅读此书初稿后所写的文字似乎是出自十分了解我的人之手，又比如我所在的浙江省宁波市江北区教育局现任局长祝宪丁先生、副局长吴佩国女士、人事科长陆依布女士等，对此书的出版也颇为关心，并提供了相应的政策支持与经费的资助，尤其陆老师曾任江北区中心小学校长，是她的鼓励才促使我将此书的编写付诸行动；也感谢热心帮助我并认真编辑此书的《现代教育报·教师周刊》主编雷玲老师、福建教育出版社的林云鹏老师，还有我的亲人与家人们。